长城：
穿越千年的守望

戴有山 著

THE GREAT WALL:
SPANNING THOUSANDS OF YEARS

文化艺术出版社
Culture and Art Publishing House

图书在版编目（CIP）数据

长城：穿越千年的守望 / 戴有山著. -- 北京：文
化艺术出版社，2025. 3. -- ISBN 978-7-5039-7827-2

Ⅰ. K928.77

中国国家版本馆 CIP 数据核字第 2025CZ5432 号

长城：穿越千年的守望

著　　者　戴有山
图书统筹　魏　硕
责任编辑　董　斌　叶茹飞　柏　英　张　恬等
责任校对　邓　运
书籍设计　李　响　马夕雯
出版发行　文化艺术出版社
地　　址　北京市东城区东四八条52号　（100700）
网　　址　www.caaph.com
电子邮箱　s@caaph.com
电　　话　（010）84057666（总编室）　　84057667（办公室）
　　　　　　　　　　84057696—84057699（发行部）
传　　真　（010）84057660（总编室）　　84057670（办公室）
　　　　　　　　　　84057690（发行部）
经　　销　新华书店
印　　刷　国英印务有限公司
版　　次　2025 年 4 月第 1 版
印　　次　2025 年 4 月第 1 次印刷
开　　本　710 毫米 × 1000 毫米　1/16
印　　张　19.75
字　　数　240 千字
书　　号　ISBN 978-7-5039-7827-2
定　　价　88.00 元

版权所有，侵权必究。如有印装错误，随时调换。

目录

第三章　蜕变：多元王朝的技术交响

第四章　巅峰：明长城的科技密码

第七章　时空坐标中的长城

参考文献

导言：长城——凝固的文明史诗

一、三千年长城从未走出人类视野

长城作为人类历史上最宏伟的文明标志之一，能够在三千年间持续存在于人类视野中，绝非偶然。其背后蕴含着深刻的历史逻辑、文化象征与时代适应性。

（一）军事防御功能的时代延展性

1. 动态防御体系的迭代

长城并非一成不变的"一道墙"，而是随中原王朝与游牧势力的博弈不断演进。从西周烽燧到战国诸侯边墙，从秦汉"万里长城"到明代的砖石堡垒，其军事理念始终围绕"预警、阻击、补给"三位一体展开。明代甚至发展出空心敌台、火器射击孔等创新设计，体现了冷兵器时代防御工事的巅峰。

2. 地缘战略的具象化

长城沿线关隘（如山海关、雁门关等）长期控制着农牧交错带的关键通道。这种"以墙控线"的策略在铁路出现前始终具有战略价值，直到 19 世纪清帝国边疆政策转型后，其军事功能才逐步弱化。

（二）文化符号的多维重构

1. 从实体到精神的范式转换

长城在清中期后逐渐脱离实用主义范畴，被重新诠释为"中华文明的脊梁"。梁启超将长城与埃及金字塔对比，称其为"民族伟力之证"；抗战时期《义勇军进行曲》的传唱，使其升华为抵御外侮的精神图腾。这种符号化过程使长城超越了物质存在，成为集体记忆的载体。

2. 全球视野下的文明对话

《利玛窦中国札记》最早向西方描绘了长城。18 世纪法国启蒙思想家伏尔泰在《风俗论》中表达了对中国长城的赞美。他在这部著作中详细讨论了中国的历史和文化，并将其与欧洲进行了对比。伏尔泰认为，长城的建造不仅体现了中国人在工程技术上的卓越成就，更反映了中国人追求和平的思想境界。他指出，长城作为一种防御工事，其目的是保护国家免受外敌侵扰，而不是扩张或侵略。这种以防御为主的和平思想，让伏尔泰深感钦佩，并认为这是人类思想史上的伟大成就。伏尔泰的赞美，体现了他对中国文化的深刻理解和高度评价。他通过对比中国与欧洲的历史，强调了中华文明在和平思想、工程技术和国家治理方面的独特贡献。这种观点在当时的欧洲启蒙思想家中具有重要影响，进一步推动了西方对中国的认识和尊重。20 世纪后，长城与"人类奇迹"的话语绑定，使其成为跨文明认知的超级符号。

（三）建筑智慧的可持续启示

1. 生态适应性的当代价值

长城建造中"因地形，用制险塞"（《史记》）的原则，与现代生态建筑理念高度契合。甘肃汉长城以红柳、芦苇加固沙土；陕北段利用夯土技术应对黄土高原地质，这些古代智慧为今天的历史建筑修复提供了范式。

2. 工程管理的超前性

秦代"物勒工名"（工匠在所造器物上留名）制度，为了确保工程质量，明长城的修建过程中工匠们会在砖块上刻上制造者的名字、监督人员的名字，甚至包括制作年份和产地等信息。这种做法就是"物勒工名"，是中国古代工程质量管理的重要措施之一。如果工程出现问题，比如砖块质量不合格或墙体坍塌，官府可以通过砖块上的信息追溯到具体的工匠或监督人员，并追究其责任。这种制度有效地提高了施工人员的责任意识，确保工程质量。明长城的修建不仅是一项伟大的工程壮举，也体现了中国古代在工程管理方面的智慧和严谨态度。这种"物勒工名"制度，至今仍为工程质量管理所借鉴。

（四）现代国家叙事的政治载体

1. 民族认同的空间锚点

民国时期"长城抗战"赋予长城救亡图存的新内涵。1987 年，长城成为中国首批世界文化遗产，标志着其从民族符号升级为人类共同遗产。北京奥运会奖牌设计便融入长城元素，展现出国家软实力。

2. 地缘政治的再工具化

当代"长城文化带"建设与京津冀协同发展、边境旅游经济深度融合。数字长城（如腾讯"云游长城"项目）更使其成为科技与文化融合的试验场。

（五）遗产保护的全球化协作

1. 病害治理的技术革命

针对风化、冻融、植物根系破坏等问题，中国和意大利合作研发的纳米保护材料、微型无人机勘测技术等，使保护从经验主义走向科学化。慕田峪长城使用 AR 技术还原历史场景，开创了遗产活化的新路径。

2. 价值认知的范式突破

国际古迹遗址理事会（ICOMOS）将长城定义为"线性文化遗产"的典范，其保护范围从墙体本身扩展到戍卒村落、驿道体系乃至非物质文化遗产（如长城传说、边塞诗词）。

（六）小结：长城是永恒的"未完成态"

长城的生命力恰恰在于其始终处于"未完成"状态——从军事工程到文化符号，从实体遗迹到数字孪生，每个时代都在重新定义长城。这种持续的再诠释过程，使其如同文明基因般深植于人类精神世界，成为跨越时空的对话媒介。当我们在居庸关触摸明代城砖时，触碰的不仅是古代工匠的指纹，更是三千年文明绵延不绝的密码。

二、长城是超越墙体的文明符号

长城从军事壁垒升华为精神图腾的过程，本质上是一场跨越千年的文化"编码"与集体记忆的重构。这一转变不仅源于其物理形态的震撼性，更在于不同时代的人们不断将新的意义注入这座人造地标，使其最终突破砖石的束缚，演变为流动的文明基因。

（一）长城是一扇胡汉旋转门

1. 军事对抗与和平往来的转换

长城最初是作为军事防御工事而修建的，在历史上，中原王朝与北方少数民族政权常常围绕长城展开激烈的军事对抗。但在战争与冲突之后，往往又会迎来和平时期，双方通过长城沿线的关隘进行贸易往来、文化交流等活动。例如，在汉朝与匈奴之间，卫青、霍去病等将领多次出击匈奴，长城是重要的军事防线；而在昭君出塞后，汉匈之间和平相处，长城沿线的贸易市场逐渐繁荣起来，胡汉人民在此进行物资交换，关系从军事对抗转为和平往来。长城就像一扇旋转门一样，见证了这种转变。

2. 民族融合与迁徙的通道

长城并不能完全阻挡胡汉之间的交流与融合。在不同的历史时期，北方少数民族会越过长城进入中原地区，如魏晋南北朝时期的"五胡乱华"，少数民族内迁，在中原地区建立政权，与汉族相互融合；而中原汉族也会因为各种原因（如战乱、垦荒等）越过长城，向北方迁徙。长城虽然是一条地理分界线，但在民族迁徙和融合的过程中，它更像是一个通道，胡汉民族通过这个"旋转门"不断地交流、融合，促进了中华民族的发展。

3. 文化传播与交流的平台

长城沿线地区成为胡汉文化交流的重要场所。中原地区先进的农耕技术、文化艺术、政治制度等通过长城传播到北方少数民族地区；而少数民族的音乐、舞蹈、服饰、畜牧技术等也传入中原。这种文化的双向传播就如同旋转门的转动，使得胡汉文化相互影响、相互渗透。例如，赵武灵王推行"胡服骑射"，学习北方少数民族的服饰和军事技术，这就是长城作为文化交流"旋转门"的一个典型例子。

长城在胡汉关系中扮演了复杂而多元的角色，它既是军事防线，又是民族融合的通道和文化交流的平台，见证了胡汉之间在不同历史时期的互动与发展。

（二）压迫性的建筑与诗意转化的辩证

1. 血腥边界的柔化叙事

长城的原始功能是暴力的——用土石分割草原文明与农耕文明。但戍卒的尸骨、孟姜女的传说、边塞诗人的羌笛声，逐渐消解了墙体的血腥意味。王昌龄的"秦时明月汉时关"将战争转化为时空的苍凉，范仲淹的"长烟落日孤城闭"赋予军事据点以美学意境。这种将压迫性的建筑诗化的过程，使长城成为承载复杂情感的容器。

2. 游牧与农耕的对话剧场

长城并非绝对阻隔，张家口"茶马互市"遗址证明其也是贸易走廊。胡汉商队穿梭箭楼下的场景，使长城演变为文明交流的见证者。明代隆庆和议后，鞑靼首领俺答在得胜堡接受册封的仪式，更将军事设施转化为政治和解的舞台。

（三）记忆层累中的符号再生产

1. 创伤记忆的崇高化

清王朝刻意淡化长城军事属性。北京永定门外燕墩上刻有乾隆皇帝《帝都篇》《皇都篇》二碑文，其中《帝都篇》主题是建国选都要险德兼顾，重在厚德。碑文诗序开宗明义地指出："王畿乃四方之本，居重驭轻，当以形势为要。……建都之地，无如今之燕京矣。然在德不在险，则又巩金瓯之要道也。"这段话强调了德行在国家治理中的重要性，而非仅仅依赖地理险要。

顾炎武《昌平山水记》将残垣与故国情怀绑定，晚清革命者以革命口号重新激活长城符号。集体创伤经过历史沉淀，升华为民族韧性的象征。

2. 集聚力量的精神坐标

1933 年，《申报》刊登喜峰口大刀队照片，将长城塑造为"血肉长城"；20 世纪 80 年代的"爱我中华，修我长城"捐款运动，使长城成为改革开放初期凝聚共识的媒介。每当民族遭遇危机或面对转型，长城就会被重新"唤醒"为精神坐标。

（四）物质消逝与意象永存的悖论

1. 承载了特定的历史和文化背景

明代 2700 千米边墙中，仅 8.2% 保存完好，但正是那些坍塌的夯土、半埋的烽燧，构成了更强大的视觉隐喻。如司马台长城"残垣夕照"的景象，完美契合本雅明（Walter Benjamin）在《技术复制时代的艺术作品》中所说的"灵晕"（aura）——艺术作品在特定时间和空间中具有的独特性、真实性和神圣性。这是一种不可复制的、带有历史和文化背景的氛围或气息，使艺术作品具有一种超越物质形式的精神价值。这种艺术的核心特征既是一种距离感，也是一种独特性。艺术作品因其历史性、独特性和与特定时空的关联，而具有一种无法被完全捕捉或复制的神秘感。

2. 数字时代的超真实符号

当谷歌地图能测量每块城砖的尺寸，当《刺客信条》游戏复原了明代蓟镇防御体系，长城的物质实体已不再重要。其作为"可无限重组的文化像素"，通过电影、游戏、NFT 不断衍生新形态，反而实现了德里达（Jacques Derrida）所言"延异"（différance）中的意义增殖。也就是说，差异的意义通过与其他符号的差异而生成，没有任何符号能够独立地、完全地表达意义；推迟的意义总是被延迟，无法被固定或完全捕捉，而是一个不断延展的过程。

（五）全球想象共同体的建构

1. 他者凝视的镜像效应

18 世纪欧洲"中国风"将长城绘入洛可可装饰画，朝鲜使臣朴趾源在《热河日记》中惊叹其"非人力所能为"。外部视角的惊叹强化了长城的社会学奇观属性，使其成为东方文明的默认图标，正如埃菲尔铁塔之于法国。

2. 人类命运共同体的具象反映

1987 年，长城入选世界文化遗产，标志着其从"中国长城"变为"人类长城"。虽然在太空肉眼可见长城的传说已被证明是谣言，但这个科学证伪过程反而证明：人们更愿相信它具备超越物理极限的象征力量。

（六）小结：长城是持续三千年的符号炼金术

长城的蜕变印证了鲍德里亚"拟像理论"的预言：一种脱离了现实基础的符号或图像，它不再是对现实的模仿或再现，而是自我指涉的符号系统。在拟像的世界中，符号不再需要与现实对应，而是通过拟真（simulation）创造一种超真实的体验。符号不再需要现实的支撑，而是通过自我复制和扩散创造新的"现实"。人们的经验越来越多地依赖于媒体、广告和虚拟世界，而非直接的现实接触。就如同当代社会旅客在长城旅游，不用再关注长城任何与旅游无关的其他功能，而是在纯粹消费一个被净化的历史意象。这种持续三千年的符号炼金术，本质上是人类将自身对永恒、秩序、抗争的渴望，不断投射到人造景观中的过程。当实体长城随岁月风化，那个由无数叙事编织的精神长城，反而在文明的星空中越发璀璨。

三、长城是一场考古学、建筑学与数字技术的跨界对话

长城三千年的历史，不仅是军事防御工程的演变史，更是一场跨越时空的考古学、建筑学与数字技术的深刻对话。这场对话揭示了人类如何通过不同学科的工具与方法，不断重新发现、解读与重构文明遗产的意义。以下从数个领域的互动逻辑展开分析。

（一）考古学：揭示历史的层叠真相

1. 地层中的时间密码

考古发掘揭示长城并非单一朝代产物，而是层层叠压的"时间千层饼"。例如，宁夏固原的战国秦长城遗址中，汉代增筑的烽燧基座与明代包砖并存，考古地层学精确剥离各时期修筑技术（版筑夯土→土坯砌筑→砖石包砌），再现防御理念的迭代。敦煌汉简中"烽火品约"文书，更将抽象军事制度转化为可触摸的行政档案。

2. 微观史中的生活图景

北京延庆柳沟古城出土的明代火铳弹丸、伙房遗址与赌博骰子，拼凑出被正史遗忘的边塞日常。这些物质遗存与建筑结构（如敌台内的火炕、储粮窖）相互印证，使"长城是人而非神建造"的真相浮出水面。

（二）建筑学：凝固的工程智慧

1. 材料科学的活态实验

长城是古代建材的百科全书：辽东段用火山岩抵御冻融，河西走廊以芦苇捆扎沙土，雁门关用糯米灰浆黏合条石。通过 X 射线衍射仪（XRD）技术分析，研究人员发现明代城砖中含有一种独特的成分——稻壳灰。进一步研究表明，稻壳灰富含无定形二氧化硅（amorphous silica），在烧制过程中与黏土中的其他成分反应，生成硅酸盐矿物，如莫来石（mullite）和石英（quartz）。研究人员推测，明代工匠可能通过经验发现，在黏土中添加稻壳灰可以改善砖块的性能。这一发现不仅揭示了古代建筑材料的科学原理，也为现代建筑材料的设计提供了启示。基于这一研究，现代材料学家开发了一种仿古砖，通过在黏土中添加稻壳灰，模拟明代城砖的性能。这种仿古砖被用于历史建筑修复和现代建筑设计中，展示了传统智慧与现代科学的结合。

2. 结构力学的永恒挑战

河北喜峰口水下长城因水库建设而被淹没，却意外成为研究水压对砖石结构影响的天然实验室。建筑工程师结合流体力学模拟，发现明代"银锭扣"榫卯结构在湍流中具有超乎预期的稳定性，这一发现被应用于现代水下文物保护。

（三）数字技术：重构时空的棱镜

1. 激光扫描与虚拟解剖

通过激光雷达（LiDAR）技术，山西偏关县"黄河边墙"的模糊轮廓被精确还原。点云数据不仅生成三维模型，更暴露出墙体内部暗藏的排水系统。这种"数字解剖"让建筑智慧显影，而无须破坏实体结构。

2. 元宇宙中的文明重生

腾讯"云游长城"项目对喜峰口 1 千米墙体进行毫米级扫描，AI 算法补全坍塌段落，游客可在虚拟世界中推演戚继光布防策略。更具革命性的是，区块链技术将每块数字城砖的修缮记录永久存证，构建起不可篡改的"数字基因库"。

（四）跨界共振：1+1+1 > ∞

考古学 × 建筑学：甘肃汉长城烽燧的夯层厚度（20 厘米 / 层）与《营造法式》记载的"每筑一尺，歇三日"形成互证，揭示古代工程管理的科学节奏。

建筑学 × 数字技术：建筑信息模型（BIM）技术对箭扣长城险段的应力分析，指导修复团队采用传统"撬拨归位"而非钢筋混凝土加固，实现"最小干预"的保护。

数字技术 × 考古学：AI 图像识别筛选出居庸关云台元代梵文石刻中的重复字符，结合藏地佛教传播路线，重写元代多元文化交融的叙事脚本。

（五）小结：文明对话的新语法

当无人机掠过司马台长城的残垣，激光束与五百年前的砖缝相遇，考古学的实证精神、建筑学的工程理性、数字技术的未来想象，共同编织出理解文明的新语法。这种跨界对话的深刻性在于：既让长城从"历史的纪念碑"变为"可解析的数据流"，又在虚拟与现实的交织中，重新确认了人类对物质文化遗产的情感温度。三千年长城的故事，正以碳基与硅基融合的方式，书写着永恒的续章。

长城未解之谜 1：中国古代长城的真实长度与范围

谜题：中国古代长城的总长度至今仍不明确。虽然官方数据显示其长度超过 21000 千米，尽管现代技术如卫星遥感和地理信息系统（GIS）已用于测量，但由于地形复杂和部分长城遗址损毁严重或埋于地下，其确切长度和走向仍存在争议，实际长度可能更长。揭秘难点在于地形复杂、历史记载不全，以及部分地段尚未被现代技术探测到，需要当代考古学家结合文献和实地调查，还原长城的原始路线。

关于中国古代长城的真实长度与范围，一直是学术界和公众关注的焦点问题。尽管现代技术已大幅提升测量精度，但由于长城的复杂历史、地理环境及定义标准的差异，其总长度和边界仍存在诸多争议与未解之谜。以下从数据争议、测量挑战、范围界定难题三个方面展开分析，并对长城未来研究方向提出建议。

一、数据争议：从"万里"到"数万公里"

（一）官方权威数据

2012 年，据国家文物局普查，普遍认定中国古代长城总长度为 21196.18 千米，涵盖春秋战国至明代的墙体、壕堑、烽燧、关堡等遗存，分布于 15 个省（自治区、直辖市）的 404 个县（市、旗、区）。美国国家地理学会曾引用卫星遥感数据称长城实际长度超过 50000 千米（含重复修建、自然山险等），但此说法未被中国官方认可。

（二）历代长城叠加之谜

秦汉、北魏、北齐、隋、金、明等朝代均修筑或沿用长城，部分段落重叠或改线。例如，内蒙古赤峰的燕秦长城与金界壕交错，导致难以区分单一朝代的长度。

二、测量挑战：技术与自然的双重障碍

（一）地理环境的复杂性

自然山险是否计入统计数据？明代将陡峭山脊、河流悬崖视为天然屏障，未建人工墙体。如河北涞源"白石山险段"全长 80 千米无砖石，仅以山势为界。

风沙掩埋与侵蚀的长城是否计入统计？西北汉长城（如甘肃敦煌段）因风蚀仅存不足 1 米的土垄，遥感难以识别；宁夏盐池县的隋长城被流沙覆盖，地面调查易遗漏。

（二）技术局限与标准分歧

1. 测量方法差异

传统田野考古逐段勘测与卫星遥感、无人机测绘的数据存在偏差。例如，山西偏关的黄河边长城因河道变迁，不同技术测得长度相差约 20 千米。

2. "连续体"定义争议

孤立烽燧或关堡之间的空白地带是否计入总长？如新疆克孜尔尕哈烽燧与库车烽燧相距 50 千米无墙体连接，但属同一预警体系。

三、范围界定难题：何为"长城"？

（一）早期长城的认定困境

一是战国长城争议。齐长城（山东）、楚方城（河南）是否属于长城范畴？部分学者认为其功能更接近诸侯国间的边界墙，与后世"北防游牧"的长城性质不同。

二是金界壕的归属争议。金代在东北挖掘的壕堑（如黑龙江牡丹江段）是否算长城？官方将其纳入，但国际学界有异议，认为其军事功能与典型长城差异较大。

（二）附属设施的边界模糊性

军事纵深体系。长城并非单一线性墙体，而是包含屯田区、驿站、军镇（如明代"九边"）的立体防御网络。例如，北京密云古北口镇与长城墙体的直线

距离达 15 千米，但属同一防御单元，是否计入范围？

四、未来研究方向

1. 多学科交叉验证

结合碳 -14 测年、地理信息系统与文献比对，区分不同朝代的叠加段落。例如，通过夯土层中的植物残留物判断秦汉与明代长城的重合部分。

2. 国际协作与标准统一

联合国教科文组织正推动跨国长城遗产（如中国与朝鲜、蒙古国的关联遗存）的联合申遗与测量，但政治与学术分歧仍是障碍。

3. 公众参与与数据开源

中国国家文物局"长城资源数据库"已部分公开，鼓励民间学者补充遗漏段落。例如，2021 年内蒙古牧民发现 30 千米未被记录的北魏长城石墙。

五、小结：长城的长度即文明的维度

长城的真实长度与范围之争，本质是中华文明对"边疆""防御""交融"等概念的动态诠释。它不仅是砖石垒砌的物理存在，更是一个随着历史认知与技术发展不断扩展的文化符号。或许正如欧文·拉铁摩尔（Owen Lattimore）在其关于中国边疆历史的研究中提出的一个重要的观点：长城的长度不仅取决于其物理上的建筑，更取决于我们如何定义"中国"与"边疆"。这一观点揭示了长城作为地理、政治和文化符号的多重意义。

在现代语境下，长城的长度与"中国"与"边疆"的定义仍然具有重要的象征意义。随着现代民族国家的形成，长城从防御工事转变为中华民族团结和统一的象征。然而，边疆地区的民族和文化多样性仍然是中国社会的重要组成部分，长城的长度也因此成为理解中国历史和现实的重要切入点。

第一章　奠基：先秦的烽火基因

一、战国长城群像：齐、楚、燕、赵的边境博弈

战国时期，齐、楚、燕、赵等国修筑长城作为边境防御工事，不仅是军事上的需求，更是地缘政治博弈的集中体现。各国通过长城的修筑与布局，展现了其战略意图、国力强弱以及与邻国的复杂关系。下面从博弈的角度分析各国修筑长城的策略与互动。

（一）齐国以长城为屏障，巩固东方霸权

齐长城修建于春秋战国时期，是我国现存修筑年代最早、使用时间最久的长城之一。齐长城西起济南市长清区孝里镇广里村北的古济水（今黄河）东畔，向东进入泰山西麓，沿泰沂山系分水岭蜿蜒向东，横穿鲁东南地区的低山丘陵，至青岛市黄岛区东于家河村东北入海，全长 641.32 千米。修筑目的是防范楚国北上扩张以及越国可能的侵扰。从长城走向来看，齐长城将济水、泰山、黄海等天险横向连接成了一道坚固的军事屏障，形成"以山为墙，以关为锁"的防御体系。在春秋战国时期的战争中，尤其在车战中，发挥了不可替代的重要作用，为其后历代长城的构筑提供了宝贵的经验。

齐长城防御工事的修建，在内政外交、政治军事以及经济方面均发挥着重要的作用。由于齐长城东段临近海洋，因此其在商业方面也发挥了作用，

尤其是对东侧沿海地区。《史记·齐太公世家》提到，齐国"通商工之业，便鱼盐之利"；《左传》中记载，齐国在春秋时期通过控制沿海地区，获得了巨大的经济收益，成为"东方之富"；《管子·轻重甲》中提到，齐国设有"盐官"和"渔官"，专门管理盐业和渔业生产，并通过征税充实国库；古书记载，齐国沿海地区"多鱼盐之利，民富而国足"，说明凭借齐长城的地理优势，齐国沿海地区成为仅次于国都临淄的经济繁荣之地，在齐国经济中占据举足轻重的地位。齐长城修筑成功之后，不仅成了齐国南部疆界的一道人工屏障，还保护了其富庶的沿海盐铁产区。通过控制长城沿线关隘，齐国得以垄断东方贸易路线，在巩固其经济霸权的同时推动了区域经济的发展。

遗址现状及当代价值

齐长城遗址主要位于今山东省境内，沿线有锦阳关、黄石关、青石关三大关口和天门关、胡家庄关等13个小关，目前保存最为完整的是锦阳关和青石关。

由于年代久远，齐长城的大部分地段已损毁或埋于地下，现存遗址多为残垣断壁。部分地段的夯土城墙仍可见，但高度和完整性较差。一些关隘遗址（如青石关、锦阳关）保存较好，是研究齐长城的重要实物资料。少数烽火台遗址保存较好，但多数已坍塌或消失。近年来，考古学家对齐长城遗址进行了多次调查和发掘，发现了大量春秋战国时期的文物，如陶器、兵器、工具等。部分地段的夯土城墙结构清晰，反映了当时的建筑技术。发现了与军事防御相关的设施，如壕沟、瞭望台等。遗址中发现了多个历史时期的文化层，表明齐长城在不同时期被多次使用和修缮。考古发现表明，当前地下依然可能埋藏有更多的城墙基址和相关文物。

齐长城遗址的保护面临较大挑战，部分地段已被列为文物保护单位，但整体保护力度仍需加强。目前，当地政府正在规划将齐长城遗址开发为文化旅游景点，以促进文化遗产的保护和利用。齐长城遗址的研究价值极高，吸引了众多历史学家和考古学家的关注。

目前，齐长城遗址面临的挑战主要是自然破坏、风化和雨水侵蚀对遗址的保存构成威胁；城市化建设和农业生产对遗址造成了不同程度的破坏；遗址保护需要大量资金，但目前投入有限。需要通过立法和技术手段，加强对遗址的保护；利用现代科技（如遥感、三维建模）进一步研究遗址的结构和功能；提高公众对遗址保护的意识，推动文化遗产的可持续发展。

（二）楚国：以长城为扩张工具，争夺中原

楚长城，即楚"方城"，始建于公元前 7 世纪，是我国文献记载中最早登上历史舞台的长城之一。《水经注·汝水》载："醴（lǐ）水又屈而东南流，径叶县故城北，春秋昭公十五年，许迁于叶者也。楚盛，周衰，控霸南土，欲争强中国，多筑列城于北方，以逼华夏，故号此城为万城，或作方字。"大意是：醴水流经叶县故城北面，春秋鲁昭公十五年，将许国迁到叶县。当时周王室衰弱，楚国强盛，称霸南方，意图逐鹿中原，遂在北方修建众多城邑，以威胁华夏，因此被称作"万城"，也有将"万城"写作"方城"。《左传·昭公十八年》载："叶在楚国，方城外之蔽也。"《汉书·地理志》注："楚叶公邑。有长城，号曰方城。"书中所载"方城"，皆为楚长城。

西周时期，楚国是位于南方的一个异姓封国，其爵位为四等的"子"，故其君主称"楚子"。春秋时期，楚国实力逐步壮大。楚武王熊通先后征伐随、邓、蓼（liǎo）等国，心生"欲以观中国之政"之念。前 689 年，楚文

王熊赀（zī）即位，迁都于郢（今湖北省荆州市纪南故城），锐意北上，继续征伐申、蔡、吕等国，势力在南阳盆地迅速扩大。

南阳盆地处于秦岭西麓，居伏牛山、方城山、桐柏山、大洪山和鄂西北山地之间，由汉水支流丹江、浙水、湍水、白河、唐河等河流冲积而成，是连接关中、汉中、中原与江汉四个大平原的重要通道，自古为兵家必争之地。楚国占据南阳盆地后，为保南阳盆地安全，扼东西走向的桐柏山——大别山脉，利用山河之险，以险制塞，在高山险阻和河流为堑的地段加筑工事，在盆地东、西、北三面构筑了重要的军事防御体系——楚长城。

楚长城的主体墙体多为土石混筑，也有少量纯土夯筑和毛石干垒的墙体。楚长城大多紧贴山体或山间垭口外侧的崖边而建，墙体在山体上的底基一般宽 15—20 米，墙体在平原地带的底基则加宽，宽约 40 米。墙体多为内外砌筑石墙，中间底部堆积专门烧制的炭化木棍，其上再堆积纯土或土掺碎石，包砌的石墙两侧基础部位筑小型护坡，以保护墙体基础。楚长城墙体为普遍堆筑，局部似经大块鹅卵石精细地夯打，夯层厚 3—5 厘米。除了在大小不同的山间通道上修筑人工设施，扼守通道，防止战车通行之外，楚国还在通道两侧海拔低于 330 米的低山上延伸修筑墙体，以加强防御。楚长城低山上的墙体几乎都紧贴山体外侧的悬崖边缘而建，随山体崖边的凹凸之势蜿蜒曲折，便于站在长城顶部观察山下的步兵活动，也可对沿山坡攀缘而上的步兵进行有效打击。

楚长城的关城数量巨大，因而《水经注》记载"故号此城为万城"。关城基本是方形或长方形，规模不等，大体上可分为大城、中城、小城三类。其中大城均集中在要道处，中、小城多作为卫星城，分布在高、险处，不同的关城根据驻军数量或军事长官级别而有所不同。楚长城以大量相联结的关城形成多层设防的强大城防，为春秋战国时期其他诸侯国所效仿。尽管楚长城的联结作用相对薄弱，远不能与后来的秦、汉、明长城边墙相比，但关城是屯兵警哨之所，为长城所必备，后来的秦、汉、明长城也都继承并大量修筑关城。

楚长城发挥重要作用的最早记载是《左传》中的齐桓公伐楚之战。僖公四年（前656）夏，齐桓公高举"尊王攘夷"的大旗，率领齐、鲁、宋、卫、陈、郑等诸侯国讨伐楚国。楚国派使臣屈完在今河南郾城附近与齐军谈判。《左传·僖公四年》记载："齐侯曰：'以此众战，谁能御之？以此攻城，何城不克？'对曰：'君若以德绥诸侯，谁敢不服？君若以力，楚国方城以为城，汉水以为池，虽众，无所用之。'"此方城即楚长城。齐桓公见楚长城固若金汤，且屈完意志坚定，因此不敢贸然进犯，遂与楚国结盟，史称"召陵之盟"。

其后，楚国以楚长城为屏障，多次瓦解其他诸侯的进攻。楚穆王二年（前624）冬，周卿士王叔文公之子王叔桓公与晋国的阳处父联军，再次讨伐楚国，以救江国。联军攻至楚国北大门方城，受阻于方城塞。联军知楚有准备，于是撤军回师。楚共王六年（前585），晋国大夫栾书救援郑国，攻至方城塞之外便作罢。楚康王三年（前557）夏，晋国荀偃等伐楚，楚国公子格领兵与晋军战于湛阪（今河南省平顶山市湛河以北、西高皇旧村以北至北环路一带擂鼓台及落凫山南伸之慢坡），楚军大败，退至"方城"。晋军至方城之外，因防御森严，在讨伐叶邑后撤军。楚国凭借长城"不战而屈人之兵"，对其他诸侯国产生了较大的影响。

楚长城在确保楚国安全方面发挥了重要作用。楚国修建长城的目的绝非与中原隔绝联系，而是以此为跳板，争霸中原，进而实现统一天下的抱负。由此可见，楚长城是东周时期大交流、大碰撞、大融合，进而走向大统一的时代见证。

遗址现状及当代价值

楚方城遗址主要分布于河南省南阳市方城县及周边地区（如独树镇、四里店镇等），现存遗址总长约 39 千米，包含烽火台、城墙等军事设施。湖北省竹溪县、竹山县等地也发现部分遗址，如关垭、方城遗址。因年代久远且地处山险，部分遗址保存较差，如墙体变窄、被耕地或植被侵占等，但近年通过检察技术手段（无人机航拍＋现场勘验）加强了保护力度，部分损毁区域已修复。

目前重点遗址区主要有三段：一是方城县段，包含大关口、跑马岭等遗址，部分区域被列为省级文物保护单位，但仍有因盗掘、农耕导致的破坏；二是虎盘寨遗址区（汝阳县），保留长方形残墙，兼具自然风光与人文历史，成为旅游与考古胜地；三是叶县段。这一段是春秋时期"天下九塞"之一，现为研究楚国防御体系的重要节点。

作为中国最早的长城体系之一，楚方城是研究春秋战国军事防御、楚国疆域扩张及早期长城形态的关键实物证据。其建造技术（如依山势列城、连堤设塞）为古代军事工程研究提供了独特案例。

遗址承载的"楚文明"元素，成为地域文化标识，方城县已开展"徒步楚长城·探源楚文明"等文化活动。部分遗址区（如虎盘寨）依托原始森林与历史遗迹，发展生态旅游，兼具教育与经济价值。

楚方城遗址作为兼具历史厚重性与现实脆弱性的文化遗产，其保护与利用需平衡学术研究、文旅开发及科技保护，以延续其军事、文化、科技等多维价值。

（三）燕国：以长城为屏障，抵御游牧民族

燕长城是战国时期最后出现的一条长城，分为燕南长城和燕北长城。燕南长城又名易水长城，主要是为了防御齐国和赵国；燕北长城则主要是为了防御北方东胡。

前386年，"田氏代齐"得到周天子的承认，成为诸侯国，仍沿用"齐"作为国号。三家分晋后，韩、赵、魏跻身强国之列，又有"田氏代齐"，加上秦、楚、燕三国，形成了战国七雄的格局。七雄逐鹿中原、战乱不断的局面一直维持到秦统一。燕王哙（kuài）六年（前315），趁燕内乱，齐国联合中山国破燕，齐军占领燕都，"毁其宗庙，迁其重器"。中山国得地"方数百里，列城数十"，燕国几近灭亡。赵、魏、韩等国主张"存燕伐齐"，赵武灵王将在韩国作人质的燕公子职送回燕国。前311年，公子职即位，称燕昭王。燕昭王即位后，视齐、中山灭燕为奇耻大辱，便立"以雪先王之耻"之誓，招贤纳士，励精图治，稳定发展，国力不断强大。

燕昭王招贤纳士，魏国军事家乐毅、齐国阴阳家邹衍、赵国游说家剧辛等皆投奔而来。燕昭王任用乐毅为亚卿，对乐毅言听计从。经过28年的苦心经营，终于"燕国殷富，士卒乐战"，燕国进入了全盛时期。为了抵御南方的齐国，燕国开始在南部修建长城。

战国晚期，秦国日益强盛，东出图霸，驱赵而威胁燕境，因此燕南长城也是防御赵国和秦国的重要防线。燕南长城起山地、顺河堤、跨淀区、穿洼地，自西向东贯穿河北保定的易县、徐水、容城、安新、雄县和廊坊的文安、大城等县，总长约260千米。

燕国位于七国的东北部，国力甚强，版图较大。北有东胡、山戎，东有濊貊（huì mò），不仅面临中原强邻的军事威胁，还常被东北边少数民族严重侵扰。燕国北部毗邻蛮貊（mán mò）等游牧民族，疆土又和齐国、晋国等强

国交错，其力量最为弱小，在强国之间的夹缝中求生存，曾经几乎被灭国。

为防御东胡、濊貊等卷土重来，巩固新拓土地的安全，燕国设置了地方行政机构，燕国名将秦开率领军队和地方郡县徭役边民，修筑燕北千里长城。《史记·朝鲜列传》载："自始全燕时尝略属真番、朝鲜，为置吏，筑鄣（zhāng）塞。"《史记·匈奴列传》亦载："燕亦筑长城，自造阳至襄平。置上谷、渔阳、右北平、辽西、辽东郡以拒胡。"

随着秦开东拓，燕北长城的修筑工程快速推进，按照分地域、分阶段的方式进行修筑。首先筑张北燕塞，其次筑辽西长城，再筑辽东鄣塞，最后筑"幕北"外城。张北燕塞修筑时间略早于辽西段长城，两段长城都是在"秦开却胡"千里之后、设立郡治之时开始修筑，约在前262年至前244年基本完成。辽东鄣塞的始筑时间，应在设辽东郡之时。先修"真番"线［由辽东郡治襄平城（今辽阳市）起，经沈阳、抚顺、通化、集安、临江，至边城真番（今长白县）长白故城止］，后筑"朝鲜"线（由辽东郡的襄平城起，经凤城、丹东、宽甸至朝鲜清川江入海口止），约在前259年至前244年间全线完成。"幕北"外城鄣塞始筑时间，即秦开"东拓战略"第三阶段，为北上松辽平原灭貊之时。燕在距辽西、辽东长城百里、千里外的"幕北"地区修筑外城及周边列障亭，设"屯戍以守之"，起到监察、震慑东胡、匈奴、濊貊等少数民族的作用，这种修筑方式给后来秦汉时期的政治制度、军事制度、屯田制度提供了重要的参考。

燕北长城主要分布在辽宁、内蒙古和河北境内。燕北长城的修建主要采用土石合筑、土筑两种方式，多数地段以石为基，上面利用土筑夯打成墙，巧妙地利用山川地形，在山势险要处开挖沟堑，然后再筑夯土墙，沟和墙结合组成高峻难攀的防御线，并设置烽火台、城堡等配套设施，构成完整的军事防御体系。

燕北长城具有战国时期燕、赵、秦三国北方边地长城的修筑共性，也为后代王朝的长城修筑提供了范本。燕北长城是燕国对游牧民族进行积极防御的有效措施。燕破东胡拓地千里，燕文化也在东北方向获得了巨大的发展空间，促进了中原文化和游牧文化的交流。

遗址现状及当代价值

战国时期燕长城主要分布在今天的河北、北京、天津、辽宁等地。燕长城多为土筑或石砌，因年代久远，大部分已损毁，仅存部分残垣断壁。长期风雨侵蚀、植被生长等自然因素加剧了遗址的破坏。城市化、农田开垦、盗挖等人为活动也对遗址造成了损害。

近年来，考古工作陆续展开，发现了部分城墙、烽火台等遗迹，为研究燕长城提供了实物依据。学者们通过文献和考古资料，逐步揭示了燕长城的修建背景、结构和功能。部分遗址已被列为文物保护单位，采取了加固、围栏等保护措施。一些保存较好的遗址，如河北滦平的金山岭长城，已开发为旅游景点，供游客参观。

目前保护比较好的燕长城遗址主要有三处：一是河北滦平金山岭长城，保存较好，部分经过修复，展示了燕长城的原始风貌；二是北京延庆古崖居，与燕长城相关，展示了当时的防御体系；三是辽宁朝阳燕长城遗址，部分城墙和烽火台遗迹尚存，具有较高的历史价值。

未来需要进一步加大保护力度，防止自然和人为破坏。通过更多考古发掘和学术研究，进一步揭示燕长城的历史与文化价值。在保护的前提下，适度开发旅游，促进文化遗产的传承与利用。燕长城遗址作为重要的历史文化遗产，虽然保存状况不佳，但通过保护和开发，仍能展现其历史价值。

（四）赵国：以长城为防线，抗衡秦国与匈奴

战国时期赵国长城分为南长城和北长城。赵国南长城始建于赵肃侯时期，当时赵国与魏、齐矛盾由来已久，赵、魏在漳水北岸51年间发生13次战争，赵国败9次。前333年，赵肃侯攻魏黄城不下被迫撤军，为防魏、齐报复，决定修筑长城。

赵肃侯以漳水、滏水堤防为基础，进行扩建。将水利工程改造为军事防御工程，利用漳河作为天然屏障，连接漳水、滏水的堤防，构成河水与长城的双重险阻。在连接堤防的基础上，进行人工修筑。西起今河北武安市西南的太行山东麓，沿漳水北岸等险要地形，从河北涉县出发，经磁县、临漳等地，向西南延伸到山西省晋城市南太行山碗子城一线。在沿线的制高点设置哨所、烽燧等附属设施，还会隔一定距离设置城堡，配有士兵守护。

赵国南长城的修建，使赵国在与魏、齐等国的对抗中有了一道重要的防线，一定程度上保障了赵国南部边境的安全，为赵国在中原地区的稳定和发展提供了一定的军事保障。

赵武灵王时期，借助天然地势又修筑北长城。北长城多修筑在阴山南麓的缓坡地带，呈东西走向，东起今河北蔚县，经山西雁北地区进入内蒙古，再沿阴山东段大青山南麓逶迤西行，西北折至阴山西段乌拉山、狼山至今巴彦淖尔市临河区东北的高阙塞一带。选择建筑材料以土筑为主，少量采用土石混筑，就地取材，利用当地的黄土、石块等资源。在缺少土石的地方，也可能会采用木材等其他材料辅助修筑。沿线设有烽燧、障城等配套设施，用于传递军情和驻军防守。

赵肃侯十年（前340），赵武灵王出生于国都邯郸（今河北省邯郸市）。赵武灵王元年（前325），年仅15岁的武灵王赵雍成为赵国第六位君主。

战国时期，赵国的疆土包括今天的山西中北部、河北南部和西部一带，

其南边是韩国和魏国，东边是齐国和燕国，西侧有秦国，北面是游牧民族楼烦、林胡以及匈奴，东北方向则为东胡。最为致命的是，中山国处于赵国的中央地带，横亘在邯郸和代郡之间，阻隔了赵国的南北交通，给赵国安全造成极大威胁。由于齐国和燕国长期干涉，赵国的几代君主始终没有消除中山国这个心腹之患。与此同时，以游牧为生的东胡、林胡、楼烦（并称"三胡"）擅长骑射，常侵扰赵国边境，使赵国不得宁日。

赵武灵王即位之初，齐国、燕国都将中山国视为牵制赵国的棋子，但赵武灵王灵活运用邦交策略，不仅使赵国免受攻击，还从中获利。周边游牧民族的侵扰同样令赵国不胜其烦。赵国、"三胡"周边多为山谷之地，若与其他中原诸侯国作战，赵国所在位置易守难攻，占据优势。但和"三胡"骑兵作战，赵国地势反而成了自己步兵、车兵作战的阻碍。

为解决这一作战问题，赵武灵王通过对比"三胡"骁勇善战的骑兵，认识到了本国军队的短板。平原作战主要依靠步兵和战车配合，但中原士兵的衣服肥大，行动不便，在与"三胡"骑兵作战时很吃亏。因此，赵武灵王决心改变军队服饰，重点发展骑兵。赵武灵王十九年（前307），开始进行"胡服骑射"改革。

赵武灵王顶住保守势力反对的压力，在邯郸城明确要求"着胡服""习骑射"，命令民众换下宽袖长袍，改穿胡服，并淘汰战车，练习骑马射箭。他带头穿着胡服上朝，严厉处罚反对的王公大臣。与此同时，他还大力改革兵制，模仿"三胡"骑兵的装备和训练方法，淘汰落后的兵甲战车，以"骑"代"车"，最终建立了一支以骑兵为主的赵国新军。

前307年春，赵武灵王在赵国的陪都信宫同肥义等大臣商议国事，会议持续了五天，主要讨论"向北略地"的具体事宜。赵武灵王认为，赵国弱于齐、秦、魏等国，但比中山、代国、林胡和楼烦等小国及部落强大很多，因此确立了赵国向北方发展的战略方向。

此后，赵国的发展重点由南转北，开始向胡地扩展。前306年，赵武灵王率军攻到宁葭（今河北省石家庄市西北），彻底控制太行山的重要通道——太行八陉之一的井陉。后来，赵武灵王西渡黄河，占领林胡的榆中地区（今陕西省北部与内蒙古自治区交界的河套地区），林胡王不得不向赵武灵王呈献良马求和。得到良种林胡马后，赵武灵王又招募大批林胡勇士，将他们编入赵国骑兵中。

赵武灵王二十一年（前305），赵国从南、北、西三个方向围攻中山国的都城灵寿，夺取四邑后退兵。赵武灵王二十六年（前300），继续攻击中山国，夺取中山国与代郡和燕国交界地带的土地，把中山国基本围在了赵国境内，实现了对中山国的严密封锁。随后，林胡联合楼烦，意图和中山国一起夹击赵国的代郡，遭到赵武灵王强力反击。赵武灵王夺得林胡和楼烦大片疆土后，设立雁门郡（今山西省北部，神池、五寨、宁武以北至内蒙古自治区之间的地区）、云中郡（今内蒙古土默特右旗以东，大青山以南，卓资以西，黄河南岸及长城以北），林胡和楼烦被迫向北方迁移。

赵惠文王二年（前297），退位的赵武灵王巡视云中、雁门二郡，他允许楼烦王率部回到河套故地，但必须服从赵国号令，不准劫掠赵国边境。在那之后，大批的楼烦骑士脱离楼烦王，加入赵国军队。赵惠文王三年（前296），赵武灵王继续大举进攻中山国，中山国王投降，随之灭亡。随后，赵武灵王将原中山国王迁往肤施。不久，中山国王又与楼烦王合谋造反，赵武灵王一举将其杀掉。

占领中山国后，赵武灵王便着手修缮代郡和邯郸之间的道路，使南北隔离的两地连通为一体。至此，赵国终于消除心腹大患，解除北方威胁，领土向北开拓，国力逐渐增强。此外，为解决军队粮草供应问题，赵武灵王还把大夫、官吏和奴隶迁到九原，在边境垦荒屯田。

为加强北方的防御，赵武灵王修建了赵北长城。《史记·匈奴列传》记载："变俗胡服，习骑射，北破林胡、楼烦。筑长城，自代并阴山下，至高阙为塞。而置云中、雁门、代郡。"赵武灵王二十六年（前300），赵国北部疆域增加了云中、雁门、五原、九原四个郡，代郡的范围也大幅扩大。开拓北方大片疆域后，赵武灵王大规模修筑赵北长城，以阻止林胡和楼烦的南下侵扰。

赵北长城位于今天内蒙古阴山、大青山一线，依据山势和走向分为南北两线。北线西起高阙（今内蒙古自治区巴彦淖尔市杭锦后旗乌拉山与狼山之间的缺口），沿阴山南麓往东延伸，经五原、固阳县北境，到达呼和浩特市西北的大青山北麓。南线西起乌拉特前旗的黄河东岸，沿大青山南麓逶迤向东，经包头、呼和浩特、卓资北境，南折入察右前旗。今天的赵北长城遗迹呈现的并非其完整形态，其残存墙体最高地段仅有4米左右。

修筑赵北长城，不仅有效阻挡了北方游牧民族对赵国的侵扰，也促进了北部地区的经济发展，加深了农耕和游牧文明的交流互通。屯垦军民将中原地区的先进农耕生产工具、技术和耕作方式引入北疆，北方开始出现星罗棋布的农牧交错经济区。

赵武灵王通过"胡服骑射"等具有代表性的系列措施，对赵国的政治、军事进行了全面深入的改革，使赵国经济更胜似游牧经济。而且赵国积极吸纳任用游牧民族优秀人才，增进彼此了解，消除隔阂，大大促进了农业文化和游牧文化的深度融合。

赵孝成王时期的长城防御得到进一步加强。赵孝成王时期，赵国在与秦国的长期对抗中，损耗巨大。同时，北方的匈奴等游牧民族也时常侵扰。赵国在巩固原有长城防线的基础上，可能对部分地段进行了修缮和加固，以应对来自秦和匈奴的双重压力。比如在代地、雁门等地的长城沿线，增加了驻军数量，完善了烽火报警系统等防御设施，加强了对边境的巡逻和监控。

前228年，秦国攻破赵国都城邯郸，赵王迁被俘。赵国公子嘉逃到代地，建立代国，继续依托赵北长城等防御工事抵抗秦军。但前 222 年，秦军还是攻灭代国，赵国彻底灭亡。赵国灭亡后，其长城失去了原有的军事防御意义，逐渐荒废，部分长城被拆除用于其他建设，或因自然侵蚀、人为破坏等因素而逐渐消失。

遗址现状及当代价值

赵国长城主要分布在今天的河北、山西、内蒙古等地。随着时间的推移，赵国长城的遗址大多已残破不堪，但仍有一些遗迹留存至今。其中，河北段主要位于河北西北部，如张家口、蔚县等地，用于防御匈奴和燕国。山西段分布在山西北部，如大同、朔州等地，是赵国北疆的重要防线。内蒙古段部分遗址延伸至内蒙古南部，如呼和浩特、包头等地。

赵国长城多为土筑或石砌，因年代久远，大部分已损毁，仅存部分残垣断壁；自然破坏、长期风雨侵蚀、植被生长等自然因素加剧了遗址的破坏；城市化、农田开垦、盗挖等人为活动也对遗址造成了损害。

近年来，对赵国长城的考古工作陆续展开，发现了部分城墙、烽火台等遗迹，为研究赵国长城提供了实物依据。学者们通过文献和考古资料，逐步揭示了赵国长城的修建背景、结构和功能。

部分遗址已被列为文物保护单位，采取了加固、围栏等保护措施。一些保存较好的遗址，如河北蔚县的赵国长城遗址，已开发为旅游景点，供游客参观。目前河北蔚县赵国长城遗址保存较好，部分经过修复，展示了赵国长城的原始风貌；山西大同赵国长城遗址部分城墙和烽火台遗迹尚存，具有较高的历史价值；内蒙古呼和浩特赵国长城的部分延伸至内蒙古南部，展示了赵国北疆的防御体系。

未来需进一步加大保护力度，防止自然和人为破坏；通过更多考古发掘和学术研究，进一步揭示赵国长城的历史与文化价值；在保护的前提下，适度开发旅游，促进文化遗产的传承与利用。

（五）战国修筑长城的核心逻辑

（1）地缘政治的"零和游戏"。战国时期的长城修筑，本质上是各国在"零和博弈"中的自保与扩张手段。齐国通过长城巩固东方霸权，楚国利用长城争夺中原，燕国和赵国则以长城抵御游牧民族与强敌入侵。

（2）长城的双重属性。长城既是军事防御工事，也是政治边界的象征。各国通过长城的修筑与布局，划定势力范围，同时利用长城作为外交谈判的筹码。

（3）技术与资源的竞争。长城的修筑需要大量人力物力，各国在修筑过程中展现了不同的工程技术与管理能力。例如，赵国采用分段承包的修筑方式，齐国则利用盐铁收入支持长城建设。

（4）长城的博弈遗产。战国时期的长城修筑，不仅是军事防御的产物，更是各国在地缘政治博弈中的战略选择。齐、楚、燕、赵通过长城的修筑与布局，展现了各自的国力与战略意图。这些长城遗址不仅是古代工程的奇迹，更是战国时期复杂政治博弈的见证。它们为后世提供了理解战国历史的重要线索，也揭示了人类在冲突与合作中不断演进的文明轨迹。

二、秦昭襄王版"超级工程"：陇西长城的战略密码

战国秦长城，西起今甘肃省定西市临洮，向东南至今渭源，又向东北越六盘山，经宁夏回族自治区固原市、甘肃省庆阳市环县，进入陕北一带后分为两支：一支向东，经绥德北上至秦国上郡治所肤施（今陕西省榆林市东南）；另一支向东北，经过横山、榆林、神木，抵达今内蒙古自治区呼和浩特市托克托县十二连城附近的黄河岸边。战国秦长城主要包括防魏的堑洛长城、防赵的上郡塞长城、防匈奴的秦昭襄王长城。

战国初期，魏国常攻击秦国，秦国东部黄河与洛河之间的土地屡次被魏国攻占。为抵御魏国侵犯，秦国在东部修建了一道长城，即秦国东部长城。秦国东部长城先后修建三次，分别是秦厉共公十六年（前461）修建的"堑河旁"、秦灵公八年（前417）修建的"堑河濒"和秦简公七年（前408）修建的"堑洛"。

前408年，秦退守洛水西岸，沿河修筑长城，筑重泉城以自保。因这段长城的修筑方法是将筑墙与削掘崖岸相结合，史书上称为"堑洛长城"。《三秦记》中记载："在蒲城东五十里，秦筑长城，即堑洛也。"这段长城是秦国为加强防御、保障国内改革而修筑的，也是战国时期秦国修筑最早的一段长城。

秦孝公五年（前357），秦孝公任命商鞅为左庶长，商鞅开始在秦国实行变法运动，史称"商鞅变法"。变法后，秦国势力日益强盛，不断参与中原的兼并战争，蚕食各诸侯国领土。秦惠文王七年（前331），秦国大良造公孙衍率军在雕阴（今陕西省甘泉县）与魏军展开激战，秦军大获全胜，俘魏将龙贾。秦惠文王十年（前328），魏献上郡十五县于秦。为巩固北部边界，秦惠文王时，张仪修筑"上郡塞"长城。此段长城北控洛河河谷，东制牛武川，西扼任家台川，是陕北通向关中的必经之地，是秦国北界防御工程

的重要组成部分，扼守此地可以有效阻击赵军西进。"上郡塞"长城多堑山为障，只是在原面、崾峴（yǎo yì）、沟壑等地夯筑城墙作为屏障，墙体以圆形夯具锤打。秦昭襄王三年（前304），秦国夺取赵国河西之地后，设上郡治于肤施，"上郡塞"长城自此失去存在的必要性。

秦昭襄王时期，秦国势力范围迅速扩大，今山西、河南、湖北许多地区皆纳入秦国版图。秦昭襄王（前306—前251年在位）是秦国历史上一位极具战略眼光的君主，秦昭襄王三十五年（前272），秦国出兵灭了义渠，吞并周边戎族，设郡县治之，秦国领土扩展至陇西、北地、上郡之地，与北方匈奴交界。为防御北面匈奴和义渠残余势力的侵犯，秦昭襄王便修建了长城，即"秦昭襄王长城"或"秦国北长城"。秦昭襄王长城沿大小河流的分水带和地形过渡带建造，在陕北的吴起县、志丹县、靖边县境内，长城沿白于山脉走向；在今榆林市横山区、榆阳区、神木市境内，长城沿鄂尔多斯地块南缘和黄土高原的过渡带分布，是西北荒漠地区与芦河、无定河、秃尾河、窟野河等河流的分界线。为增强防御能力，将有利于防御的大小制高点纳入长城内侧，再加上地形的限制，因此长城走向呈现曲折回环样貌。

陕北地区秦昭襄王长城的修筑方式，已经确认的有三道堑、黄土夯筑、片石垒筑或土石混筑等方式。其中，三道堑方式是在面向敌方山坡处，自上而下依次铲削出几道坡度较大的堑面和平台，并在最上层的台面上，或者台面的外沿加筑夯土墙。三道堑并非仅限于"三道"，在较缓的山坡处，多采用三道或四道堑，在较陡的地方则用一道或两道堑。

秦昭襄王长城也是农耕地区和游牧地区的分界线。秦灭义渠后，农耕区的范围随着长城的修筑由关中地区开始向北、向西推移。在秦国长城内侧的陇西、北地、上郡地区，牧业开始向半牧半农转变，进而向以农耕为主的方向发展。秦昭襄王修筑长城后，便采取屯田、徙民戍边等措施征调部分士兵戍守在长城沿线，大力推行变法制度，将农业文化推移到长城一带。移民和戍守长城的士兵共同开垦耕地，发展生产，加速了西北边区的经济开发。在保障、推进西北地区经济发展的同时，长城的修建也对沿线地区的文化发展产生了影响。长城外的北方游牧民族不断南下，他们将中原先进的文化传向遥远的荒漠和草原。同样地，北方游牧民族的文化也自然而然地传到了中原地区。秦昭襄王长城成为战国时期西北地区民族关系发展变化的重要标志。

特别是通过修筑和利用陇西长城，将长城从单纯的防御工事提升为国家战略的核心工具。陇西长城的修筑与利用，不仅是军事防御的需要，更是秦国崛起为战国霸主的"战略密码"。秦昭襄王通过修筑陇西长城实现国家战略目标。

（一）陇西长城的修筑背景

一是地缘政治的压力。秦国的西部边境长期面临西戎、义渠等游牧民族的侵扰，这些部族不仅威胁秦国的后方安全，还时常与中原诸侯（如魏国、赵国）联合，对秦国形成夹击之势。秦昭襄王即位后，决心彻底解决西部边患，为东进中原扫清障碍。

二是经济与军事的双重需求。陇西地区是秦国重要的马匹和粮食产地，控制这一区域对秦国的军事实力和经济基础至关重要。修筑长城不仅可以保护这些资源，还能为秦国提供稳定的战略纵深。

（二）陇西长城的战略功能

一是防御与控制的结合。陇西长城并非单纯的防御工事，而是兼具防御、控制与扩张功能的综合性战略体系。秦昭襄王通过长城将西戎、义渠等游牧民族的活动范围限制在特定区域，同时利用长城沿线的关隘和烽燧，实现对边境地区的有效控制。

二是军事据点的网络化。陇西长城沿线修筑了大量军事据点（如烽火台、戍堡），这些据点不仅用于预警和防御，还作为秦军出击的前沿基地。秦昭襄王通过这些据点，逐步压缩游牧民族的生存空间，最终在前272年彻底击败义渠，将其领土纳入秦国版图。

（三）陇西长城的国家战略意义

一是巩固后方，为东进奠定基础。陇西长城的修筑使秦国免除了后顾之忧，能够集中力量向东扩张。秦昭襄王在位期间，秦国先后攻占魏国的河东地区、楚国的鄢郢之地，逐步确立了对中原诸侯的战略优势。

二是经济资源的整合。陇西长城保护了秦国西部的重要经济资源（如马匹、粮食），同时通过控制长城沿线的贸易路线，秦国得以获取更多的财富和物资，为长期战争提供了坚实的经济基础。

三是军事技术的试验场。陇西长城的修筑过程中，秦国积累了丰富的工程技术和军事管理经验。这些经验后来被应用于秦统一六国后万里长城的修筑，成为秦帝国防御体系的重要组成部分。

（四）陇西长城的文化象征

一是国家意志的体现。陇西长城的修筑展现了秦昭襄王强大的国家意志和组织能力。通过动员大量人力物力，秦国在短时间内完成了这一浩大工程，向周边国家和游牧民族展示了秦国的国力与决心。

二是边疆治理的典范。陇西长城不仅是军事防线，也是秦国边疆治理的重要工具。秦昭襄王通过长城将游牧民族与农耕文明分隔开来，同时利用长城沿线的屯田政策，逐步将边疆地区纳入秦国的行政体系。

（五）陇西长城的历史影响

一是为秦统一六国奠定基础。陇西长城的修筑使秦国在战国后期的争霸中占据了战略主动。通过稳固西部边境，秦国能够集中力量向东扩张，最终在秦始皇时期完成统一大业。

二是长城的战略范式。陇西长城的修筑与利用，为后世提供了边疆防御与治理的范式。汉代在对抗匈奴时，也借鉴了秦国的长城战略，进一步发展和完善了这一体系。

秦昭襄王通过修筑和利用陇西长城，不仅解决了秦国的西部边患，还为秦国的崛起和统一奠定了坚实基础。陇西长城不仅是军事防御的工事，更是秦国国家战略的核心密码。它体现了秦昭襄王高超的战略眼光和组织能力，也为后世提供了边疆治理与军事防御的宝贵经验。可以说，陇西长城是秦国从边陲小国走向统一帝国的关键一步，也是中国古代战略智慧的集中体现。

遗址现状及当代价值

陇西长城是中国古代长城的重要组成部分，主要位于今天的甘肃省境内。陇西长城遗址主要分布在陇西、临洮、渭源等地，部分段落仍可见残存的墙体、烽火台等遗迹。由于自然风化和人为破坏，许多遗址已严重损毁，部分地段仅剩低矮的土垄或碎石堆，难以辨认其原始形态。

其面临的挑战主要有两个方面：一是自然因素的破坏，如长期的风蚀、雨蚀、地震等自然力量对遗址造成了严重破坏，尤其是黄土高原地区的水土流失问题严重；二是人为因素的破坏，如农田开垦、道路建设、采矿等活动进一步加剧了遗址的破坏，部分段落甚至被完全夷平。

近年来，政府和文物部门加强了对陇西长城的保护，部分重要遗址被列为文物保护单位，并采取了加固、围栏等保护措施。部分地段进行了修复，但修复过程中也存在争议，尤其是过度修复可能破坏遗址的历史原貌。

陇西长城的研究主要集中在考古和历史领域，学者通过实地考察和文献研究，试图还原其历史面貌。部分遗址被开发为旅游景点，如临洮的战国秦长城遗址，吸引了游客参观，但旅游开发也带来了保护压力。陇西长城作为重要的历史文化遗产，其当代遗址现状不容乐观，亟须加强保护与修复工作，同时平衡好保护与开发的关系。

2023 年 5 月 18 日，位于宁夏回族自治区固原市原州区的战国秦长城博物馆面向公众开放，馆藏文物 1100 余件（套）。博物馆内，从战国秦长城沿线城障中出土的瓦当制作精美，卷云纹、动物纹等图案清晰可辨；从原州区叠叠沟城障外出土的保存完整的陶制排水系统，反映出战国时期的建筑设计水平以及当时人们的生产生活风貌。

陶制排水系统分为排水直管、弯管和盘口集水斗，排水管长 4 米、高 1 米左右，集水斗中刻画的鱼形图案栩栩如生，三者之间可以相互衔接，可深可浅，可以拐弯引流。其中，集水斗为敞口，主要将屋顶雨水、地面积水、生活废水集中到集水斗内，集水斗与弯管相接，弯管再与直管连接，利用地势将水排到低洼地带，保证人居环境安全、干净、卫生。这套排水系统对于研究战国时期城防建设具有重要的意义。

三、李牧固守雁门关防御匈奴：拉开构建北方防御体系序幕

为防御匈奴，赵惠文王命李牧长期驻守雁门郡。自赵武灵王设置雁门郡后，它一直是赵国防御匈奴的重要前线。李牧在镇守雁门郡期间，赵王特许他可以自行任命属下官员，税收全归部队使用。李牧在敌强我弱的情况下，决定采取预防策略，修缮加固烽火台，派精兵驻守瞭望，同时增加侦察人员，尽早预警。他还故意让匈奴骄傲轻敌，即"养士气而骄敌兵"。李牧每天杀牛犒赏将士，提高将士待遇。他教导士卒苦练作战技能，重视骑射布阵，严禁将士与匈奴交锋，如有敌人侵犯，立即退入营垒，若有胆敢出战应敌者，立即处斩。在得知匈奴骑兵即将进犯的消息时，烽火台立即举火报警，但李牧从不应战，而是坚壁清野，让军队收好畜产，退入城堡坚守。如此几年，边境军民没有受到损伤。匈奴以为李牧怯弱，不敢出来应战。李牧部下的一些兵士也认为李牧胆小，不敢进攻。赵王得知后，非常恼怒，调回李牧，另派将领驻守雁门。

新将领放弃了李牧的防守策略，此后一年多，匈奴每次进犯时新将领都出兵迎战，但很难取胜，既折损物资，又伤亡了许多将士，造成边地无法耕种和放牧，损失较大。最后，赵王只好再请李牧去雁门。李牧回应赵王说："王必用臣，臣如前，乃敢奉令。"他要求赵王允许他执行原来的防守策略，赵王满口答应。

李牧再次就任后，依旧按照之前的方式安排防守。将士们每天都会获得赏赐，但却不能出战，因此都憋着一股劲儿和匈奴决战。时机成熟后，李牧精选13000精锐骑兵、5万步兵、10万弓弩手、1300辆战车，全部组织起来训练备战。随后，李牧将大批牲畜散放在外，匈奴看到漫山遍野的牛羊马匹，就派出小股人马入侵。李牧假装失败，故意丢弃了几千名士卒。匈奴单于听到这个消息后，马上集合10万骑兵来犯。

　　李牧在匈奴的来路上埋伏奇兵，等匈奴大部队一到，先采取守势消耗敌军，以"梯形战阵"严阵以待。李牧充分发挥战车的防御能力，正面阻挡匈奴骑兵，在战车后布置 10 万弓弩手，以箭雨遏制匈奴骑兵的进攻。李牧在梯形战阵的两侧布置步兵、骑兵，在匈奴骑兵正面冲击战车和弓弩阵受挫后，迅速指挥军队两翼合围，同时正面的战车、弓弩阵向前合围，弓弩手迅速向四周分散，向包围圈内轮番射箭攻击，最终全歼匈奴 10 万骑兵。此战，将士们发挥了蓄积多年的斗志，彻底击溃匈奴军队，匈奴单于仓皇逃命。李牧乘胜追击，顺势消灭襜褴（chān lán），击败东胡，降服林胡。此后，匈奴 10 多年也不敢侵扰，赵国得以集中兵力应对西边秦国的攻伐。李牧得到"塞上长城"的美称，成为长城名将。

　　在这场战役中，李牧针对匈奴骑兵机动性好、战斗力强，以掠夺为主的特点，坚壁清野，使对方无法发挥优势，无法补充军需，同时提高自身战斗力。待双方力量发生改变后，集中兵力，协同作战，合围取胜。此战是先秦战争史中以步兵全歼骑兵的典型战例，对后世以步制骑的战术产生了极大的影响。战国末期，李牧是支撑赵国大局的唯一良将，在对抗秦国的"宜安之战"中重创秦军，获得"武安君"封号，他与白起、王翦、廉颇并称"战国四大名将"。

　　由于连年战争，加之北部代地（今河北省西北部、山西省东北部）发生过地震，赵国出现饥荒，国力衰退。秦始皇十八年（前 229），秦发兵攻打赵国。赵王中了秦国的反间计，轻信谗言，认为李牧和司马尚勾结秦军背叛赵国，于是，解除了李牧的兵权。不久，赵王将李牧杀害。秦始皇十九年（前 228），在李牧被冤杀仅仅几个月后，秦军攻占邯郸，赵王被俘。公子嘉逃往代地，自立为代王。秦始皇二十五年（前 222），秦灭代，俘虏公子嘉，赵国彻底灭亡。历史上有"李牧死，赵国亡"的说法，意思是说赵国自毁长城。

匈奴的崛起对中国北方的地缘政治格局产生了深远影响，直接推动了长城防御体系的重构。从战国末期到汉代，匈奴作为强大的游牧帝国，对中原王朝构成了前所未有的威胁。为了应对这一挑战，长城从单一的军事防线逐步演变为综合性的防御、监控和经济管理体系。

匈奴在战国末期逐渐统一了蒙古高原的游牧部落，形成了一个强大的军事联盟。其骑兵机动性强，擅长突袭和游击战术，对中原王朝的边境构成了巨大威胁，慢慢形成了强大的游牧帝国。匈奴不仅频繁南下劫掠，还通过与诸侯国（如赵国、燕国）的联系，干预中原事务。秦统一六国后，匈奴的威胁并未消除，反而因秦末战乱而加剧，不断对中原构成了直接威胁。

匈奴的崛起推动了长城防御体系的重构。秦始皇统一六国后，将战国时期各国修筑的长城连接起来，形成了西起临洮、东至辽东的万里长城。这一工程不仅是为了防御匈奴，更是为了巩固中央集权，将边疆纳入统一的管理体系。后来汉代在秦长城的基础上，进一步扩展和加固了长城防御体系。汉武帝时期，长城的修筑范围向西延伸至河西走廊，形成了"塞外长城"。同时，汉代长城不仅用于军事防御，还兼具监控、屯田和贸易管理的功能。

长城防御体系的重构措施有五个方面。一是军事防御的升级，烽燧系统的完善。汉代在长城沿线设置了密集的烽火台，用于传递军情。烽燧系统与驿站相结合，形成了高效的通信网络。汉代在长城沿线推行屯田政策，将戍边士兵与移民结合起来，既解决了军粮供应问题，又巩固了边疆防御。二是经济与贸易的管理。汉代在长城沿线设立关市，允许汉朝与匈奴进行有限的贸易。通过控制贸易路线和商品流通，汉朝得以削弱匈奴的经济实力。三是汉代长城的修筑与丝绸之路的开通相辅相成。长城不仅保护了商路的安全，还成为汉朝控制西域的重要工具。四是行政机构的设立，汉代在长城沿线设立了郡县和都护府，将边疆地区纳入中央行政体系。通过长城的防御功能，汉朝得以有效管理边疆民族。五是文化融合的推动，长城不仅是军事防线，也是文化交流的桥梁。汉代通过长城沿线的屯田和移民政策，促进了农耕文明与游牧文明的融合。

匈奴的崛起推动了中国古代长城防御体系的重构，使其从单一的军事防线演变为综合性的防御、监控和经济管理体系。这一重构不仅有效应对了匈奴的威胁，还为中原王朝的边疆治理和文明交流提供了重要工具。长城防御体系的历史演变，体现了中国古代战略智慧的不断发展和创新，也为后世提供了宝贵的经验和启示。

遗址现状及当代价值

李牧是战国时期赵国的名将，以固守雁门关、抵御匈奴而闻名。作为李牧抗匈的主要战场，雁门关遗址具有重要的历史价值。雁门关位于山西省北部的恒山山脉，地处今山西省忻州市代县，地处险要，是古代中原与北方游牧民族之间的重要屏障。雁门关自古以来就是兵家必争之地，李牧曾在此驻守，抵御匈奴入侵，留下了丰富的历史文化遗产。

雁门关的关城遗址保存相对完整，包括城墙、城门、烽火台等建筑遗迹。部分城墙经过修复，仍能看出其军事防御功能。为了纪念李牧的功绩，雁门关景区内设有李牧雕像和相关介绍碑文，供游客了解其历史事迹。由于年代久远，部分遗址受到自然风化和人为破坏的影响，一些原始建筑已不复存在。

雁门关遗址被列为全国重点文物保护单位，政府对其进行了多次修复和保护，部分城墙和关隘建筑得以恢复。在修复过程中，部分重建工作被批评过度现代化，可能破坏了遗址的历史原貌。

如今，雁门关已被开发为5A级旅游景区，景区内有古炮台、围城等设施，向游客展示其历史和文化。游客可以参观关城遗址、登临城墙、了解李牧抗匈的历史故事，感受古代军事文化的魅力。随着游客数量的增加，景区管理面临保护与开发的平衡问题，部分遗址可能因过度开发而受到损害。

如何在发展旅游的同时保护好遗址，是雁门关面临的主要挑战。当下主要是加强对李牧及雁门关历史的研究，提升公众对文化遗产保护的意识。雁门关遗址作为李牧抗匈的重要历史见证，其保存现状总体较好，但仍面临自然灾害和人为破坏的威胁。通过科学的保护与合理的开发，雁门关有望成为展示中国古代军事文化的重要窗口。

四、竹简里的长城：由云梦秦简中的戍卒生活引发对孟姜女传说溯源

云梦秦简于 1975 年出土于湖北云梦睡虎地，是研究秦代社会、法律和军事的重要文献，其中关于戍卒细节的记载，为我们了解长城沿线的戍卒生活提供了珍贵的第一手资料。这些竹简不仅揭示了秦代戍卒的日常状态，还反映了秦朝如何通过严密的制度化管理，将长城防御体系与国家机器紧密结合。

（一）戍卒的征发与组织

云梦秦简中的《徭律》和《戍律》详细记载了秦代的戍边制度。戍卒主要从农民中征发，每户按人口比例出丁，服役期限通常为一年。这种制度确保了长城沿线有稳定的兵力来源。戍卒被编入严密的军事组织，通过"什伍制"（十人为什，五人为伍）由什长和伍长负责管理。这种组织形式不仅提

高了戍卒的战斗力，还便于上级指挥和监督。

（二）戍卒的日常生活

生存环境艰苦。长城沿线多为荒凉边陲，气候恶劣，生活条件艰苦。戍卒需要自己搭建营房、开垦田地，甚至参与长城的修筑和维护工作。云梦秦简中提到，戍卒的口粮和衣物由官府配发，但数量有限，生活极为清苦。

劳役繁重。戍卒不仅要承担军事防御任务，还要参与修筑长城、修建道路、运输物资等劳役。秦简中记载，戍卒的工作量有严格规定，未完成任务者将受到惩罚。《史记·陈涉世家》记载："会天大雨，道不通，度已失期。失期，法皆斩。"陈胜、吴广因此决定起义，提出了"王侯将相宁有种乎"的口号。因此，可以看出陈胜、吴广起义的直接导火索是秦朝的戍边政策。秦朝规定，被征发的民夫必须按时到达指定的戍边地点，否则将被处死。陈胜、吴广等人在前往渔阳的途中因大雨延误了行程，面临被处死的命运。在这种情况下，他们选择揭竿而起，发动起义。

（三）戍卒的军事职责

警戒与巡逻。戍卒的主要职责是警戒和巡逻，防止匈奴等游牧民族的突袭。云梦秦简中提到，戍卒需要定期检查烽火台和关隘，确保通信系统的畅通。

战斗与防御。在匈奴南下时，戍卒需要迅速集结，参与战斗。秦简中记载，戍卒的武器装备（如弓弩、长矛）由官府统一配发，但训练水平和战斗力参差不齐。

（四）戍卒的法律地位与待遇

法律保护与惩罚。云梦秦简中的《法律答问》提到，戍卒享有一定的法律保护，如受伤或阵亡后可获得抚恤。但同时，戍卒若违反军纪（如逃亡、怠工），将受到严厉惩罚，甚至株连家属。

社会地位。戍卒的社会地位较低，多为普通农民。他们的服役被视为一种义务，而非荣誉。秦简中记载，戍卒的家庭在戍卒服役期间可免除部分赋税，但这并不能完全弥补家庭劳动力的缺失。

（五）戍卒生活的历史意义

秦朝国家机器的缩影。戍卒的生活状态反映了秦朝高度集权和严密的制度化管理。通过戍边制度，秦朝将农民转化为士兵，将边疆防御与国家治理紧密结合。

长城防御体系的基础。戍卒是长城防御体系的核心力量。他们的辛勤劳动和牺牲，保障了长城的功能发挥，为秦朝的统一和稳定提供了重要支持。

社会矛盾的体现。戍卒的艰苦生活和严苛待遇，也反映了秦朝社会矛盾的积累。秦末农民起义中有大量戍卒的参与，正是这种矛盾集中爆发的体现。

戍卒的生活既是秦朝强盛的基石，也是其社会矛盾的缩影。通过研究这些竹简，我们可以更深入地理解长城背后的历史逻辑与人文价值。

由此而引发人们对孟姜女传说进行溯源。一提起与长城相关的传说，人们首先会想到"孟姜女传说"。千百年来，孟姜女传说不仅在民间口口相传，也见于各个历史时期的文学作品中，早已是妇孺皆知。那么这个流传千年之久的孟姜女传说到底只是一个传说，还是确有其人其事？这个故事的情节是否真如传说中所叙述的那样？历史学家顾颉刚在20世纪20年代对此进行了考证，并著文《孟姜女故事的转变》，揭开了千年谜底。

在不同地区和不同历史时期，孟姜女传说有不同的情节，但流传到今天，共同的情节大致是：秦朝时期，一户孟姓人家种了一株葫芦，葫芦蔓延到了隔壁姜家，成熟开裂，遂得一女孩。女孩由孟家和姜家共同养育，起名孟姜女。孟姜女长大成人后，偶遇逃到孟家躲避抓民夫修长城的书生范喜良。范喜良在孟家躲避一段时间后，孟家招范喜良入赘为婿，成为孟姜女的丈夫。拜堂成婚那天，范喜良又被到处抓民夫的官兵抓走，被遣去修筑长城。范喜良被抓走后，孟姜女日夜思念丈夫。冬季来临，孟姜女赶制好寒衣，千里迢迢到边关寻夫。孟姜女一路风餐露宿，历尽千辛万苦，终于来到长城脚下，但丈夫已劳累死去。孟姜女悲痛欲绝，扶城墙痛哭，轰然一声，长城倒塌。孟姜女哭祭完丈夫后，跳入了大海。

顾颉刚根据史籍记载，对孟姜女传说进行了溯源，一直回溯到战国时期，寻找到了孟姜女传说故事发生的源头，并还原了不同历史时期孟姜女传说情节的演化过程。顾先生的考证证实了这个流传千年的悲凉故事并非完全虚构的传说，而是源于另一个与秦始皇和长城没有什么关系的事件，只是其故事情节在漫长的流传过程中不断被加工，已难见故事原型的影子了。

孟姜女传说的原型出自《左传》记载的"杞梁妻"的故事。故事发生在2500多年前战国时期的齐国，比传说中所说的秦始皇时期早了300多年。周灵王二十二年（齐庄公四年，前550），齐国国君齐庄公出兵讨伐卫国和晋国，回师途中，没有直接回齐国国都临淄，而是转道突袭了位于齐国南部的莒国（大致在今山东省莒县）。在袭击莒国的战斗中，齐国将领杞梁英勇战死。后来齐国和莒国罢战讲和，齐国人将杞梁的尸体运回齐国国都临淄。杞梁妻迎丈夫的灵柩于临淄郊外，齐庄公在郊外吊唁。杞梁妻认为，齐庄公仅在郊外吊唁，仓促草率，缺乏应有的礼仪规格和诚意，对齐庄公说："殖之有罪，何辱命焉？若免于罪，犹有先人之敝庐在，下妾不得与郊吊。"大意是：如果杞梁有罪，就不应该吊唁；如果无罪，就应到家中吊唁。于是回绝了齐庄公的郊外吊唁。齐庄公听后，亲自到杞梁家中吊唁，并将杞梁安葬在齐都的郊外。《左传》中的记述主要表达了杞梁妻在哀痛之际，仍据理力争、以礼处事的镇定。

对这一历史事件，此后的很多史籍中都有不尽相同的记载。在这些史籍记载中，杞梁的名字没有改变，但增加了杞梁妻"迎柩哭夫""城崩""投水"等情节。著于战国时期的《孟子》记载此事为："杞梁之妻善哭其夫，而变国俗。"著于西汉时期，关于丧礼的经典著作《礼记·檀弓》则记载为："齐庄公袭莒于夺，杞梁死焉，其妻迎其柩于路而哭之哀，庄公使人吊之。"西汉史学家刘向所著小说集《说苑》和《列女传·齐杞梁妻》将故事情节进一步加工，《说苑》中的情节变为："杞梁战而死，其妻悲之，向城而哭，隅为之崩，城为之阤。"

唐代末期，被称为"画僧"和"诗僧"的贯休写下诗作《杞梁妻》，将这个发生在战国时期齐国的故事，改为发生在六国统一后的秦国。杞梁的死因也由战死变为被抓去修长城，死后尸体被筑于城墙之内。杞梁妻哭崩临淄城，也变为哭崩长城。《杞梁妻》诗文为："秦之无道兮四海枯，筑长城兮遮北胡。筑人筑土一万里，杞梁贞妇啼呜呜。上无父兮中无夫，下无子兮孤复孤。一号城崩塞色苦，再号杞梁骨出土。疲魂饥魄相逐归，陌上少年莫相非。"贯休所在的唐朝末年，社会昏暗，民不聊生，贯休借杞梁妻的故事暗喻当时的残暴统治，诗文悲凉愁苦，听之令人感伤，遂在民间产生强烈共鸣。

此后，孟姜女的故事广为流传。在漫长的流传过程中，通过民间口口相传，以及各种戏曲和文学作品的不断加工，故事情节变得越来越复杂，故事中的人物也越来越多。杞梁变为范喜良，杞梁妻演变为孟姜女，孟姜女变为葫芦所生。杞梁的名字不断变化，有范希郎、范四郎、范士郎、范杞良、范纪良、万喜良、范喜郎等。

虽然孟姜女故事的情节不断演变，但其核心始终体现着当时社会的两个历史真实。一是孟姜女的名字，反映了春秋战国时期齐国的姓氏和女子名字的特点。齐国是姜子牙的封地，以"姜"为姓，而"孟"表示排行第一，所以"孟姜"表示排行第一的姜姓女子。二是"抓夫"情节，反映了秦朝时期的徭役制度，这就是为什么范喜良被抓去修长城。秦朝的徭役和赋税制度是按"户"施行，男方入赘女家为婿成为逃避徭役和赋税的手段，因此秦时不允许"倒插门"。范喜良倒插门，触犯秦律，所以被处以"城旦"刑罚，被抓去修长城。

孟姜女的故事情节经过千百年演变，虽已与故事原型相去甚远，但能够流传至今，体现了人们向往和平，渴望幸福和安宁生活的愿望，是对忠贞不渝爱情的赞颂，也是对封建帝王残暴统治的愤恨与反抗。

长城未解之谜2：长城到底是什么人修建的？

尽管很多历史文献和考古发现揭示了长城修建者的主要构成，但仍有一些未解之谜。例如，修筑长城的具体人数到底是多少？由于缺乏详细的历史记录，长城修建者的具体人数难以准确统计。修长城的一些生活细节、修建者的日常生活、劳动条件和文化习俗仍有待进一步研究。修长城的技术传承、长城修建的技术和工艺如何在不同朝代和地区传承，仍是一个值得探讨的问题。

长城的修建贯穿了中国多个朝代，参与修建的人员构成复杂多样，涵盖了不同社会阶层和群体。以下是长城修建的主要参与者及其背景。

一是军队的士兵是主要修建者。长城的修建主要由军队士兵承担，尤其是在秦、汉、明等朝代。士兵不仅是防御者，也是建设者。修建长城是一项军事工程，士兵在修建过程中受到严格的军事化管理。

二是全国各地征发的民工。历代王朝通过征发徭役的方式，强迫普通百姓参与长城修建。这些民工来自全国各地，许多人是农民、手工业者。民工在修建过程中面临极其艰苦的条件，包括恶劣的气候、繁重的劳动和不充足的物资供应，许多人因此丧生。

三是囚犯和罪犯。在秦朝和汉朝，作为一种惩罚手段，囚犯和罪犯常被发配到边疆参与长城修建。这些人往往处于社会底层，修建长城是他们赎罪或服刑的方式。

四是工匠和技术人员。长城的修建需要大量的石匠、木匠、泥瓦匠等技术人员，他们负责设计、施工和技术指导。一些官员和工程师负责监督工程进度和质量，确保长城的防御功能。

五是妇女和儿童。在一些朝代，妇女和儿童也被征召参与长城的修建，主要从事搬运、烧砖等辅助性工作。

长城的修建者涵盖了士兵、民工、囚犯、工匠、妇女、儿童等多个群体，他们共同完成了这一举世瞩目的工程。尽管修建过程充满艰辛，但长城作为中华民族的象征，凝聚了无数人的智慧和血汗。长城修建者的具体生活和细节，仍需通过考古和历史研究进一步揭示。

第二章　贯通：秦汉帝国的钢铁脊梁

一、蒙恬北伐：首次实现"万里"概念的军事地理革命

蒙恬，秦朝时期名将，约出生于前259年，琅琊蒙山（大约在今山东省蒙阴县）人。蒙恬出身武将世家，祖父蒙骜、父亲蒙武都是秦国开拓疆土的功勋之臣。蒙恬和蒙毅兄弟二人，分别负责秦朝内政和军事，忠心为国，深得秦始皇信任和器重。

战国末期，中原地区战争不断，匈奴趁机不断侵扰燕、赵北疆，掠夺财物。在秦统一中原之时，匈奴头曼单于沿黄河不断南下，占据河套以南大片区域，甚至到达距咸阳只有数百里的地方，严重威胁秦都安全。秦统一六国后，为解除北方边患，秦始皇派三十万大军北击匈奴，并将战国时期各国修筑的长城连接起来，修筑了一条西起临洮、东至辽东的万里长城。

秦始皇三十二年（前215），秦始皇派蒙恬率军三十万从咸阳出发，由上郡经榆林进入河套地区，征讨匈奴。蒙恬根据匈奴军队的实力和小股力量分散出击、来去迅捷、作战勇猛、擅长野战、不善攻坚等作战特点，指挥秦军以强大攻势抢占交通要隘，控制边塞地区。蒙恬势如破竹，迫使匈奴纷纷降服，迅速占领榆中。头曼单于败逃，蒙恬便率军收复河南地（今内蒙古自治区鄂尔多斯一带）。《史记·秦始皇本纪》记载："始皇乃使将军蒙恬发兵三十万人北击胡，略取河南地。"

秦始皇三十三年（前214），秦始皇派兵"西北斥逐匈奴。自榆中并河以东，属之阴山，以为四十四县，城河上为塞"。之后又派遣蒙恬率军北渡黄河，攻占阴山、高阙、狼山、贺兰山一带的广大地区。《史记·秦始皇本纪》记载："又使蒙恬渡河取高阙、阳山、北假中，筑亭障以逐戎人。"匈奴受到秦军沉重打击，只得继续北退到大漠。贾谊的《过秦论》对此有记述："乃使蒙恬北筑长城而守藩篱，却匈奴七百余里。胡人不敢南下而牧马，士不敢弯弓而报怨。"蒙恬的秦军威震匈奴，给北方带来十几年的安定环境，为河套地区的开发创造了有利条件。

在击败匈奴、控制阴山地带后，蒙恬驻守上郡（大约在今陕西省榆林县东南），开始开发边疆、修筑长城、修建秦直道。当时尽管河南地广阔千里，但土地贫瘠，人烟稀少，无法供给军队粮饷。为解决军需供应问题，蒙恬从内地调来数万"罪人"耕种，使咸阳以北的边地人口增多，农牧业生产有了一定发展，对巩固边疆起了重要作用。《史记·秦始皇本纪》记载："三十四年，适治狱吏不直者，筑长城及南越地。"

在收复河南地后，蒙恬利用地形、地貌，修缮、增补了秦、赵、燕原长城。秦始皇三十四年（前213），蒙恬"因地形，用制险塞"，调动几十万军队和百姓修筑长城，将秦、赵、燕三国原有的长城连接起来，又进一步把新长城延伸到羌中，从狄道沿洮河向西北与黄河相连，把东北边境燕国长城延伸到秦朝辽东郡的东南端。秦长城西起临洮（今甘肃省岷县）、东至辽东（今辽宁省东部和南部及吉林省东南部地区），延袤一万余里，史称"万里长城"。《史记·蒙恬列传》记载："秦已并天下，乃使蒙恬将三十万众北逐戎狄，收河南。筑长城，因地形，用制险塞，起临洮，至辽东，延袤万余里。"

为加强边疆与内地的往来，秦始皇命蒙恬又修筑一条南起陕西林光宫，北至今内蒙古自治区包头市的军事通道，这是从咸阳到阴山最便捷的道路，大体南北相直，被称"秦直道"。《资治通鉴·秦纪》载："使蒙恬除直道，道九原，抵云阳，堑山堙谷千八百里，数年不就。"这条道路提高了秦军的机动能力，对于调动军队、运送粮草物资具有战略意义。

蒙恬是我国西北地区最早的开发者，是一位重要的守疆名将。晚唐诗人于濆（fén）在其《长城》诗称赞蒙恬："秦皇岂无德，蒙氏非不武。岂将版筑功，万里遮胡虏。团沙世所难，作垒明知苦。死者倍堪伤，僵尸犹抱杵。十年居上郡，四海谁为主。纵使骨为尘，冤名不入土。"

蒙恬北伐并修筑长城，对秦朝直至后来历代王朝防御北方少数民族都发挥了重要作用，是中国历史上一次重要的军事地理革命，首次实现了"万里长城"的概念。这一事件不仅标志着中原王朝对北方游牧民族的战略反击，也开启了长城作为国家防御体系的全面构建。

（一）背景分析

一是受到匈奴的威胁。秦统一六国后，匈奴成为北方最大的威胁。匈奴骑兵频繁南下劫掠，对秦朝的边疆安全构成严重挑战。秦始皇决心彻底解决匈奴问题，为中原王朝的稳定奠定基础。

二是受秦朝的统一与集权的推动。秦朝的统一为大规模军事行动提供了政治和经济基础。中央集权的体制使得秦朝能够动员大量人力物力，支持蒙恬的北伐和长城修筑。

（二）重要的战略意义

一是军事反击的胜利。前215年，蒙恬率三十万大军北伐匈奴，成功收复河套地区（今内蒙古南部）。这一胜利不仅暂时解除了匈奴对中原的直接威胁，还为秦朝开辟了新的战略纵深。

二是地理控制的扩展。蒙恬北伐后，秦朝的疆域向北扩展至阴山山脉，控制了黄河"几"字形河套地区。这一区域不仅是天然的军事屏障，也是重要的农牧业资源区。

（三）长城的修筑与"万里"概念的实现

一是长城的连接与延伸。蒙恬在北伐胜利后，开始大规模修筑长城。他将战国时期秦、赵、燕三国的旧长城连接起来，并向西延伸至临洮，向东延伸至辽东，形成了西起临洮、东至辽东的"万里长城"。

二是军事防御体系的构建。蒙恬修筑的长城不仅是墙体，还包括烽火台、关隘、戍堡等配套设施。这些设施构成了一个完整的军事防御体系，能够有效预警、阻击和反击匈奴的入侵。

三是"万里"概念的象征意义。"万里长城"不仅是一个地理概念，更是一个政治和文化象征。它体现了秦朝对边疆的绝对控制，也展示了中原王朝的国力与文明成就。

（四）军事地理革命的核心内容

一是完成了从分散到统一。蒙恬将战国时期各国分散的长城连接起来，形成了统一的防御体系。这种从分散到统一的转变，是军事地理革命的核心内容之一。

二是从被动防御到主动控制。蒙恬北伐和长城修筑不仅是为了防御匈奴，更是为了主动控制边疆地区。通过长城，秦朝将游牧民族的活动范围限制在塞外，同时也保护了中原的农业经济区。

三是从局部管理到全局控制。蒙恬的长城修筑首次实现了对北方边疆的全局性控制。长城不仅是军事防线，也是政治边界和经济分界线，标志着中原王朝对边疆治理的全面升级。

（五）蒙恬北伐与长城修筑的历史影响

一是为汉朝边防奠定基础。蒙恬北伐和长城修筑为汉朝对抗匈奴提供了重要经验。汉武帝时期的长城扩展和军事行动，正是在蒙恬的基础上进一步发展的。

二是提供边疆治理的范式。蒙恬的长城防御体系为后世提供了边疆治理的范式。唐代的"安西四镇"、明代的"九边重镇"，都借鉴了秦朝的经验。

三是对文明交流的推动。长城不仅是军事防线，也是文明交流的纽带。通过长城沿线的贸易和文化互动，中原文明与游牧文明得以相互影响和融合。

蒙恬北伐与"万里长城"的历史意义主要体现为，首次实现了"万里长城"的概念，标志着中国历史上一次重要的军事地理革命。这一变革不仅减轻了匈奴的威胁，还为中原王朝的边疆治理和文明交流提供了重要工具。蒙恬的功绩不仅是军事上的胜利，更是战略思维和制度创新的体现。通过研究这一历史事件，我们可以更深入地理解长城背后的历史逻辑与人文价值。

遗址现状及当代价值

蒙恬北伐后，秦始皇下令将战国时期秦、赵、燕三国原有的长城连接并扩建，形成西起临洮、东至辽东的军事防御体系。工程动员数十万军民，采用版筑夯土、石砌等技术，利用山险地形构建屏障。蒙恬主持的工程不仅强化了军事防御，还配套设立直道、烽燧系统，形成完整的边疆管理体系。

万里长城遗址现存主要段落为：一是八达岭长城（北京），在明代时期进行了重新建设，墙体完整，垛口、敌楼保存较好，年接待游客超千万人次。二是山海关长城（河北）。"天下第一关"城楼经过历史上不同朝代的多次修缮，在 2021 年启动数字化保护工程。三是嘉峪关长城（甘肃），现存最西端，主要是在明代重新修筑的城墙，采用黄土夯筑，近年发现 20 千米汉代墙体遗存。四是箭扣长城（北京），典型未修复野长城，墙体坍塌率超 60%，近几年启动抢险加固项目。

1987 年长城整体列入世界文化遗产，符合五项标准。

大同长城 1 号旅游公路 2024 年全线贯通，串联 13 个景区，年度旅游收入增长 300%。

蒙恬北伐及长城建设体现了古代中国的战略防御智慧，其"因地形，用制险塞"的建造原则至今被军事工程学借鉴。现存遗址的多样性（如宁夏战国秦长城遗址、河北金山岭明长城）为研究古代工程技术演变提供实证。当前保护需平衡原真性与可持续利用，近几年启动的"长城国家文化公园"建设，标志着文化遗产保护进入系统性新阶段。

二、秦汉移民实边：长城戍镇遥相伴

秦汉时期，长城是中原王朝的安全保障，在这个时期出现过多次大规模的移民。长城在建立新的政治和社会秩序，规范、协调农耕民族和游牧民族关系，保障秦汉经济发展等方面发挥了重要作用。

移民实边是中国历史上由官方组织的一种人口迁移方式，可追溯至先秦时期。战国初期的楚国，曾迁移贵族到边境开荒，发展边境经济，加强国防力量。

秦朝的移民实边主要是在河套和岭南两个地区，秦始皇三十三年（前214），"发诸尝逋（bū）亡人、赘婿、贾人略取陆梁地，为桂林、象郡、南海，以适遣戍"。在河套地区的移民实边，据《史记·匈奴列传》记载："筑四十四县城临河，徙适戍以充之。"秦朝设置三十六郡，其中北地、上、九原、云中、雁门、代、右北平和辽西等郡分布在北方及东北方，它们直接面对匈奴，成为秦朝防御匈奴南下的重要区域。移民实边的目的是固边，为边防将士提供更便利充足的粮草供应。而对移民设置郡县进行管理，客观上带来了郡县体制向边疆地区的延展，不仅有助于"固边"，更有助于长城防御体系的完善。移民实边政策，后来被汉朝继承和发扬，到了明代，这种辅助长城防御的措施继续沿用。随着长城的不断延伸，移民实边政策日益成为促进长城内外民族融合的重要因素。

秦朝对北方长城沿线的郡县实施移民和行政管理，推动了北方长城地带文化的进步与发展，农耕文明与游牧文明不断融合，北方长城区域的民族文化交融由此进入全新的阶段。

秦朝灭亡后，汉承秦制，不仅继承了秦的疆域，也继承和发展了秦朝的管理理念和管理方式，并根据当时政治形势不断变化和发展，尤其是在长城边界管理方面。汉元狩四年（前119）为加强北方边防，汉武帝一次就移民70余万人，充实北方诸郡，实行兵农结合，既减轻了国家兵饷负担，又保证了边境安全。由于采取了移民实边和屯田戍边的措施，汉代西北边境的经济文化得到了迅速发展。西汉的晁错、东汉的王符是汉朝主张移民实边的代表人物。秦朝的移民实边多采取行政命令办法，西汉晁错首次提出用经济措施鼓励移民实边，对移民的物质生活条件和生命安全也考虑得很具体。王符与晁错的移民主张在防御外患这一目的上是相同的。但东汉王符的"实边"主张包含了人口与土地相适应的思想，较晁错有了新的发展。晁错的移民实边策略：一是精选移民点，选择在"要害之处、通川之道、阴阳调和、水源处"构筑城池，建造房屋，做好前期准备；二是解决民生问题，让百姓自愿移民边关，解决衣食住行问题，努力让迁移过来的百姓有长居之心；三是寓兵于农，在边境地区，以户为单位，形成乡里制度，平时教当地居民射箭和应敌之策，要求邻里之间守望相助，生死与共；四是实行奖励制度，如果匈奴入侵，有人能从匈奴手中夺回财物，官府就把其中的一半财物奖励给他。移民实边一举多得，通过开垦荒地，解决了边境驻军的粮食问题；通过实行乡里制度，提高了边境地区的自保能力，为西汉的经济建设和军事力量储备创造了空间。晁错提出的移民实边策略在汉武帝时期得到了大力执行，进一步充实了北方诸郡，为后来抗击匈奴奠定了基础。

秦汉时期移民规模大、人数多，常常举家、举族而迁，政府派遣官吏巡视、禀贷移民，保证移民的安全。据有关移民的文献记载，除部分奴婢、罪犯外，移民的单位都以"家""户""落"来计算，政府通过赏赐钱物、田宅、爵位及赦罪等措施奖励优待移民，使移民乐于就迁、安于就迁。同时，秦汉各代政权针对六国旧族及其后裔，"豪杰并兼之家"、高赀商人等"豪富民"，以及被政府视为"奸猾""乱化"的罪人和赦免的刑徒，采用强制性移民政策，这些人禁止迁出徙入地。

秦汉时期的移民实边政策是秦汉统治者为争取长治久安而采取的策略，这些政策相互配合，间替推行，不仅完善了长城防御体系，而且被后世所继承和发展。同时，实行的郡县制度有利于边疆开发和农耕文明传播，在边疆推广中原先进农耕技术，有助于边疆稳定和发展，逐步和内地实现一体化，长城区域逐渐成为中华各民族交融的历史纽带，对多民族国家的形成具有重要作用。

遗址现状及当代价值

秦汉时期的长城不仅是军事防御工程，更配套建设了大量戍镇（驻军据点、边城和行政中心），形成完整的边疆管理体系。这些遗址如今分布于北方多个省份，其保存状态与考古价值具有鲜明特点。

一、秦汉长城戍镇体系特点

（一）秦代戍镇

秦代戍镇以"城障"为核心，沿长城每 5—10 千米设一处驻军要塞，如内蒙古巴彦淖尔高阙塞遗址（蒙恬所筑），现存夯土城墙及石墙，出土秦汉箭镞、陶器。戍镇多依托战国旧城改造，如宁夏固原古城遗址，发现汉代瓦当、陶水管。

（二）汉代戍镇

汉代戍镇发展为"边郡—属国—障塞"三级体系，典型如甘肃敦煌悬泉置遗址（汉代驿站），出土数万枚汉简，实证西域文书传递制度。河西走廊出现大规模屯田城，如居延遗址群（在今内蒙古与甘肃），含甲渠候官、肩水金关等 20 余处军事要塞，发现汉代烽火台、灌溉渠遗迹。

二、典型遗址现状与考古发现

（一）秦代戍镇代表

高阙塞遗址（内蒙古），现存南北两座夯土城障，残墙总长 800 米，2019年考古发现兵器作坊区，出土青铜弩机零件。因风蚀导致西侧城墙年损毁速率达 1.2 厘米，2023 年启动防风固沙工程。

直道沿线烽燧（陕西—内蒙古），延安段发现秦代烽燧遗址多处，夯土台基直径 8—10 米，部分残留灰烬层（可能用于燃烟示警）。

（二）汉代戍镇代表

居延遗址群（内蒙古与甘肃），甲渠候官遗址保存汉代烽燧、坞院围墙，出土《塞上烽火品约》简册。目前大部分建筑仅存地基，近年启动数字化三维建模保护。

悬泉置遗址（甘肃），完整呈现汉代驿站布局，边长50米的方形坞堡，含马厩、驿舍、仓储区，近年完成遗址棚罩保护工程。出土汉简记载西域诸国使团接待记录，如"大月氏王使团入关，供粟米三石"。

玉门关小方盘城（甘肃），汉代玉门都尉治所，现存夯土城墙残高9.7米，西门保存汉代"凸"字形瓮城结构。周边发现长城墙体"夹筑红柳层"技术（分层夯土夹植物加固），但近年因干旱导致红柳层粉化加剧。

三、保护现状与挑战

（一）保存状态分化

河西走廊干旱区遗址（如悬泉置）结构相对完整，而黄土高原区（如陕北秦直道烽燧）因水土流失，70%以上仅存夯土基址。汉代戍镇因多采用"夯土+芦苇"分层建造（如敦煌汉塞），抗风化能力弱于明代砖石长城，现存墙体完整率不足5%。

（二）主要威胁因素

内蒙古居延遗址年降水量不足50毫米，但昼夜温差导致夯土裂隙扩张，单体遗址年坍塌面积达3—5平方米。2020年甘肃某汉代戍镇遗址因非法采砂，导致200米长城墙体被毁，涉案人员被判文物破坏罪。

（三）保护措施改进

一是科技修复，2023年陕西靖边秦代城障修复使用"改性夯土技术"（添加纳米二氧化硅），使抗压强度提升40%。二是数字存档，我国已建成完整的长城资源信息数据库，其中包括多处秦汉戍镇遗址的激光扫描与航拍建模。

四、历史价值与当代意义

一是文明交往实证。居延汉简记载汉代与匈奴的"关市"贸易，如"用帛二十匹换匈奴马三匹"，印证长城沿线经济交流。悬泉置出土希腊文残帛书，反映丝绸之路上跨文明接触。

二是军事工程典范。汉代戍镇"烽燧—坞堡—屯田"三位一体体系，被现代边防哨所布局借鉴（如间距设定、视野覆盖）。秦直道遗址的夯土路基技术，仍用于西北地区公路建设。

三是文旅融合案例。甘肃"河西走廊汉塞文化旅游带"串联 6 处戍镇遗址，2023 年接待研学游客 15 万人次。内蒙古推出"居延考古虚拟体验馆"，利用 AR 技术复原汉代烽火信号传递场景。

秦汉长城戍镇遗址是"活态"的边疆治理档案，其残存的夯土城墙、简牍文书与屯田遗迹，共同构建了早期中华文明对"国土安全"与"边疆开发"的实践智慧。当前保护需聚焦脆弱性干预（如风蚀防治）与价值阐释（如军事制度可视化还原），使两千年前的戍边记忆真正融入当代国家文化认同。

国家文物局长城资源调查的认定结果显示，秦汉长城现存墙壕 2143 段，单体建筑 2575 座，关、堡 271 座，相关遗存 10 处，长度 3680.26 千米。秦汉长城以土筑、石砌为主，甘肃西部等地以芦苇、红柳、梭梭木加砂构筑方式较常见，烽火台除黄土夯筑外，还有土坯或土块砌筑做法。2020 年 11 月，秦汉长城重要点段 12 段（处）入选国家文物局发布的第一批国家级长城重要点段名单。

三、汉代长城智能化：烽燧预警系统的数学密码

据《史记》等书记载，西周时代已有烽燧，战国时秦国的杜虎符有"燔"的字样。《墨子·号令》等篇也谈到烽燧。秦统一全国后，为抵御北方匈奴侵扰，将秦、赵、燕三国北边的长城连接起来，筑成一条长达千余里的城防。估计当有与长城相配合的烽燧制度。因史料阙略，周秦时代烽燧制度

的具体情况已不可考，或可从承袭秦制的汉制予以推知。

汉代边塞的行政系统，是都尉府统辖侯官（侯官可称为侯），侯官统辖部（部官可称为侯长），部统辖燧（燧官可称为燧长）。燧是最基层的单位。一般相隔数里便设一燧，但里数似无严格的规定。燧除燧长外，一般有燧卒三四人。报警的主要信号，白天是举烽和燔积薪，夜里是举炬火和燔积薪，有时还用表、烟、鼓等辅助。所以，古人常称边塞报警的信号为"烽火""烽烟"。发现敌情时，主要根据敌人的数量和入侵情况等，发出相应的信号。关于在不同情况下所应发的信号的规定叫"烽火品约"，掌烽火的吏卒必须熟记。发出的信号由各燧依次传递，以达都尉府。据《汉书·赵充国辛庆忌传》记载，汉代北边自敦煌至辽东，乘塞列燧，有吏卒数千人。

从汉简看，烽多用缯或布制作，大概是类似表的一种东西。报警时，用设在高台上的桔槔或用辘轳把它举到空中，让远处能够看到。天黑后改用火炬。举火炬时大概仍用举烽的工具，所以广义的"烽"也可以包括火炬。"烽"字从"火"当与此有关。

汉代长城的烽燧预警系统虽未涉及现代意义上的"数学密码"或人工智能技术，但其设计逻辑和运行机制中蕴含了高度系统化的信息传递规则与优化策略，体现了早期军事通信中的"类智能化"特征。以下从信息编码、网络拓扑、效率优化三个维度解析其数学逻辑与智能化特质。

（一）信息编码：烽火信号的"离散化"语言

一是信号类型的分类编码。根据居延汉简记载，汉代烽燧系统将敌情分为不同等级，并通过烽火数量、颜色、排列组合进行编码。

烽（烟）与燧（火）的组合：白日燃烟（烽），夜间举火（燧），构成昼夜双模式信号。

信号数量与位置：单烽表示小股敌军，多烽联用则标记大规模入侵；烽火台顶部的不同位置（如"三烽四表"）可能对应不同敌袭方向。

动态序列：连续燃放的烽火间隔时间或次数可能隐含敌情紧急程度，类似于现代通信的"脉冲编码调制"（PCM）。

二是信息冗余与纠错机制。相邻烽燧间通过重复传递确保信号可靠性。若某台未及时响应，后方台站可自动补发信号，类似于现代网络协议的ACK/NACK 确认机制。

（二）网络拓扑：层级化通信的图论模型

一是树状传递结构。烽燧沿长城呈线性分布，但信息传递并非简单"接力"，而是通过层级跳跃实现效率最大化。例如：核心节点（关隘），如居延、玉门等战略要地作为区域枢纽，可跨层级直接向后方指挥中心（如长安）传递关键信息；子网分割，如每段长城被划分为若干候官辖区，形成局部自治的通信子网，类似现代互联网的自治系统（AS）。

二是路径优化算法。当某段烽燧因战损或天气中断时，信息可通过备用路线（如邻近山脉的烽燧或骑兵信使）迂回传递，体现了动态路由选择的思想。

（三）效率优化：时空压缩的数学策略

一是烽燧间距的黄金分割。考古数据显示，汉代烽燧间距通常为2.5—5 千米，与人类视距极限（晴日烟柱可视约 10 千米）形成 1/2 至 1/4 的冗余覆盖，确保任意相邻两座烽燧至少被第三座同时观测，构成三角校验网络。

二是时间同步的"心跳机制"。戍卒需定时发送"平安火"（无战事时的固定信号），若某台未按时发信号，相邻台站立即启动侦察，类似现代分布式系统的心跳检测。

三是信息传递速率的极限。以河西走廊为例，烽火信号可在约 2 小时内传递 500 千米（大概从敦煌至张掖），等效于 250 千米 / 小时的信息流速，远超骑兵（日行 80 千米）或驿马（日行 400 千米）的物理移动速度。

（四）类智能化的历史局限与启示

一是非机械化的"人肉 AI"。系统依赖戍卒对规则的严格执行，士兵需记忆数百种信号组合并快速决策，本质是将人类转化为可编程的"生物节点"。

二是数学逻辑的隐性实践。尽管汉代尚未形成现代数学理论，但其通过经验积累实现的编码规则、网络结构与优化策略，暗合了图论、信息论与运筹学的基本原理。

三是对现代系统的启示。烽燧系统的分布式架构、冗余设计及人机协同理念，为现代应急通信网络（如卫星链路备份、Mesh 网络）提供了历史原型参考。

冷兵器时代的"协议栈"。汉代烽燧预警系统通过精密的编码规则、网络化布局与时空优化策略，构建了一套高效可靠的军事通信体系。其本质是以人类为终端、烽火为协议、长城为物理层的"生物通信网络"，虽无现代数学公式支撑，却在实践中完成了对信息传递的数学抽象，堪称冷兵器时代军事智能化的巅峰之作。这一系统不仅保障了汉帝国的边疆安全，更成为人类通信史上最早的大规模标准化"网络"之一。

延伸阅读

汉代长城作为中国古代军事防御工程的代表，其历史价值与文化意义不言而喻。在当代，通过智能化技术对汉代长城进行保护、研究与利用，不仅能够延续其历史功能，还能赋予其新的生命力。

一、文化遗产保护的革新

（一）结构健康监测

在长城关键段落（如夯土墙体、烽燧遗址）嵌入光纤传感器、震动监测仪等设备，实时检测墙体开裂、沉降、风化等问题。如，敦煌汉长城试点项目通过物联网技术，将数据实时传输至云平台，预警潜在坍塌风险，修复效率大幅提升。可以延长遗址寿命，降低突发性损毁风险。

（二）环境动态调控

利用微型气象站与温湿度传感器，监测长城周边微气候，结合 AI 算法预测风蚀、雨蚀等自然破坏趋势。如，内蒙古居延汉长城遗址通过调节周边植被覆盖与灌溉系统，减缓荒漠化对夯土的侵蚀。能够实现预防性保护，减少人工干预的盲目性。

二、历史研究与文化传播的突破

（一）数字化重建与虚拟展示

通过激光扫描与三维建模，复原汉代长城的原始形态及防御体系，结合 AR 技术向游客展示"消失的墙体"与戍边场景。如，甘肃悬泉置遗址的 AR 导览系统，还原汉代烽燧的军事调度与商旅往来，游客互动率提高 70%。 其价值主要体现在破解历史谜团，增强公众对汉代边疆治理的直观理解。

（二）文献与考古数据的智能分析

AI 文本识别系统解析汉简中的长城戍守记录（如居延汉简），结合地理信息系统（GIS）还原汉代边防网络。如，清华大学团队通过 NLP 技术分析数万枚汉简，揭示汉代长城的兵力部署与后勤补给规律。其价值主要体现在推动学术研究从碎片化转向系统性。

三、社会经济发展的新动能

（一）智慧文旅融合

开发"时空穿越"游览路线，通过智能手环触发沿途的全息投影，再现汉代戍卒生活、商队通关等场景。如，陕西榆林统万城遗址的"数字汉长城"项目，游客量大幅增长，带动周边民宿与手工艺品产业。其价值主要体现在能够激活偏远地区经济，促进文化消费升级。

（二）生态与安全协同管理

利用无人机巡检长城沿线非法盗挖、放牧破坏等行为，AI 图像识别自动报警。如，宁夏盐池县通过"长城天眼"系统，大幅减少人为破坏事件。其价值主要体现在降低管理成本，构建"文物保护—生态治理—社区参与"的可持续模式。

四、国家安全与边疆治理的隐喻延伸

（一）现代边防的"历史镜像"

汉代长城的"关隘—烽燧"体系与当代边境监控技术（如雷达、卫星）形成跨时空对话，启发边疆防御的"软硬结合"策略。其价值主要体现在能够从历史经验中提炼"智能化边疆"的治理逻辑。

（二）文化认同的数字化凝聚

通过线上虚拟社区（如元宇宙平台），构建汉代长城戍边文化的全球传播网络。如，2024 年"数字敦煌"国际访问量超 2000 多万人次，汉代长城可借鉴此模式输出中华文明符号。其价值主要体现在能够增强民族文化自信，服务"一带一路"的人文交流。

五、挑战与反思

（一）技术伦理问题

传感器植入可能破坏遗址原真性，需遵循最小干预原则（如使用非接触式监测）。要重视数据安全风险，汉代长城的数字化信息可能被恶意利用，需建立国家层面的文化遗产数据防护体系。

（二）技术普惠性不足

偏远地区的电力、网络基础设施滞后，制约智能化设备运行（如新疆部分汉代烽燧无稳定信号覆盖）。

六、小结：从"静态遗产"到"活态系统"

汉代长城的智能化转型，不仅是技术赋能，更是对其历史逻辑的当代重构。通过融合古代军事智慧与现代科技，汉代长城得以从"历史的见证者"转变为"未来的参与者"，在文化遗产保护、区域发展、国家形象塑造等领域发挥多维价值。未来的核心命题在于：如何让智能化成为"无声的守护者"，而非"喧宾夺主的改造者"——这正是历史与科技共生的终极智慧。

四、河西走廊长城链：丝绸之路的隐形保镖

汉长城是中国历代长城中最长的一条，东起今朝鲜清川江北岸，中经阴山和河西走廊，西达新疆维吾尔自治区乌什县以西。汉长城由三部分组成：修缮的秦长城和新建的河西长城、汉外长城。在秦长城的基础上，汉长城向西、向北延伸，修筑墙壕、城障、亭障等，在抵御游牧民族入侵、保护丝绸之路、加强与西域诸国的交流等方面发挥了重要作用。汉长城绵延的墙体与烽燧系统相结合，集中体现了因地制宜的建造原则，凝聚着军事防御的智慧。

西汉建立至武帝即位的 60 余年间，是汉朝修筑长城的第一阶段。汉高祖元年（前 206），刘邦掌握了中原地区的控制权，为巩固后方，补筑陇西

郡的"河上塞"秦长城，次年便下令修缮了秦昭襄王时所筑的长城。《史记·高祖本纪》记载："于是置陇西、北地、上郡、渭南、河上、中地郡；关外置河南郡。更立韩太尉信为韩王。诸将以万人若以一郡降者，封万户。缮治河上塞。"同时，因东北部地区离中央区域遥远，难以防守，高祖重新修复辽东的秦长城。

"白登之围"后，汉朝采取与匈奴和亲的政策。之后 60 余年间，汉朝统治者休养生息，同时不断强化军事力量，设"考工室"制造兵具器械，鼓励民间养马。经过长时期的"韬光养晦"后，到汉武帝时国力强盛，与匈奴力量的对比已经发生了根本变化，汉朝对匈奴的态度由消极防御转入主动进攻。从元光六年（前 129）至征和三年（前 90），汉朝发动重大战役十多次，投入总兵力累计超百万，每次大战之后都在新地域修建长城。这是汉朝修筑长城的第二阶段，汉武帝先后四次较大规模地修筑长城。

汉武帝第一次大规模修筑长城是在元朔二年（前 127）的漠南之战后。元朔二年，汉武帝派两路大军北征匈奴，取得空前胜利，击败匈奴白羊、楼烦二部，获马、牛、羊百余万，并且夺得战略意义十分重要的河套地区。汉武帝命苏建带领数万人筑朔方城，并修缮阴山至陇西的秦长城西段，拉开了汉长城诞生的"序幕"。

第二次大规模修筑长城是在修缮秦长城的基础上，开始修建"外长城"。

元狩二年（前 121），汉武帝发动河西之战，派霍去病率精锐出陇西，歼灭浑邪王部，越过焉支山一千余里，消灭匈奴四万多人，接收四万多归降的匈奴人。夺取河西之后，汉武帝移民开垦，筑塞布防，设置武威、酒泉二郡，沿河西走廊建造东起今甘肃省永登县境内的黄河西岸，西达酒泉北部金塔县的"令居塞"长城。这是汉朝修筑的河西长城的第一段。

元狩四年（前 119），汉武帝发动漠北之战，霍去病率军北进两千余里，越离侯山，渡弓闾河，与匈奴左贤王部交战，歼敌 7 万人，俘匈奴屯头王、韩王等3人，虏将军、相国、当户、都尉等83人，乘胜追击至狼居胥山（今蒙古国北部的肯特山）。西汉王朝随即迁乌桓人到边塞地区，作为防御匈奴的屏障，并开始修缮长城。

汉武帝第三次大规模修筑的长城是沿疏勒河畔修筑的，遇到湖泽、碱滩等天险地段或有间断。元鼎六年（前111），汉武帝在河西走廊增设张掖、敦煌二郡，建造了东接酒泉长城，中经敦煌，西至玉门的河西长城第二段。元封三年（前108），汉武帝派兵攻破楼兰、车师两国，俘楼兰王，继而"因暴兵威以动乌孙、大宛（yuān）之属"，修建了东起敦煌、西至盐泽（今罗布泊）的河西长城第三段，达到通大宛诸国的目的。随着匈奴势力的西移，汉朝也将军事重心向西转移，进而扩大汉朝在西域的影响。

汉宣帝时，修建了楼兰至尉（yù）犁（今新疆维吾尔自治区库尔勒市）的河西长城第四段，该段长城由东西相望的一系列烽燧、亭障组成。

汉武帝第四次大规模修筑长城是在太初元年（前104）至太初四年（前101），汉武帝派贰师将军李广利伐大宛之后，修筑了从敦煌西即玉门至盐泽（也称"蒲昌海"，在今新疆维吾尔自治区罗布泊一带）的长城。《史记·大宛列传》载："而敦煌置酒泉都尉，西至盐水，往往有亭。"至此，河西长城全部修建完成。

河西长城随河西四郡的设置而建，促进了该地区由游牧区转变为农业区，对西汉势力进入西域，开辟和保护中西交通要道丝绸之路都具有重要意义。汉代长城是中国封建社会经营西域的重要历史见证，为此后立西域都护府、通丝绸之路、交流欧亚经贸文化奠定了重要的历史基础。

汉武帝为达到"不教胡马度阴山"的目的，在酒泉至阴山的内层长城以北建造了一道"外长城"，将河套地区和河西地区置在双层长城防线之内。

"外长城"由"光禄塞"长城和"居延塞"长城组成。"光禄塞"长城实际上是由南北平行的两条长城组成，东起内蒙古自治区武川县境内的大青山北麓，中经达茂旗、乌拉特中旗、乌拉特后旗，进入蒙古国南戈壁省之后，内侧长城折向西南，与额济纳旗境内的"居延塞"长城连接，外侧长城在蒙古国南戈壁省继续向西延伸。"居延塞"长城又称"遮虏障"，南起今酒泉以北金塔县境内的河西长城，沿弱水北上，北至居延泽与"光禄塞"长城连接，河西地区以北遂成两层防线之势。

汉长城修筑时因山河形势，就地取材。一些地段夯筑了塞墙，一些地段则开挖了壕沟，一些地段是自然屏障，一些地段是简易的烽台与栏栅式的防御工事。汉武帝在外长城各枢纽建立要塞，驻扎装备弩机和长戟的骑兵巡逻，并筑城以屯田、养马，作为防御和进攻匈奴的基地。河西汉塞西段如今依然保存着一段较为完整的汉代长城，特别是玉门关小方盘附近的一段。远远望去，这段汉代长城遗址犹如一条苍龙，横卧于沙漠瀚海的天地之间。残留的高度仍有 3.75 米，基宽 3 米，顶宽 1 米多。因当地多砂砾、碎石，缺乏用于夯筑的黄土，古人就采用了非常独特的建筑方式，先以红柳、芦苇编成框架，中间实以砾石，层层叠压而成。为确保其稳固，又用芦苇作垫，并在每层之间铺上土。盐分较高的地下水，使砾石凝结，坚实无比。该段长城虽经千百年风雨侵蚀，但仍屹立于戈壁风沙之中。

保存较好的另一段汉长城遗址位于内蒙古自治区乌拉特中旗。长城由达茂联合旗进入乌拉特中旗，经新忽热苏木、巴音乌兰苏木、川井苏木等地向西进入乌拉特后旗，长约 165 千米。这段长城包括 67 个障塞、27 个烽火台，包含莫仁嘎查段、那日图段、乌兰格日勒段、努呼日勒段、哈拉图段、沙如拉段、呼格吉勒图段。长城在新忽热苏木、乌兰苏木山峦中部分采用石砌的修筑方式，遗存较好，其中部分在巴音乌兰苏木和新忽热苏木地段的长城残高达到 1.5—2 米。

汉长城是自战国以来农耕界线向北推移，中原势力向外发展的体现，是军事防御措施的延伸。汉长城除南北的防御作用之外，在中华文明发展历程中也起着联系东西的作用。经由汉长城地区，北面少数民族把北部和西部的草原文化渐次输入内地，同时中华农耕文化也经由汉长城地区向欧亚大陆的中部和西部输出。汉长城见证了沿线国家和地区的商贸往来、文化互鉴、民族交融，其保护的丝绸之路成为古代中西社会经济文化交流的重要通道。

汉朝在河西走廊修筑的长城链不仅是军事防御工程，更是丝绸之路繁荣的重要保障，长期以来对丝绸之路的发展起到"隐形保镖"的作用。

（一）实现了扼守咽喉要道的地理控制作用

河西走廊是连接中原与西域的重要陆路通道，南北两侧被祁连山与合黎山夹峙，形成天然的军事屏障。汉朝在此修筑长城链，控制关键隘口（如阳关、玉门关），有效阻隔匈奴南下劫掠，确保丝绸之路的咽喉要道安全。如，敦煌以西的"列亭至盐泽"，长城与烽燧延伸至西域门户，形成"汉塞"网络，为商队提供导航与庇护。

（二）实现了动态预警军事防御体系功能

长城链并非孤立墙体，而是由烽燧、戍堡、驿站构成的立体防御系统。一是烽燧通信。每5—10千米设烽火台，通过烟、火、旗语传递敌情，信息传递速度可达每日500千米，远超骑兵机动能力。二是屯田戍边。戍卒在长城沿线开垦农田（如居延汉简记载的"田卒"），实现自给自足，减少后勤压力，同时形成军民一体的防御纵深。三是关市管控。玉门关、阳关等关隘严格核查商旅文书（如"过所"），既防范间谍渗透，又保障合法贸易畅通。

（三）经济护航，是贸易路线的"保险丝"

一是降低商队风险。长城沿线驿站提供食宿、马匹补给，减少商旅因盗匪或恶劣环境导致的损失。敦煌悬泉置遗址出土的简牍显示，汉朝对过往商队实行"传食制度"，按等级配给粮草。二是稳定货币流通。长城驻军携带的五铢钱通过军饷流入商路，促进西域与中原的货币经济融合。楼兰、精绝古城遗址中大量汉五铢钱的出土印证了这一点。三是垄断战略资源。长城链保护下的河西走廊成为中原获取西域宝马（如大宛汗血马）、玉石、葡萄的枢纽，汉武帝曾设"酒泉郡"专营丝路贸易。

（四）文化融合，是文明的"过滤网"与"催化剂"

一是筛选文化输入。长城关隘对佛教僧侣、粟特商队的入境进行管控，既防止异域势力渗透，又允许文化有序交流。敦煌莫高窟的早期佛教艺术即得益于这种管控下的渐进传播。二是促进技术传播。长城戍卒将中原的冶铁、凿井技术带入西域，而西域的玻璃制造、音乐舞蹈亦经此传入中原，形成"技术走廊"。三是跨文化治理。长城沿线的"邮书简"显示，汉朝用双语（汉文与佉卢文）管理西域事务，为丝绸之路的跨文化治理提供制度模板。

（五）政治象征，是汉帝国权威的"界碑"

一是宣示主权。长城链的修筑标志着汉朝对河西走廊的绝对控制，匈奴"不敢南下而牧马"的背后，是长城赋予的心理威慑。二是边疆治理实验。通过长城推行郡县制（如张掖郡、酒泉郡），将游牧区转化为农耕—军事复合地带，为后世"改土归流"提供范式。三是国际秩序构建。长城的存在迫使西域诸国（如乌孙、车师）选择"附汉"或"附匈"，最终形成以汉朝为中心的东亚朝贡体系雏形。

汉朝长城链的"隐形保镖"角色，在于其超越单纯军事防御的综合性功能——它既是物理屏障，又是信息网络、经济动脉与文化纽带。通过精准的地理控制、高效的资源调配与灵活的文化政策，长城链为丝绸之路编织了一张"安全网"，使商旅得以在戈壁与绿洲间自由穿行，而无须直面刀光剑影。这种"以秩序创造繁荣"的战略思维，至今仍是地缘政治博弈的经典案例。

遗址现状及当代价值

一、地理分布与遗址特征

（一）地理范围

河西走廊长城链西起敦煌玉门关，东至武威，沿祁连山北麓与沙漠绿洲交界处延伸，总长度约 1000 千米，现存遗迹以烽燧、城墙、关隘为主。重要节点包括敦煌汉长城（玉门关、阳关段）、金塔肩水金关、高台骆驼城、张掖黑水国遗址等。

（二）建筑特点

材料技术主要是以夯土为主，部分地段用红柳、芦苇、砂石分层加固（类似"加筋土"技术），烽燧多建为方形或圆形土台。防御体系主要包括长城与烽燧、驿站（如悬泉置）、屯田城障形成联动网络，烽燧间距 1.5—3 千米，便于传递信号。

二、保存现状

（一）受到严重的自然破坏

1. 风蚀与干旱。河西走廊常年干旱少雨，但强风沙导致夯土墙体表层剥落，部分烽燧高度从原 10 米以上降至不足 5 米（如敦煌马圈湾烽燧）。

2. 洪水冲刷。夏季偶发山洪冲毁长城地基，如酒泉段部分墙体因河道改道而断裂。

（二）受到一定的人为影响

1. 农耕与基建。20 世纪中期以来，部分长城遗址被农田侵占，或被公路、铁路切割（如张掖山丹县长城被 G30 连霍高速穿过）。

2. 盗挖与旅游。早年盗挖烽燧取砖、游客攀爬刻字等现象导致局部损毁，近年来管控加强后有所缓解。

（三）典型遗址现状

敦煌玉门关小方盘城保存较完整，墙体残高 4—5 米，但因盐碱化导致夯土酥解。肩水金关遗址出土汉简万余枚，现存关城夯土基址，部分墙体用芦苇捆扎加固痕迹清晰可见。悬泉置驿站，汉代丝绸之路重要驿站，2014 年修复后展示汉代驿传制度，但周边长城墙体多已坍圮。

三、保护与修复措施

（一）国家行动

1. 文保工程。2012 年启动"河西走廊长城保护计划"，对酒泉、张掖等地的汉长城进行加固，采用"原工艺＋现代材料"修复（如注浆加固夯土裂缝）。

2. 数字化建档。利用无人机航拍和三维激光扫描，建立汉长城遗址数字档案，监测风化速度。

（二）科技手段

1. 防风固沙。在长城遗址周边种植柽柳、梭梭等耐旱植物，减缓风蚀（如敦煌段试验成效显著）。

2. 材料研究。分析汉代"芦苇—夯土"结构的抗剪强度，为修复提供科学依据。

（三）国际协作

与联合国教科文组织合作，将河西走廊长城纳入"丝绸之路：长安—天山廊道的路网"世界遗产扩展项目，推动跨国保护。

四、挑战与未来方向

（一）主要挑战

1. 生态压力。全球气候变化导致河西走廊干旱加剧，沙尘暴频率上升，加速遗址风化。

2. 保护成本压力。偏远地区遗址分布广，维护资金与人力不足（如高台县部分烽燧无专人看守）。

（二）对策建议

1. 倡导社区广泛参与。培训当地居民担任"长城保护员"，结合生态旅游提高保护意识。

2. 进行低干预性修复。推广"最小干预"原则，避免过度修复破坏历史信息（如仅加固濒危区段）。

3. 推进跨学科研究。结合环境考古与材料科学，破解汉代长城适应干旱环境的工程技术。

五、学术与公众价值

（一）历史研究

河西走廊汉长城遗址出土的汉简、兵器、屯田工具等，揭示了汉代边疆军事制度与丝绸之路贸易细节。

（二）文化象征

作为"丝绸之路"的守护屏障，长城遗址是中华文明开放与防御双重功能的见证，近年被纳入"一带一路"文化叙事。

河西走廊汉长城链是沉默的史诗，其残垣断壁诉说着汉代开拓西域的雄心与智慧。尽管面临自然与人为的双重威胁，但通过科技赋能、社区参与和国际合作，这些遗址仍有望在保护与利用的平衡中延续生命，成为连接古今的文化地标。

五、屯田制与长城经济带：2000 年前的军民融合实验

屯田制始于西汉，即安排士兵和农民垦种荒地，使戍边军队获得所需的供养和税粮。长期以来，数以百万计的屯垦军民带着中原的先进生产工具、技术和经营方式，在长城沿线建立起新的经济区，助推了长城边塞经济的发展。

西汉的屯田制度，始于汉文帝时期，发展于汉武帝时期，成熟于汉昭帝和汉宣帝时期，从"民屯"到"军屯"是一个逐渐发展的过程，其后一直被沿用，虽然历朝历代略有不同，但都保留了西汉屯田制度的基本框架。

汉文帝时，北方匈奴经常侵扰边地，大臣晁错认为派士卒轮流戍边并非良策，无法持久。他主张选派一些人长居长城边塞，安家立业，务农耕种，守备边塞，以减轻内地向长城边塞转运粮食的劳苦，避免边防士兵断粮。具体的措施包括朝廷修筑房舍，供给必要的农具、种子，配备医者等。汉文帝采纳了晁错的建议，自此拉开了西汉屯田制度的序幕。

汉武帝时期开始设置军屯。《史记·平准书》记载："初置张掖、酒泉郡，而上郡、朔方、西河、河西开田官，斥塞卒六十万人戍田之。"即在今天的宁夏回族自治区黄河的东西两岸，以及向西延伸到河西走廊一带，组织五六万边防军队开垦土地，修建水利设施，同时也移民进行民屯，与军屯相互配合，使原来畜牧业发达的西北部长城内外区域发展成为半农半牧地区。

汉朝统一西域后，在西域实施屯田。桑弘羊建议"通利沟渠"。汉朝将士和移民，一边开垦荒地，一边兴修水利，将中原的凿井技术引入西域。经过因地制宜的改造，汉代的井渠技术实现了本土化，体现在新疆的坎儿井上。《史记》称新疆的坎儿井为井渠，是汉朝利用自然地理环境来开发利用地下水的古老水利工程。《汉书·西域传》记载，汉宣帝时，破羌将军辛武贤率兵一万五千人至敦煌，派人勘察河道地形，树立标记，直至卑鞮（dī）

侯井以西的地方，计划通过水路把粮秣运送到居庐仓。三国人孟康注解卑鞮侯井说："大井六，通渠也，下流涌出，在白龙堆东土山下。"卑鞮侯井指的就是西域最早开凿的坎儿井。

汉昭帝时，继续推行军屯制度，并把一些罪犯、流放的罪奴也发配至边疆，参与屯田。元凤四年（前77），楼兰国王尉屠耆请求汉王朝派一将领领兵到伊循城屯田积谷，汉昭帝即派一司马和吏士40人到伊循城屯田，这是中国最早的屯垦戍边城市。若羌县的汉代伊循屯田区遗址至今仍保留着汉代屯田的水利设施。

汉宣帝时，赵充国平定先零羌叛乱后，先后三次上屯田奏疏，从政治、经济、军事上陈述了屯田的"十二便"，建立了"屯田军"，以一万多名军士，开垦田地两千余顷。《汉书·赵充国传》记载："留屯以为武备，因田致谷，威德并行。"据"居延汉简"记载，军屯的管理有较细的分工，有田卒、河渠卒、鄣卒、守谷卒等名目。随着军屯规模的扩大，屯田士兵农忙时耕种，农闲时训练，成了抵抗外敌的重要力量。同时，屯田制度减轻了中原内地的粮草压力，直接造福了汉朝百姓。

汉朝明确认识到了在西域实施屯田的重要价值。《后汉书·班超传》记载："兵可不费中国而粮食自足。"屯田保证了驻守西域汉军的后勤供应，减轻了当地各族的经济负担，最终实现了汉朝对西域的长久稳定治理。

东汉时期军屯进一步扩大。在柳中（今新疆维吾尔自治区吐鲁番市鄯善县西南）、伊吾（今新疆维吾尔自治区东部，属哈密市）、护羌（今青海省西宁市东北）等地设置34处屯田，为古代甘肃、青海和新疆西北地区的开发与发展奠定了坚实基础。

屯田制度扩大了耕地面积，解决了军队和来往商旅的粮食问题，保证了西域都护府的正常运转。屯田制度带动了西域农业的迅速发展，农作物种类增多。汉代，西域的农作物主要有粟、稷、小麦、大麦等粮食作物，有葱、蒜、黄瓜、胡萝卜、菠菜等蔬菜，有葡萄、梨、桃、石榴、杏等水果，还有苜蓿等饲料作物。中原的种植技术、冶铁技术传到西域，促进了绿洲牧区多元文化的发展。农耕经济使以牧业为主的西域经济更具生命力，受到西域各族人民的欢迎。西域各国自愿归附汉朝，共同发展农牧混合经济。一些过去逐水草而居的游牧民族，开始了以农业为主的定居生活。

隋朝为防范突厥、吐谷（yù）浑，于隋文帝开皇三年（583）令朔方总管赵仲卿于长城以北大兴屯田。

唐朝时期，屯田规模继续扩大。唐贞观年间，安西都护府所属屯田共有56屯。唐朝在中央都护府专设"支度营田使"管理屯田事务，根据《旧唐书·高仙芝列传》记载："专知四镇（指安西四镇）仓库、屯田、甲仗、支度、营田事。"为了发展农业、促进水利设施的兴建与管理，唐朝在安西都护府下设立专管水利的机构"掏拓所"，主管官吏为"知水官"，吐鲁番出土文书里曾见数位高昌县知水官的名称。唐朝在西域的屯田活动和发展水利设施的举措极大地推动了当地社会经济发展。

宋真宗时期，为防范辽国与西夏的侵扰，朝廷将闲置的土地分给河南和陕西籍的弓箭手将士，免除他们的赋税，有敌人入侵时参战，政府则不为他们提供任何军械与费用。这种方式既节约了朝廷开支，又起到了保卫国土的作用，所以弓箭手田被此后历代政府所采纳。

明朝时期采用卫所屯田制，即军屯建于卫所基础之上。明初，朱元璋令将士屯田，分布北陲诸边镇，东起山海关，沿长城设置，以都司领卫所，以卫所辖屯军，卫冲要之地且耕且战，次要之地且耕且守。后因运粮入边耗费浩繁，朝廷诏令商人运粮输边，官府根据纳粮的多少和道路的远近，发给商人盐引，商人再领盐出售。"盐法边计，相辅而行。"但从产粮区运到边境，转输困难，两淮的盐商就在边疆地区雇人建立屯田，就地交粮，换取引盐出售，此种特定目的的屯田制度被称为"商屯"，亦称"盐屯"。弘治五年

（1492）淮商以输粟为不便，改为盐商经向盐运使司纳银领引，不再纳粮，商屯渐废。

清政府平定准噶（gá）尔部叛乱后，实行"屯垦开发，以边养边"的方针，于乾隆二十七年（1762）在伊犁建立"旗屯"，兵农合一，成为保障边疆、建设边疆的重要力量。1875 年 5 月，左宗棠督办新疆军务，大力兴办屯垦，尤其重视水利、交通，取得了一定成效。

历代实施的屯田制度，目的虽各有侧重，但首要作用是巩固边防。屯田增强了军事、经济和国防力量，对敌起到了威慑作用。相对内地来说，长城沿线经济基础薄弱，生产力低下，广泛实施屯田后，内地先进的思想文化、科学技术、管理方法得以在边疆传播和推广，从而促进了边疆经济发展和社会稳定，对国家统一、巩固各民族团结具有重大意义。

屯田制与长城经济带作为中国古代边疆治理的重要实践，确实可被视为 2000 年前"军民融合"的早期实验。这种结合军事防御与经济发展的模式，体现了古代中国在资源有限的条件下实现国防与民生互动的智慧，其核心逻辑与现代"军民融合"战略存在深层的相通性。

（一）屯田制：军事需求驱动的经济自循环

一是机制设计。屯田制始于汉代，核心是军队在边疆地区开垦土地，士兵兼具战士与农民双重身份。通过"战时为兵，闲时务农"的轮替模式，既解决了驻军粮草供给的长途运输难题，又通过土地开垦形成可持续的农业生产体系。如汉武帝时期河套屯田，60 万戍卒开垦出百万亩良田，粮产不仅满足驻军需求，还带动了边疆移民。

二是军民功能耦合。这种制度创新打破了传统"军需完全依赖后方"的桎梏，将军事驻防与农业生产深度融合。敦煌汉简记载，西域屯田军士每日需完成"耕田十亩"的生产定额，同时保持军事训练。军民身份的弹性切换，实现了人力资源的高效利用。

（二）长城经济带：防御工事衍生的经济网络

一是空间重构效应。长城并非单纯的军事屏障，其沿线关隘（如山海关、张家口、嘉峪关）逐渐演变为贸易枢纽。以明代"茶马互市"为例，官方在长城沿线设立13处固定市场，通过管控贸易实现军事安全与经济利益的平衡。仅隆庆年间，张家口年马匹交易量就达3万匹，带动了皮毛、茶叶、铁器的跨区域流通。

二是基础设施共享。长城戍堡系统兼具驿站功能，形成了最早的"军事物流网络"。居延汉简显示，汉代边塞烽燧间距2.5—5千米，形成覆盖1500千米的信息传递系统，这套网络同时为民用商队提供导航与安全保障，降低了商贸活动的风险成本。

（三）古代实践的现代启示

一是制度创新逻辑。二者均突破了军事与经济的传统边界：屯田制通过"军事组织＋农业生产"的制度嫁接，实现了驻军成本的内部化；长城经济带则通过"防御设施＋贸易通道"的空间叠合，创造了安全与发展的共生界面。这与现代军民融合强调的"技术共享、设施共用、人才互通"具有同构性。

二是可持续性启示。屯田政策的核心目标是降低军需供应成本并巩固边防。例如，汉武帝时期向西域移民70余万人，通过就地生产实现军粮自给，缓解了长途运输压力。两汉在西域的屯田规模最大时达数千人，既保障了驻军需求，也促进了边疆开发与民族交融。明代九边军镇通过盐引制度吸引商人运粮，形成"商供军需，军护商路"的良性循环。这种通过市场化机制调动民间力量参与国防建设的思路，至今仍有借鉴价值。

（四）历史局限与超越

古代实践受限于技术条件（如明代屯田亩产仅 1 石，约为江南的 1/3），且存在"重管控轻创新"的倾向。但其中蕴含的系统思维——将国防需求转化为经济发展动力，通过制度设计实现军民资源的双向转化——仍为当代提供了历史参照。正如北宋沈括在《梦溪笔谈》中所述："守边之计，莫善于屯田。"这种跨越千年的治理智慧，正是中华文明应对复杂边疆挑战的独特经验。

当代军民融合战略在技术协同、产业渗透层面远超古代，但屯田制与长城经济带揭示的根本规律——通过打破军民二元对立实现国家能力的整体提升——仍具有永恒价值。这种历史与现实的对话，展现了中华文明治理智慧的生命力。

遗址现状及当代价值

一、西汉屯田制的历史背景与运作机制

屯田制的起源与目的：西汉为应对匈奴威胁，推行"徙民实边"政策，汉武帝时期（前 141—前 87）大规模实施屯田制，以解决边疆驻军粮草问题，巩固长城防线。分为军屯（士兵战时戍边、闲时耕作）与民屯（招募内地贫民、罪犯迁居边疆开垦），形成"兵农合一"的边疆经济模式。

屯田区域：集中于河西走廊（今属甘肃）、河套平原（今在内蒙古自治区和宁夏回族自治区境内）、西域（今新疆）等长城沿线地带。

管理架构：设"农都尉""屯田校尉"等官职，按军事编制组织生产（如敦煌汉简记载"一屯五十顷，一卒二十亩"）。

技术特色：引入中原铁器、牛耕技术，开凿水渠（如居延地区的"汉渠"遗址），种植粟、麦等耐旱作物。

经济与军事作用：1. 自给自足。屯田产出支撑长城戍军后勤，减少中央财政压力（如居延汉简记载"一卒岁食粟十八石"）。2. 边疆开发。促进长城沿线农牧业、手工业（如制陶、冶铁）发展，形成"关市"贸易网络（汉匈边境物资交换）。3. 防御联动。屯田点与烽燧、驿站构成"耕战一体"体系，增强长城防线的战略纵深。

二、长城经济带遗址的分布与特征

屯田遗址：甘肃居延地区（今额济纳旗东南）的农田、水渠遗迹，出土大量农具、粮仓遗址；新疆轮台、尉犁的汉代屯田城障（如"轮台戍堡"）。

军事—经济复合设施：河西走廊的肩水金关、悬泉置驿站，兼具屯粮、通关、邮驿功能。内蒙古磴口县的汉长城与屯田区交错遗址（如鸡鹿塞）。考古发现佐证为简牍文献，居延汉简、敦煌汉简中详细记录了屯田户籍、粮食产量、边防调度。甘肃敦煌马圈湾出土汉代铁犁、木耧车。新疆尼雅遗址发现汉代屯田灌溉系统的木制水闸。

三、遗址现状与保护挑战

（一）自然侵蚀与生态脆弱性

1. 风沙侵袭。河西走廊、新疆等干旱区遗址受强风沙剥蚀，夯土城墙高度普遍缩减 50% 以上（如敦煌汉长城部分区段仅存 1—2 米残垣）。

2. 盐碱化。地下水位变化导致土遗址表层盐分结晶（如居延绿洲的屯田渠系遗迹酥粉化）。

3. 洪水威胁。内蒙古河套地区偶发山洪冲毁长城地基（如 2021 年乌拉特前旗汉长城段受损）。

（二）人为破坏与利用矛盾

1. 农耕侵占。宁夏、甘肃部分屯田遗址被现代农田覆盖，原始地层遭破坏。

2. 基建切割。G7 京新高速公路穿越居延汉简出土地，导致遗址区生态割裂。

3. 盗掘与旅游压力。早年盗挖简牍、陶器现象频发，近年游客攀爬烽燧加速结构松动。

（三）保护措施与成效

1. 长城保护计划。2019 年"长城保护计划"将汉长城屯田遗址纳入重点修复范围，采用夯土补砌、植被固沙等手段（如张掖高台骆驼城加固工程）。甘肃建立"汉长城—屯田遗址"数字化档案，利用三维建模监测风化进程。

2. 科技介入。遥感技术发现新疆塔里木盆地隐藏的汉代屯田灌溉网络；微生物加固技术试验（如喷洒巴氏芽孢杆菌固化夯土）。

3. 国际协作。中蒙联合考古队调查漠北匈奴城址，对比汉匈边疆经济模式差异。

四、学术价值与现实启示

（一）历史研究维度

屯田制体现西汉"以战养战"的边疆治理智慧，为后世（如曹魏、唐代）提供范本；长城经济带遗址揭示汉代"军事防御—农业生产—商贸流通"三位一体的边疆开发模式。

（二）当代借鉴意义

1. 生态保护。汉代水渠遗址为干旱区水资源管理提供历史经验（如居延地区节水灌溉技术）。

2. 边疆稳定。屯田制"军民融合"思路对现代边疆经济发展具有参考价值。

3. 文旅融合。遗址可开发为研学路线（如"河西屯田古道"），结合 AR

技术复原汉代戍边生活。

五、未来挑战与对策建议

（一）核心挑战

1. 资金与技术缺口。偏远遗址保护成本高，微生物加固、数字孪生等技术尚未普及。

2. 跨区域协作不足。汉长城经济带横跨多省份，保护标准与责任划分不清晰。

（二）对策建议

1. 动态监测网络。布设物联网传感器，实时监控遗址温湿度、结构位。

2. 社区参与机制。培训当地居民担任"屯田遗址守护员"，结合生态旅游增收。

3. 活态传承实验。在遗址保护区外仿建汉代屯田场景，种植传统作物并展示古法农耕。

西汉屯田制与长城经济带遗址是中华文明开拓边疆、融合多元文化的物质见证。面对自然与时间的双重挑战，需以科技赋能保护、以历史启示未来，让这些沉睡的遗迹继续述说"屯垦戍边"的史诗，为现代边疆可持续发展注入历史智慧。

六、秦汉帝国长城风云人物群像

（一）卫青：依托长城奇袭龙城征漠北

卫青，河东平阳（今山西临汾西南）人，西汉时期抗击匈奴的名将，因精于骑射，深得汉武帝赏识，曾作为建章监和侍中跟随汉武帝左右。卫青一生七次出击匈奴，为汉武帝时期汉朝在汉匈战争中所取得的胜利做出了巨大贡献。

汉高祖在"白登之围"后，为求边境安宁，对匈奴采取和亲政策，赢得整顿内部和发展经济的时间。前元三年（前154），汉景帝平定"七国之乱"，巩固了中央集权。汉武帝即位后，采取推恩令、酎金律等有力措施，彻底解决了中央与地方势力之间的矛盾，消除了后顾之忧。同时，建立起一支与匈奴相抗衡的骑兵部队，军事力量有了发展和加强，西汉王朝步入了强盛阶段。元光六年（前129），匈奴骑兵大举入侵，再次对中原进行掠夺。汉武帝派四路大军出征，每路大军1万骑兵北上迎敌。卫青被任命为车骑将军，出上谷（今河北怀来一带），这是卫青第一次征讨匈奴。在这次征讨匈奴过程中，卫青带兵深入险境，直捣匈奴祭天圣地龙城，虏获700人，取得胜利，被封为关内侯。"龙城之战"是汉初以来对战匈奴的首次胜利，极大地鼓舞了汉朝的斗志。之后汉武帝多次出兵讨伐匈奴。

元朔元年（前128）秋，卫青为车骑将军出雁门，领3万骑兵，长驱而进斩首数千人。元朔二年（前127）秋，匈奴大举侵犯上谷、渔阳地区，先攻破辽西，杀死辽西太守后，又打败渔阳守将韩安国，劫掠百姓2000余人。汉武帝派将军李息出代郡，派卫青率大军进攻河南地，卫青、李息率部出塞后采用"迂回侧击"的战术，西绕到匈奴军的后方，迅速攻占高阙，切断了驻守河南地的匈奴白羊王、楼烦王同单于王庭的联系。后卫青又率精骑，飞兵南下，进陇县西，形成了对白羊王、楼烦王的包围。汉军活捉敌兵数千人，夺取牲畜数百万之多，控制了河套地区，史称"河南之战"。这一战彻底解除了匈奴骑兵对长安的直接威胁，还建立起了进一步反击匈奴的前方阵地，从此匈奴再也不能以河套地区为跳板奔袭关中地区。此战汉军全甲而还，卫青被封为长平侯，食邑3800户。河套地区水草肥美，形势险要，武帝在此修筑朔方城，设朔方郡、五原郡，从内地迁徙10万人来此定居，并修复了秦时蒙恬所筑边塞和沿河防御工事。

元朔五年（前124）春，汉武帝命令车骑将军卫青率领3万骑兵，从高阙出兵去攻打匈奴。卫青用少量兵力牵制匈奴左部，集中绝对优势兵力连夜奔行 700 里，夜袭右部，使中部大单于左右难顾，最终俘虏右贤王的小王 10 余人、男女 1.5 万余人、牲畜千百万头，一举消灭了右贤王主力，史称"高阙之战"。此后，匈奴势力再不敢侵犯河套地区。"高阙之战"是长途奔袭的典型战役。这一战役后，汉武帝封卫青为大将军，加封食邑六千户，所有将领归他指挥。卫青三子被汉武帝封为列侯。

元朔六年（前 123）春，汉武帝命大将军卫青率中将军公孙敖、左将军公孙贺、前将军赵信、右将军苏建、后将军李广、强弩将军李沮六将军共 10 余万骑出定襄（郡治成乐，今内蒙古自治区和林格尔西北土城子）击匈奴，斩首数千而还，休整于定襄、云中、雁门，史称"定襄北之战"。同年夏，卫青率六将军 10 余万骑又一次出定襄击匈奴，斩杀和俘虏 1 万多人。两出定襄累计斩杀匈奴 19000 人，重创匈奴大单于，降低了东部匈奴对汉朝边郡的威胁，为最终战胜匈奴奠定基础。

元狩四年（前 119）春，汉武帝以 14 万匹战马和 50 万步卒为后勤补给兵团，命卫青、霍去病各率 5 万骑兵，以及步兵和运输物资的军队 10 万余人，兵分两路，北伐匈奴，史称"漠北之战"。漠北之战中，匈奴成功避开汉军东路主力，以逸待劳，用 1 万骑兵设置包围圈，等待卫青长途跋涉的西路军。卫青下令用运输粮食的武刚车排成环形营垒，掩护汉军的强弩进行远距离攻击，用 5000 骑兵冲击靠近的匈奴兵，此战一直持续到太阳即将落山时，卫青以沙尘暴作掩护，组成由远及近的纵深防御线。汉军兵出两队，当左右两支骑兵出现在单于附近时，匈奴伊稚斜单于丢下大部队向西北逃遁。卫青派轻骑兵连夜追击，未能追到单于，但歼敌 19000 余人。卫青兵至寘（tián）颜山（古山名，约为蒙古国杭爱山南面的一支）赵信城，缴获匈奴存贮的粮食。

漠北之战以汉军全面胜利而告终，是汉武帝反击匈奴战争的最高峰。汉武帝特加封卫青为大司马，管理日常军事行政事务，以代太尉之职。元封五年（前106）卫青病逝，汉武帝在茂陵东北修建一座阴山形状的墓冢纪念其战功。

卫青在对匈奴战争的戎马生涯中，七战七捷，以弱胜强，反败为胜，为历代兵家所敬仰。唐朝李靖评价卫青说："凡战者，以正合，以奇胜，正奇兼善者如孙武、卫青、诸葛亮寥寥数人耳。"南宋岳飞评价说："将之典范，吾当效之。"又说："战法革新破匈奴，卫青始。"可见其军事才能卓著。

延伸阅读：卫青与汉长城的关联

一、为修筑长城创造条件

卫青多次率军出击匈奴，取得了一系列重大胜利。如元朔二年（前127），卫青收复河南地，为汉朝在该地区修筑朔方城及修缮秦蒙恬时期的边塞创造了安全稳定的条件。元狩四年（前119）漠北之战，卫青击败匈奴，使匈奴远遁，为汉朝进一步巩固和拓展北方防线，以及后续长城的修筑和维护提供了有利的军事环境。

二、推动长城防御体系完善

卫青的军事活动让汉武帝认识到长城在防御匈奴中的重要性。在卫青等将领对匈奴作战的过程中，汉朝逐步将长城沿河西走廊延伸到了新疆罗布泊一带，形成了长达1600余千米的安全防线，有效地保卫了这个地区的安全，维护了丝绸之路的畅通。

三、依托长城进行军事活动

汉长城是汉朝重要的军事防御设施，卫青在对匈奴作战时，常依托长城及沿线的烽燧、要塞等进行军事部署和补给。长城为卫青的军队提供了战略支撑点，便于军队的集结、休整和防御，也有利于传递军情、保障后勤供应等。

汉唐文献中关于龙城的记载及诗歌极多，《汉书·匈奴传》记有"五月，（匈奴）大会龙城，祭其先、天地、鬼神。"唐诗中则有"但使龙城飞将在，不教胡马度阴山""去为龙城战，正值胡兵袭"等，汉代的龙城到底在何处？关于匈奴单于庭"龙城"遗址，即匈奴人的统治中心和重要礼制性场所，文献记载并不多，只记载其大概位于今蒙古国杭爱山脉一带。随着考古发掘工作的逐步深入，2020 年 7 月 18 日，蒙古国乌兰巴托大学宣布，匈奴单于庭"龙城"遗址发现于蒙古国首都乌兰巴托以西约 470 千米处（后杭爱省额勒济特县），城池相距中蒙联合考古队 2018 年共同发掘的三连城遗址不远。"龙城"遗址内还发现写有汉字"天子单于""与天无极，千（秋）万岁"的巨型瓦当。

（二）霍去病：封狼居胥

霍去病，生于建元元年（前 140），河东郡平阳县人，年少时跟随舅舅卫青习武骑射，技艺超群。他寡言守信、智勇双全，深得汉武帝喜欢。

元朔六年（前 123），汉武帝为除去匈奴右臂，切断匈奴与西域以及西羌各部之间的联系，再次筹划了一场大规模的反击战。年仅 18 岁的霍去病被汉武帝任命为剽姚校尉，"剽姚"意思为勇敢、敏捷。这次出击匈奴，是霍去病第一次统兵作战。他运用突破重点、猛烈攻击的战术，率领八百劲旅，快速奔袭匈奴后方，大获全胜。为表彰霍去病，汉武帝封其为冠军侯，特置冠军县作为封地。《汉书·卫青霍去病列传》载："天子曰：'剽姚校尉去病斩首虏二千二十八级，及相国、当户，斩单于大父行籍若侯产，生捕季父罗姑比，再冠军。'"

元狩二年（前 121），汉武帝任命霍去病为骠骑将军，春、夏两次出击河西（今河西走廊及湟水流域）地区，打击匈奴，史称"河西之战"。在春季进攻中，霍去病率 1 万骠骑出陇西，转战河西五国。作战胜利后，霍去病迅速抛弃辎重，再次越过焉支山，转战 6 天，急行军 1000 多里，最终在皋兰山下（今甘肃兰州南部）与匈奴军激战，重创匈奴，俘获休屠王的"祭天金人"。在夏季进攻中，霍去病孤军深入，攻抵祁连山，收降 2500 人，斩首32000 级，生擒匈奴五王、五王母、匈奴单于阏氏及王子 59 人，相国、将军、当户、都尉 63 人，极大地打击了匈奴。汉武帝得到捷报后，加封霍去病食邑 5000 户。河西之战，歼灭和招降河西匈奴近 10 万人，直取祁连山，彻底打垮匈奴右部势力，实现了"断匈奴右臂"的战略目标。这是汉朝第一次占领河西走廊。

河西走廊是黄土高原和青藏高原之间的一条通向西域各国的交通要道。早在秦汉之交，匈奴就占领了这一地区，由浑邪王和休屠王两部统治，借此控制西域各国，并与南面的羌人结合，从西部构成了对汉朝的严重威胁。因此河西走廊军事战略地位突出，西汉王朝占领河西走廊后，为丝绸之路的开辟奠定了基础。匈奴为此悲歌："亡我祁连山，使我六畜不蕃息。失我焉支山，使我嫁妇无颜色。"

同年秋季，浑邪王遣使告知汉廷，欲联合休屠王等投降汉朝。汉武帝命霍去病率军迎接浑邪王一行。在汉军渡过黄河、抵达浑邪王大营附近时，浑邪王部分降众不愿投降。霍去病率部驰入匈奴军中，与浑邪王相见，斩杀企图逃亡的军士 8000 人。随后，霍去病先将浑邪王单独送往长安，再统领其部众 10 万余人归汉。此战后，匈奴不敢再进犯西北边境地区。河西之战后，汉武帝减半了陇西、北地、上郡三地的戍守军队，全国的徭役暂时得到缓解。

元狩四年（前 119）春，汉武帝命令卫青、霍去病各率 5 万骑兵出击匈奴，几十万步兵和转运物资人员跟随其后。霍去病率领敢于奋战、勇于深入的士兵从代郡出兵，深入漠北，消灭匈奴左贤王部主力 7 万余人，追击匈奴军直至狼居胥山祭天、姑衍山祭地。霍去病继续率军追击匈奴，一直打到瀚海，方才班师。这就是历史上有名的"封狼居胥"。此战使"匈奴远遁，漠南无王庭"。这一战役彰显了大汉王朝的强盛军威，从此之后，汉朝与匈奴的对峙从被动转为主动，匈奴的气焰被有效遏制，霍去病一战打出了长久的和平，当时霍去病只有 22 岁。得胜归来的霍去病被汉武帝加封为大司马，与卫青同掌军政。汉武帝曾经为霍去病修建了一座大宅，让霍去病去看，霍去病却说"匈奴未灭，无以家为也"，让汉武帝非常感动。此次进攻，一举打败匈奴，改变了汉朝长期在匈奴战争中的守势，长久保障了西汉北方长城一带的安全。

元狩六年（前 117），霍去病病逝，年仅 24 岁。汉武帝非常悲伤，调遣边境五郡的铁甲军列阵，沿长安一直排到茂陵东霍去病墓，并下令将霍去病的墓仿照祁连山形状修筑，以彰显其力克匈奴的奇功。

汉代骑兵的发展阶段以汉武帝反击匈奴为界，此前是骑兵与车兵并重，此后骑兵完全取代车兵，成为汉军主力兵种。霍去病利用骑兵的速度，不拘古法，长途奔袭，迂回纵深包围，从最薄弱的环节对匈奴进行打击，为后人提供了丰富的骑兵奔袭作战经验。

延伸阅读：霍去病与汉长城的关联

一、为长城修筑创造条件

前 121 年，霍去病发动河西之战，两次出奇兵，消灭匈奴 4 万多人，接收归降 4 万多人，打垮了匈奴右部势力，夺取了河西走廊这一战略要地，使匈奴在该地区的威胁基本解除，为汉朝在河西地区修筑长城创造了安全的环境。霍去病的军事行动使匈奴远遁，汉朝的疆域得到了拓展，为汉长城的大规模修筑和向西延伸提供了可能，让汉朝有条件和空间在新控制的地区构建防御体系。

二、推动汉长城的修筑与完善

河西长城修筑。霍去病收复河西走廊后，汉朝于前 121 年开始建造东起令居（今永登西北）境内黄河西岸，沿河西走廊，西达酒泉北部金塔县的"令居塞"长城，之后又不断将长城向西延伸，最终越过玉门关通向罗布泊无人区的边缘地带，构建起了完整的河西长城防御体系。

促进防御体系建设。霍去病的征战让汉朝统治者认识到在边疆地区构建完善防御体系的重要性，除了长城墙体的修筑，还促进了沿线烽燧、亭障等防御设施的建设，共同构成了汉长城完整的军事防御体系。

三、依托长城进行军事活动

汉长城是汉朝重要的军事防御设施和战略支撑点，霍去病在对匈奴作战时，可能依托长城及沿线的烽燧、要塞等进行军事部署和补给。长城为霍去病的军队提供了集结、休整和防御的场所，也有利于传递军情、保障后勤供应等，使汉军在与匈奴的作战中能够更有效地发挥战斗力。

霍去病墓位于陕西省兴平市茂陵东北 1 千米处，是汉武帝的重要陪葬墓。当地俗称"石岭子"。《汉书·卫青霍去病传》载："冢象祁连山。"霍去病墓底部南北长 101.5 米，南宽 56.70 米，北宽 58.40 米，高 18.38 米，占地面积 5841.33 平方米。墓冢上下，墓地周围，乱石嶙峋，苍松翠柏，荫蔽墓身。墓南东西两角，各有回栏曲径，通向墓顶。1961 年，霍去病墓被国务院公布为全国重点文物保护单位，并在墓前修建茂陵博物馆。河南省邓州市张村镇的冠军村存有霍去病衣冠冢，还有冠军故城遗址。霍去病衣冠冢为邓州市市级文物保护单位。

（三）探寻西域第一人张骞：一使胜千军

张骞，中原王朝探寻西域第一人，丝绸之路的开拓者。张骞大约生于汉文帝前元十六年（前164），汉中人（今陕西汉中）。张骞的身世，以及张骞出使西域之前的情况，史籍没有记载。张骞出使西域，最早记载主要出自西汉司马迁的《史记·大宛列传》和东汉班固的《汉书·张骞传》。

西域，泛指玉门关、阳关以西区域。司马迁在《史记·大宛列传》中将张骞出使的西域称为"西北国"。"西域"一词最早出自东汉班固所著《汉书·西域传》，班固描述西域："西域以孝武时始通，本三十六国，其后稍分至五十余，皆在匈奴之西，乌孙之南。南北有大山，中央有河，东西六千余里，南北千余里。东则接汉，厄以玉门、阳关，西则限以葱岭（今帕米尔高原）。"从秦至汉武帝之前，中原王朝所控北部疆域基本在秦长城以内。秦始皇时期，"筑长城，界中国，然西不过临洮"，也即西起临洮（今甘肃省岷县）的秦长城是秦的北部疆界。从西汉建立到汉景帝时期，汉朝所控疆域仍不出秦长城。长城外的匈奴不断深入长城内劫掠，是汉北部地区的主要威胁，而西域对中原来说还是个遥远的未知。张骞西行归来，为中原王朝打开了一个前所未知的世界。《史记·大宛列传》开篇第一句即"大宛之迹，见自张骞"，张骞也由此名载史册。

西汉后元三年（前141），清静恭俭、励精图治的汉景帝去世，年仅16岁的汉武帝即位。雄心勃勃的汉武帝终结了汉高祖刘邦以来韬光养晦、休养生息的国策，开始实施开疆拓土的宏图伟业，汉文帝和汉景帝期间开创的"文景之治"为汉武帝实现这一远大抱负提供了雄厚的物质基础。汉武帝一改汉朝对匈奴的和亲退让政策，发动对匈奴的反击，同时把目光投向遥远的西域。此时，张骞在汉廷担任名为"郎"的侍从官。

汉武帝从投降的匈奴人口中得到消息，敦煌到祁连山之间的大月氏

（yuè zhī）被匈奴击败，被迫西迁。大月氏想复仇匈奴，但苦无同盟。汉武帝决定派使者寻找大月氏，联合夹击匈奴，从而"断匈奴右臂"。为此，汉武帝招募出使大月氏的使者，张骞应募。此后二十年，张骞两次出使西域，出长城，过玉门关，九死一生，足迹遍及西域诸国。

建元二年（前139），张骞率100多人的使团，以匈奴人堂邑父为向导，从长安出发，出陇西长城（今甘肃省定西市），过玉门关，开始了长达13年的漫长西行之旅，这一年张骞大约25岁。汉武帝对张骞的西行寄予厚望，位于河西走廊西端的敦煌莫高窟有"张骞出使西域"壁画，其中一幅是张骞出长安，汉武帝骑马送别，张骞手持使节跪别汉武帝的情景。

西行途经匈奴控制区，张骞被匈奴人抓获。匈奴单于认为汉使不应擅入其领地，对张骞说："月氏在吾北，汉何以得往使？吾欲使越，汉肯听我乎？"遂将张骞扣留。张骞被拘长达十年，但是始终"持汉节不失"。元光六年（前129），张骞终于找到机会逃出匈奴。

张骞在匈奴十年之久，仍不忘使命，逃出后继续西行寻找大月氏。此时大月氏已从原敦煌以东、祁连山以西的区域西迁到几千里外的大夏国（今阿富汗一带）。张骞越葱岭，经大宛国（今费尔干纳盆地），到达大月氏的新定居地。由于新定居地土地富饶，生活安定，大月氏对匈奴复仇之心已消磨殆尽。司马迁形容大月氏的新定居地："地肥饶，少寇，志安乐，又自以远汉，殊无报胡之心。"大月氏对张骞夹击匈奴的提议未予响应，对此司马迁描述为"骞从月氏至大夏，竟不能得月氏要领"。这就是成语"不得要领"的来历。

张骞在大月氏停留一年有余，没有说服大月氏。元朔元年（前128），张骞启程回长安。为避开匈奴，张骞改走南部羌人区域，但此时羌人之地也被匈奴控制。张骞再次遭遇匈奴，被扣一年多，后借匈奴内乱得以逃离，元朔三年（前126）返回长安。

从建元二年（前139）出发西行，至元朔三年归汉，前后共历13年之久，张骞的足迹遍及大宛、大月氏、大夏、康居。13 年后，出行时使团的一百余人，只有张骞和堂邑父返回长安。

张骞返汉后，凭着对西域的了解，以及和西域诸国建立的良好关系，在汉朝的开疆拓土、打开丝绸之路中发挥了重要作用。张骞出使西域归来，上奏汉武帝说西域可"广地万里"，汉武帝十分认可。此后，汉武帝先后发动了数次对匈奴的战争，其中"河西之战"，夺取河西走廊，正是汉朝开通联系西域的通道，夹击匈奴，打通丝绸之路的决定性一战。此战彻底扭转了汉匈之间的力量对比局面，汉朝的西北部疆域越过秦长城，延伸到河西走廊。

元朔二年（前 127），即张骞第一次出使返回长安的前一年，汉武帝发动"河南之战"，夺回蒙恬所筑的秦长城区域，修复长城边塞，因河固守，解除了匈奴对长安的威胁。

元朔六年（前 123），大将军卫青两次出兵进攻匈奴，汉武帝命张骞以校尉，随从大军出击漠北。张骞凭借对环境的了解和丰富的野外经验，为汉军寻找到水源，使大军免遭缺水之困，汉军得以大获全胜，张骞也因此被汉武帝封为博望侯。"博望"取"博广瞻望"之意。元狩二年（前 121），张骞再次奉命出征匈奴。此次出征，张骞为卫尉，与李广一起出右北平攻击匈奴。李广为先锋，张骞殿后。由于李广的军队被匈奴围困，而张骞没有按期到达，死伤甚多。张骞论罪当斩，后赎为庶人。

元狩二年（前 121），汉武帝发动"河西之战"，骠骑将军霍去病两战河西，大获全胜。自此之后，匈奴被汉朝驱逐出河西之地，河西走廊正式纳入汉朝版图。"河西之战"后，汉朝为控制河西走廊，设立酒泉等河西四郡，打通河西走廊到西域的通道，并在敦煌筑烽燧，修外长城，护卫西去之路。元狩四年（前 119）发动"漠北之战"，这是汉武帝对匈奴最大规模的战争，霍去病大胜匈奴，封狼居胥。此战后匈奴远遁，形成"漠南无王庭"的安定局面。至此，通向西域的道路不再凶险。

汉武帝始终不忘"断匈奴右臂"计划，数次向已失侯爵位的张骞询问大夏国情况。张骞在匈奴期间，听说大宛东北有乌孙国，不服匈奴约束，认为可以与乌孙结为兄弟，共抗匈奴，实现"断匈奴右臂"。张骞对汉武帝说"今诚以此时而厚币赂乌孙，招以益东，居故浑邪之地，与汉结昆弟，其势宜听，听则是断匈奴右臂也"。汉武帝同意了张骞的建议。元狩四年，即"漠北之战"同一年，汉武帝派张骞为中郎将，再次出使西域，目的地就是乌孙国。

张骞与多名副使率 300 多人的使团，携带金币、丝帛、大批牛羊，再次踏上前往西域的旅途。司马迁描述使团出使盛景："拜骞为中郎将，将三百人，马各二匹，牛羊以万数，赍金币帛直数千巨万，多持节副使，道可使，使遣之他旁国。"使团出玉门关，向西经鄯善、焉耆，沿天山北麓西行，进入伊犁河谷，最后抵达乌孙国都赤谷城。途中，张骞派随行副使分别出使大宛、康居、大月氏、大夏、安息等国。

元鼎二年（前 115），张骞和副使们返回长安，同行的还有乌孙等国的使团。此后汉朝与西域各国建立常态联系，互派使臣，一时西去之路上汉与各国的使臣队伍络绎不绝，相望于道。张骞返回长安后，汉武帝拜张骞为大行，位列九卿，负责接待外来使臣。

张骞为人宽厚诚信，很受西域各国信赖。出使西域期间，张骞与大宛、乌孙等西域各国建立了融洽互信的关系，为汉朝与西域各国的交往打下了良好基础。司马迁评价张骞："骞为人强力，宽大信人，蛮夷爱之。"由于张骞在西域的声望，后来出使西域的使者常借用"博望侯"之称，以取得出使国的信任。前 114 年，也即从西域返回的第二年，张骞去世，归葬故乡。班固将张骞不负使命比苏武，赞叹道"奉使则张骞、苏武"。

张骞的西域之行成为汉朝处理西域事务的重要依据。虽然张骞的第一次西域之行未能达到联合大月氏共击匈奴、"断匈奴右臂"的目的，但使汉朝对西域有了较为全面的认识。张骞第二次出使西域，促成了汉朝与乌孙的和亲，说服乌孙联合汉朝，共击匈奴，最终实现了汉武帝"断匈奴右臂"的计划。元封六年（前 105），汉武帝派使者，循着张骞的线路，出使安息国（今伊朗一带），向安息国王献上了华丽的丝绸，安息国王以鸵鸟蛋和魔术团回赠汉武帝，丝绸贸易开始形成。

为保障通往西域道路的畅通，太初四年（前 101），汉朝在轮台（今新疆维吾尔自治区巴音郭楞蒙古自治州轮台县）、尉犁（今新疆维吾尔自治区巴音郭楞蒙古自治州尉犁县）等地设置使者校尉，管理西域屯田事务，为出使西域的使者提供补给。神爵二年（前 60），汉宣帝在西域设西域都护府，西域正式纳入汉朝的管辖范围。从此，新疆成为中国不可分割的一部分。

司马迁把张骞的西域之行称为"凿空西域"。两千年后的 19 世纪，德国地质地理学家李希霍芬在其著作《中国》（1877）一书中，把张骞"凿空"的这条西域通道称为"丝绸之路"。从此，丝绸之路进入世界的视野。今日陕西汉中张骞纪念馆有一副楹联，赞誉张骞的不朽功绩：一使胜千军，两出惠万年。

遗址现状及当代价值

古丝绸之路起点为长安，经凉州（今甘肃省武威市）、瓜州（今甘肃省酒泉市）、敦煌，穿过新疆，过中亚国家，经阿富汗、伊朗、伊拉克、叙利亚，抵达地中海，终点为罗马，全长 6000 多千米。西汉时，张骞出使西域最远到达安息国，随后丝绸贸易也到达安息。王莽时期，丝绸之路一度中断。东汉时，班超出使西域 31 年，恢复汉廷对西域的管辖，再次打通隔绝已久的丝绸之路。东汉永元九年（97），班超派副使甘英出使大秦国，甘英至西海（波斯湾）而还。

丝绸之路延伸到欧洲。

张骞作为"凿空西域"的第一人，其开拓丝绸之路的壮举不仅改写了亚欧大陆的文明交流史，更留下了一系列具有标志性意义的遗址。这些遗址既是历史的见证，也在当代衍生出多重价值，从文化认同到国际合作，再到经济融合，构成了一条跨越时空的"文明纽带"。

一、张骞与丝绸之路的核心遗址

（一）张骞生平关联遗址

1. 张骞墓（陕西城固）。位于陕西省汉中市城固县的张骞墓，是汉武帝为表彰其功绩所建，墓前石兽与汉代碑刻保存完好，2014 年被列入《世界遗产名录》。墓中出土的"博望侯"封泥印证了其历史地位。

2. 张骞故里(陕西城固)。城固县博望村的张骞纪念馆，复原了汉代村落风貌，陈列其出使西域的路线图与西域作物标本（如葡萄、苜蓿）。

（二）丝绸之路开拓路线标志遗址

1. 河西走廊段。玉门关与阳关（今甘肃敦煌），张骞首次出使后，汉朝在此设关隘控制丝路交通，现存汉代烽燧遗址与出土简牍记载了西域使团往来。悬泉置遗址（甘肃敦煌），汉代丝路最大驿站，出土汉简 2.3 万枚，详载张骞后西域使团接待流程，如"元康二年乌孙公主过置"记录。

2. 西域段。交河故城（今新疆吐鲁番），车师前国都城，张骞首次出使试图联合此地对抗匈奴，遗址中的佛寺与汉式建筑体现了文化交融。尼雅遗址，精绝国故地，出土"五星出东方利中国"织锦，印证汉朝与西域的军事同盟关系。

（三）文化传播实证遗址

1. 大宛国遗址(今乌兹别克斯坦费尔干纳盆地)。张骞在此发现"汗血宝马"，当代考古发现大宛王城阿克·特帕的汉式兵器与丝绸残片，印证《史记》中"天子好宛马"的记载。

2. 巴克特里亚古城（今阿富汗北部及阿姆河北岸一带）。希腊化文明与汉文明交汇地，出土汉代铜镜与希腊风格雕像，反映张骞打通丝路后的跨文明贸易。

二、当代价值：从历史遗产到文明引擎

（一）文化遗产的活化保护

1. 遗址保护技术革新。敦煌阳关运用三维激光扫描与湿度调控系统，防止烽燧夯土风化；尼雅遗址通过遥感监测沙漠扩张，实现"数字化围栏"。

2. 文化记忆的再现。陕西城固张骞纪念馆以全息投影还原"持节不失"的西域旅程，结合《汉书·张骞传》原文与动画，年接待游客超 50 万人次。

（二）"一带一路"的战略支点

1. 经济走廊的实体依托。中欧班列（西安—乌鲁木齐—阿拉木图）线路基本沿张骞出使路线，2023 年货运量突破 2 万列，占中欧贸易总量的 8%。

2. 国际合作示范区。乌兹别克斯坦"费尔干纳产业园"引入中国农业技术种植张骞带回的苜蓿、葡萄，形成现代版"丝路作物经济带"。

（三）民族精神与国际认同构建

1. 文化符号的象征意义。张骞墓成为"开拓精神"的象征，2023 年"丝绸之路国际艺术节"在此举办，57 国艺术家创作"凿空之旅"主题作品。

2. 跨国学术合作。中哈联合考古队在伊犁河谷发掘汉代乌孙墓葬，发现汉式车马器与草原金器，推动"游牧—农耕文明互动"研究。

（四）旅游与地方经济振兴

1. 遗产旅游产业链。甘肃敦煌—新疆吐鲁番丝路主题线路年收入超 120 亿元，带动葡萄沟、月牙泉等周边景点就业 10 万人。

2. 文创产品开发。西安"博望侯"IP 衍生出"张骞通西域"剧本杀、丝路香料盲盒，年销售额突破 3 亿元，实现"让文物讲故事"。

三、挑战与未来方向

1. 遗址保护的跨国协作难题。阿富汗尼雅遗址因战乱频发，文物保护受阻，

需依托联合国教科文组织建立"丝路遗产紧急保护基金"。

2. 历史叙事的平衡性。避免单一视角（如"中原中心论"），需强调西域诸国（如大月氏、乌孙）在丝路中的主动角色，构建多元叙事。

3. 科技赋能的文化体验升级。开发"元宇宙丝路"虚拟空间，用户可化身张骞商队穿越帕米尔高原，实时交互敦煌壁画中的胡商形象。

四、小结：从"凿空之旅"到"共生之路"

张骞开拓的丝绸之路遗址，不仅是历史的"化石"，更是文明对话的"活体"。在当代，它们从以下三个方面重构价值。

物理层面：作为基础设施联通亚欧；

精神层面：塑造开放包容的民族品格；

制度层面：为"一带一路"提供历史合法性。

正如费正清所言："张骞的马蹄印，最终变成了集装箱的轨道。" 这些遗址提醒我们：真正的文明价值，不在于固守边界，而在于不断打破边界。

（四）王昭君：出塞促和平

王昭君，名嫱（qiáng），字昭君，西汉南郡秭归县（今属湖北）人，南匈奴呼韩邪（yé）单于的宁胡阏氏（yān zhī），为避晋文帝司马昭的讳，王昭君被改称王明君，史称明妃。她与西施、貂蝉、杨玉环并称中国古代四大美女，"闭月羞花""沉鱼落雁"中的"落雁"指的就是王昭君。史学家翦伯赞在《内蒙访古》一文中写道："在大青山脚下，只有一个古迹是永远不会废弃的，那就是被称为青冢的昭君墓。因为在内蒙古人民心中，王昭君已经不是一个人物，而是一个象征，一个民族友好的象征；昭君墓也不是一个坟墓，而是一座民族友好的历史纪念塔。"

西汉前期，为缓和汉匈矛盾，西汉政府一直将"和亲"作为对匈奴的重要策略。汉武帝时国力强盛，汉朝不再向匈奴奉与物资，汉匈和亲关系中断。西汉后期，匈奴势力削弱，出现"五单于争立"的场面。西汉五凤元年（前57）七月至西汉五凤二年（前56）十一月，呼韩邪单于、屠耆单于、呼揭单于、车犁单于、乌藉单于五单于为争夺王位互相争斗，最后发展为呼韩邪单于和其兄郅支单于的相互攻伐。五凤四年（前54）夏，呼韩邪单于被郅支单于击败，因隆冬将至，不得不率领数万部众从龙城南下，并派遣儿子右贤王铢娄渠堂入朝，向汉朝讨要粮食牛羊，对汉称臣，欲借汉朝之力保全自己。

甘露三年（前51），呼韩邪单于至甘泉宫谒汉宣帝。汉待以客礼，使"位在诸侯王上"，并将其部安置于光禄塞（在今内蒙古自治区包头市西北）下驻牧。在汉朝的支持下，永光元年（前43）呼韩邪单于北归，恢复对匈奴全境的统治。竟宁元年（前33），北匈奴郅支单于被西汉诛灭，匈奴呼韩邪单于到长安朝觐，双方约定平息兵戈。汉元帝将年号"建昭"改为"竟宁"，表达边境永远安宁之意。呼韩邪单于提出"愿为天朝之婿"的请求。元帝将王昭君赐婚单于。《汉书·元帝纪》记载："竟宁元年春正月，匈奴呼韩邪单于来朝。诏曰：'匈奴郅支单于背叛礼义，既伏其辜，呼韩邪单于不忘恩德，乡慕礼义，复修朝贺之礼，愿保塞传之无穷，边垂长无兵革之事。其改元为竟宁，赐单于待诏掖庭王嫱为阏氏。'"

呼韩邪单于得到王昭君甚是欢喜，在汉朝和匈奴官员的护送下，王昭君离开长安。相传一路上黄沙滚滚，昭君在马上弹奏乐曲，使南飞的大雁忘记了摆动翅膀，纷纷跌落平沙之上，由此"落雁"成为王昭君的雅称。昭君和呼韩邪单于生下一子，取名伊屠智伢师，封为右日逐王。此次和亲重新开启了汉匈和平之门。

昭君出塞后，劝呼韩邪单于与西汉团结和睦，边塞烽烟熄灭，形成了

"边城晏闭，牛马布野，三世无犬吠之警，黎庶亡干戈之役"的和平景象，结束了匈奴多年的分裂和战乱。也加强了双方的交流，王昭君将汉朝先进的农耕技术带给匈奴，教会他们自己生产粮食和制作农具，使游牧民族产生了学习中原先进制度的愿望，一些游牧民族开始效仿中原制度。当时民间传说，王昭君和呼韩邪单于走遍阴山和大漠南北，昭君所到之处均水草丰美、人畜两旺。相传昭君有一个装着五谷种子的漂亮锦囊，她把种子分给牧民，牧民就在有水的地方撒下种子，长出了五谷杂粮。

建始二年（前31），呼韩邪单于逝世，后世文人托言，王昭君向汉廷呈《报汉元帝书》请求归汉，汉成帝回复昭君遵从"胡俗"。

王昭君依照游牧民族婚姻习俗，再嫁呼韩邪单于的长子复株累单于，两人共同生活11年，育有二女。《资治通鉴·汉纪》记载："呼韩邪死，雕陶莫皋立，为复株累若鞮单于。复株累若鞮单于以且麋胥为左贤王，且莫车为左谷蠡王，囊知牙斯为右贤王。复株累单于复妻王昭君，生二女，长女云为须卜居次，小女为当于居次。"

鸿嘉元年（前20），复株累单于去世，且麋胥继任为搜谐若鞮单于。之后不到两年，王昭君病逝。昭君去世时，远近的农牧民纷纷赶来送葬，他们用衣襟包上土，垒起了昭君墓。传说昭君墓在早晨犹如一座山峰，中午犹如一座鼎钟，黄昏时分犹如一棵鸡枞。内蒙古、山西、河南等地有王昭君的墓或衣冠冢。

昭君出塞后的六十年，是汉匈和睦相处的六十年，也是漠南地区和平发展的六十年，出现了"牛马布野，人民炽盛"的繁荣景象。昭君促进了汉匈两族经济文化的交流，促使汉匈两族和睦相处，赢得了后世的尊重。昭君出塞的故事也成为历史上流芳千古的佳话。

匈奴百姓十分珍视昭君在匈奴期间所弹奏的乐器，并模仿制作了新的乐器："浑不似"。宋末元初的道教学者俞琰《席上腐谈》载："王昭君琵琶坏，肆胡人重造，而其形小，昭君笑曰：'浑不似。'（全不像的意思）今讹为'胡拨四'。"元代陶宗仪《南村辍耕录》载："达达乐器有浑不似。""浑不似"亦作"火不思"。元代史籍《元史·礼乐志》载："火不思，制如琵琶，直颈，无品，有小槽，圆腹如半瓶榼，以皮为面，四弦皮绒，同一孤柱。"元代时期，"火不思"成为国乐，经常在宫廷宴会或王室内宴上演奏，后来广泛流传山西、陕西、河南一带，汉族人民也喜闻乐见。新中国成立后，古老的"火不思"重获新生。

延伸阅读：王昭君出塞与长城的关联

一、地理上的穿越

王昭君出塞要从汉朝都城长安前往匈奴，必然要穿越长城。她可能途经鸡鹿塞等长城关隘，由哈隆格乃峡谷前往漠北。长城作为农耕文明与游牧文明的分界线，是昭君出塞行程中的重要地理标识，跨长城意味着她从汉朝的统治区域进入匈奴的领地。

二、和平意义的象征

长城在古代主要是军事防御工程，用于抵御匈奴等北方游牧民族的侵扰。王昭君出塞和亲，使汉匈之间出现了半个多世纪的和平景象，让长城不再是战争对抗的前沿，而是成为和平往来的见证，长城内外的百姓都得以安居乐业。

三、文化交流的纽带

王昭君出塞后，促进了中原文化与匈奴文化的交流融合。长城沿线本就是不同文化交流碰撞的地带，昭君出塞加强了这种交流，使长城成为文化传播的纽带。中原的农耕技术、文化艺术等通过长城沿线传入匈奴，匈奴的一些文化习俗也传入中原。

四、历史影响的见证

长城是中华民族的精神象征和历史文化景观，王昭君出塞的故事与长城紧密相连，成为长城历史文化的重要组成部分。长城见证了昭君出塞这一重大历史事件，以及由此带来的汉匈关系的转变和民族融合的进程。

王昭君故里位于湖北省宜昌市兴山县宝坪村，原名烟墩坪，又名昭君村，属湖北省重点文物保护单位。昭君村，面临香溪水，背靠纱帽山，群峰林立，崖壑含翠，橘林云涌，香溪回环，唐杜甫诗"群山万壑赴荆门，生长明妃尚有村"即指此地。王昭君的故事在民间流传甚广，诗、词、小说、戏曲创作亦多以其为题材。2008 年 6 月，湖北省兴山县申报的"王昭君传说"经国务院批准列入第二批国家级非物质文化遗产名录。

（五）班超：投笔从戎通西域

继西汉张骞出使西域开通丝绸之路后，时隔两百年，东汉班超再次出使西域，传奇般收复了西域诸国，恢复了汉朝对西域的管辖，重启丝绸之路，成为与张骞齐名的丝绸之路开拓者和守护者。

班超，生于东汉建武八年（32），扶风安陵（今陕西咸阳东北）人，是当时儒学大师、史学家班彪的幼子，其长兄班固、妹妹班昭也是著名的史学家。据南朝宋史学家范晔所著《后汉书·班超传》记载，班超为人有大志，不拘小节；孝顺恭谨，居家操持勤苦，不以劳苦受辱为耻；有能言善辩之才，广泛涉猎书传。永平五年（62），其兄长班固因"私修国史"而入狱，班超骑快马赶赴都城洛阳冒险上疏。明帝读了班固的书稿后，下令释放班固，令其在洛阳皇家校书部掌管和校定皇家图书。班超与母亲也随班固至洛阳，因家境贫寒，班超靠替官府抄写文书来维持生计。劳作之余，班超常辍笔而叹："大丈夫无它志略，犹当效傅介子、张骞立功异域，以取封侯，安能久事笔砚间乎？"后班超被汉明帝赏识授其为兰台令史。

西汉末年，由于王莽收回原来汉朝颁发给西域各国的印绶"匈奴单于玺"，改赐新朝印绶"新匈奴单于章"，并对西域采取了一系列错误的政策，导致边地战乱不绝。远遁的匈奴在休养生息后乘势卷土重来，趁中原大乱重新控制了西域地区。光武帝刘秀建立东汉王朝后，恢复了与西域地区的沟通交流，但并未实现对西域控制权的恢复。

到汉明帝时期，社会经济逐渐稳定，国力增强，匈奴也分裂为南北二部，南匈奴归附汉朝，北匈奴势力强大后屡次进犯河西地区。基于这一形势，汉明帝决定出兵攻打北匈奴。永平十六年（73），汉明帝派奉车都尉窦固等人率兵攻打北匈奴，年逾不惑的班超在军中任假司马（代理司马）之职。

班超到了军中后，凸显了与众不同的才能。他率兵进攻伊吾，在蒲类海（古湖泊名，今新疆维吾尔自治区东部巴里坤湖）与北匈奴交战，取得胜利。主帅窦固很赏识班超的才干，派他率领36名勇士出使西域。

班超一行经河西走廊出敦煌，首先到达鄯善（今新疆维吾尔自治区若羌一带），鄯善王对班超等人热情招待，礼敬有加，但不久后态度突然变得冷淡。班超发觉异常后，就吓诈侍者，了解到匈奴也派来了使者。于是，班超立即召集了36名勇士，说："不入虎穴，不得虎子。当今之计，独有因夜以火攻虏，使彼不知我多少，必大震怖，可殄尽也。"初更时分，班超率领36名勇士奔向匈奴使者营地，趁夜斩杀了匈奴使者，并提着匈奴使者的头颅去见鄯善王，鄯善王受到震慑，当即表示归附东汉。

窦固将情况禀报给明帝，明帝诏告窦固："吏如班超，何故不遣而更选乎？今以超为军司马，令遂前功。"（《后汉书·班梁列传》）于是，班超再次受命出使西域，随行的依然是原来的 30 多名勇士。

班超率使团继续西行，来到于阗（tián）国（今新疆维吾尔自治区和田市一带），于阗国王听信巫师谗言，想要杀掉班超的马祭神。班超设计除掉了巫师，并劝说于阗王斩了匈奴监护使者，归附了汉朝。

第二年春，班超使团一行到达了疏勒国（今新疆维吾尔自治区喀什市一带），帮助疏勒人将时为疏勒王的龟兹人兜题驱逐出境，并扶持原疏勒王的侄子为新王，疏勒就此归附东汉。西域诸国归附后，西域与中原中断 65 年的联系终又恢复。东汉在西域重新设立都护，丝绸之路由此畅通。

永平十八年（75），北匈奴趁汉朝政权更迭之际，挑动焉耆（yān qí，今新疆维吾尔自治区焉耆回族自治县附近）、龟兹（qiū cí，今新疆维吾尔自治区库车市一带）两国出兵攻打西域，西域都护陈睦等 2000 余人被杀。匈奴又联合车师后王围攻西域戊己校尉耿恭。同时，龟兹、姑墨（今新疆维吾尔自治区温宿、阿克苏一带）等大军多次攻打疏勒，班超与疏勒王相呼应，坚守盘橐（tuó）城（今新疆维吾尔自治区喀什市东南郊）一年有余。

建初元年（76），汉章帝下诏令班超还朝，在听闻班超准备回国的消息后，疏勒举国忧恐，于阗王率百官痛哭，班超也不忍见疏勒、于阗重归匈奴之手，决定继续留在西域。建初三年（78），班超联合于阗、疏勒等 1 万余人，攻破匈奴军事重地姑墨。随后班超上疏建议"以夷制夷""兵可不费中国而粮食自足"，这一建议被汉章帝采纳。

建初五年（80）至元和元年（84），汉章帝先后派假司马徐干、和恭率兵马增援班超，攻破了康居、莎车、月氏等国，并迫使龟兹、姑墨、温宿等国投降。永元六年（94），班超又联合龟兹、鄯善等八国，出兵 7 万人，平定焉耆。至此，西域各国归附东汉，丝绸之路第二次被打通。

永元七年（95），为表彰班超的功勋，汉和帝下诏封其为定远侯（封地在今陕西省汉中市镇巴县），食邑千户，后人称之为"班定远"。永元九年

（97）班超派遣属官甘英出使大秦（古罗马）和条支（今西亚一带），甘英全面了解沿途风土人情，收集珍奇的物产，到达安息国西部边界，因无法渡海而返。永元十二年（100），班超因年老多病，请求还朝，并在奏疏中说道："臣不敢望到酒泉郡，但愿生入玉门关。"永元十四年（102）班超抵达洛阳，被拜为射声校尉，不久去世。

班超投笔从戎，以 36 人出使西域为始，以西域 50 余国全部归附而终，并派人西行探索至波斯湾。在西域的 30 余年，班超以非凡的政治、外交和军事才能，"以夷制夷"，分化、瓦解和驱逐匈奴势力，维护了东汉的安全，加强了与西域各属国的联系，为西域回归中原做出了卓越贡献。

遗址现状及当代价值

一、班超通西域相关遗址的现状

班超的足迹遍及西域（今新疆及中亚部分地区），但因年代久远，直接与他相关的遗址留存较少，现存遗址多与汉代西域都护府体系或丝路文化交流相关。

（一）疏勒古城遗址（今新疆喀什）

班超曾以疏勒为基地经营西域，现存遗址包括喀什的盘橐城（班超公园），为纪念性复建遗址，园内有班超雕像及历史陈列馆，成为当地重要文化地标。喀什老城（高台民居）保留部分汉唐时期建筑风格，间接反映出丝路商贸传统。

（二）楼兰故城（今新疆若羌）

楼兰是班超时代西域三十六国之一，现为国家级文物保护单位。遗址因环境恶化（罗布泊干涸、风蚀）严重损毁，仅存佛塔、官署等残垣，考古发掘中发现汉简、丝织品等文物。

（三）高昌故城（今新疆吐鲁番）

汉代车师前国都城，班超曾在此活动。现存城墙、佛寺、民居遗址，被列入《世界遗产名录》（"丝绸之路：长安—天山廊道的路网"）。因气候干燥，夯土建筑保存较好，但近年面临风化威胁。

（四）克孜尔尕哈烽燧（今新疆库车）

汉代长城烽燧体系的一部分，班超时代用于传递军情。现存土坯结构高约13米，是西域现存最完整的烽燧之一。2014年，克孜尔尕哈烽燧作为"丝绸之路：长安—天山廊道的路网"其中的一处遗产被列入《世界遗产名录》。

（五）米兰古城（今新疆若羌）

汉代伊循城遗址，班超曾在此屯田。现存佛寺、灌溉渠道遗迹，出土过汉文木简及佉卢文文书，印证了汉朝对西域的治理。

（六）尼雅遗址（今新疆民丰）

汉代精绝国故地，出土"五星出东方利中国"织锦等文物，反映汉朝与西域的密切往来，现为国家级文保单位。

二、遗址保护的挑战

一是自然侵蚀。干旱区风沙、温差、盐碱化等自然灾害导致土遗址风化加速。

二是人为破坏。早年盗掘、旅游开发压力（如踩踏、不当修复）。

三是保护技术局限。夯土、壁画等脆弱文物的保护难度高。

三、班超通西域的当代价值

（一）历史与文化认同

班超事迹是中华民族开拓精神与和平交往的象征，遗址为"多元一体"中华文明提供实证，强化边疆地区的国家认同。西域治理经验（如"以夷制夷"、屯田戍边）为现代边疆治理提供历史借鉴。

（二）丝路精神与"一带一路"

班超重开丝绸之路，与当代"一带一路"倡议形成历史呼应，遗址成为文明交流互鉴的实物载体。喀什、吐鲁番等遗址城市可依托丝路文化遗产发展文旅经济。

（三）国际交往的启示

班超通过外交与军事结合的手段稳定西域，对当今中国开展国际合作（如中亚、中东外交）具有策略参考意义。遗址中的多元文化元素（如佛教艺术、粟特文书）体现古代跨文明对话，助力构建人类命运共同体叙事。

（四）生态与可持续发展

古代屯田遗址（如米兰古城灌溉系统）蕴含干旱区水资源利用智慧，对新疆绿洲生态保护有借鉴意义。

四、小结

班超通西域的遗址既是中华文明开放包容的历史见证，也是"一带一路"建设的文化纽带。当前需加强遗址保护与数字化展示（如虚拟复原），并挖掘其精神内涵，服务于文化自信与国际合作。例如，喀什的班超公园可通过沉浸式展览，再现"不入虎穴，焉得虎子"的外交胆识，而高昌故城等世界遗产则可纳入跨国丝路旅游线路，促进民心相通。

长城未解之谜 3：部分长城段的神秘消失

谜题：一些历史文献中记载的长城段在现实中找不到踪迹，可能是由于自然侵蚀、人为破坏、历史变迁，或是记载有误。研究难点在于如何通过考古手段找到这些神秘"消失"的长城段。以下是具体的原因分析。

一、自然因素

表 2-1

自然因素	具体表现	影响
风化和侵蚀	长期风吹、雨淋、日晒	墙体剥落、结构松动
地质灾害	地震、滑坡、泥石流	长城段落坍塌或掩埋
植被生长	植物根系破坏墙体结构	墙体裂缝扩大，最终倒塌

二、人为因素

表 2-2

人为因素	具体表现	影响
战争破坏	古代战争中长城被攻破或拆除	部分段落损毁严重
现代建设	修路、采矿、城市化建设	长城被切割或掩埋
村民取石	附近居民拆长城砖石建房	长城墙体逐渐消失
旅游开发	过度开发或不合理修缮	破坏原始结构，加速老化

三、历史与地理因素

表 2-3

历史与地理因素	具体表现	影响
年代久远	部分长城建于 2000 多年前	自然老化，难以保存
地理位置偏远	部分段落位于荒漠、山区	难以维护，逐渐被风沙掩埋
历史记录缺失	部分段落未被详细记载	难以定位和研究

四、消失的典型案例

1. 甘肃段长城。主要是因为地处荒漠，风沙侵蚀严重，部分段落被掩埋。现状是部分长城仅剩土堆或完全消失。

2. 河北段长城。主要是因为村民取石建房及战争破坏。现状是部分墙体被拆除，仅剩地基。

3. 内蒙古段长城。主要是因为地处偏远，缺乏维护，自然侵蚀严重。现状是部分段落已无法辨认。

五、保护与修复措施

1. 政策支持：国家出台《长城保护条例》，明确保护责任。

2. 科技手段：利用无人机、遥感技术监测长城状况。

3. 公众参与：鼓励社会力量参与长城保护，提高保护意识。

4. 合理开发：在保护前提下适度开发旅游，避免过度商业化。

六、小结

长城部分段落的"消失"并非神秘现象，而是自然与人为因素共同作用的结果。通过科学保护和合理利用，我们可以延缓长城的消失速度，让这一世界文化遗产得以延续。

第三章 蜕变：多元王朝的技术交响

一、北魏六镇长城：游牧皇帝的定居化悖论

北魏是由游牧民族鲜卑族建立的王朝，也是南北朝时期北朝的开端。北魏建立后，先后攻打同时期的后燕、北燕、胡夏、北凉，逐渐统一了中国北方。为防备北方草原上的柔然族和契丹族，以及南方其他割据政权进攻，北魏先后筑起两道长城，即北长城和南长城。北魏是我国历史上第一个大规模修建长城的游牧民族。

北长城是随着北魏国力增强而不断北移的。北魏建立之初，柔然势力强大。泰常八年（423），北魏长城主要分布于阴山南麓；神䴥（jiā）二年（429），大败柔然后，先后在都城平城（今山西省大同市东北郊）以北边境设置沃野、怀朔、武川、抚冥、柔玄、怀荒六个军镇，将北部防线推进到阴山以北；太和年间（477—499），在六镇之北修筑六镇长城与太和长堑，将防线拓展到燕山北麓至兴安岭西南缘，逐渐形成以六镇与长城为中心的军事防御体系，东西长达 2000 余里。北长城确保了都城平城的安全，在防御外患、移民垦殖和治理边民方面都发挥了重要作用。

北魏大规模修筑长城，不断武力征伐，对北部边疆的控制效果显著。因单一防线无法长久阻挡柔然的骚扰和南侵，必须依托于军镇，构成统一的防御体系，所以北魏重视六镇的建设，镇守的高级将领都是皇帝亲信，镇兵大多为鲜卑族人。六镇在北魏军事、政治中享有突出地位，军队待遇较高，多

次受到褒奖和免除赋税徭役的特殊优待。

北魏政权前期，定都平城，为建设都城及其北部区域（今内蒙古自治区中部），鲜卑政权将掳掠的人口都安置在内蒙古中部，使这片地广人稀的区域人口剧增。

北魏长城建起来后，并没有彻底解决北方柔然的威胁。《魏书·高祖纪》记载，延兴二年（472）二月，"蠕蠕犯塞。太上皇帝次于北郊，诏诸将讨之。虏遁走"。十月，"蠕蠕犯塞，及于五原。十有一月，太上皇帝亲讨之，将度漠袭击。蠕蠕闻军至，大惧，北走数千里。以穷寇远遁，不可追，乃止"。可见，北魏泰常八年（423）修筑长城以后，柔然仍不断侵扰北魏。

南长城又名"畿上塞围"。北魏除在今内蒙古自治区境内修筑防范柔然的长城外，还于太平真君七年（446），从司州（治平城，统辖京畿周围郡县，主要为今山西省大同、朔州地区）及其邻近的幽、定、冀诸州征发10万人，在平城周围千里的地面上筑"畿上塞围"。"畿"指都城所在的地方及其管辖的地区，"畿上塞围"是指环绕京都平城地区所筑的军事防御工程。北魏天兴元年（398），北魏京畿范围东至代郡（治今河北省蔚县），西及善无（今山西省右玉县右卫镇），南及阴馆（今山西省朔州市朔城区夏关城），北尽参合（今山西省阳高县南）。朔州属于畿内，为北魏王朝的腹心之地。北魏所筑环绕平城的北线长城，由居庸关向西经河北、山西北境达黄河东岸；环绕平城的南线长城，也从居庸关起，向西南行，至山西灵丘后向西，经今平型关、雁门关、宁武关至偏关老营堡北，与北线长城汇合。北魏南长城修筑历时一年零八个月，规模巨大，但其长城遗迹绝大部分被明长城叠压。在右玉县李达窑乡明长城内侧，有一段俗称马缰绳的北线长城，东起马头山，经大坡村西到十五沟村东二把山，长约12千米，现土垄明显，墙体残缺不全。十五沟村东二把山，还有一座圆形烽火台，至今保护完好。台基直径26米，周长84.8米，墩台呈圆形，高8—10米。北魏大筑"畿上塞围"，形成了朔州内外长城基本框架。

"畿上塞围"经过的地段，多数是险峻山岭，很多地段利用自然山险，最大限度地减少长城工程量。城墙所选位置，在山峦地带随山脉走势，修建于山脊和分水岭之上，以占据有利地形；在草原、沙漠及戈壁滩上，因地制宜，根据地理形势和防御需要作适当调整。太平真君七年（446），北魏修筑长城 45 千米，墙体土石混杂，很难分清夯土层，向上也多走山坡、沟堰。内蒙古自治区召河希拉穆仁苏木的北魏长城，位于达茂联合旗东南境召河西北 4 千米外的土垄边墙，宽 3 米，高 0.4—0.6 米，北跨召河进入四子王旗，穿过察右中旗库伦苏木格尔核套，西南入武川，进固阳境内。山西省大同市境内的北魏长城烽火台则全是用黄土夯筑起来的。

北魏长城虽说是在战国赵燕长城和秦汉长城基础上修筑起来的，但由于这些土筑工程历经数百年风雨侵蚀，早已残破不堪，可利用的地基、路线、城墙多需重建，工程量很大。后来，北魏国力衰弱，没有足够力量重修长城，只好再建造一些城堡巩固防线。

正始元年（504），源怀上表称："去岁复镇阴山，庶事荡尽，遣尚书郎中韩贞、宋世量等检行要险，防遏形便。谓准旧镇东西相望，令形势相接，筑城置戍，分兵要害，劝农积粟，警急之日，随便翦讨。如此则威形增广，兵势亦盛。且北方沙漠，夏乏水草，时有小泉，不济大众。脱有非意，要待秋冬，因云而动。若至冬日，冰沙凝厉，游骑之寇，终不敢攻城，亦不敢越城南出，如此北主无忧矣。"《魏书》载："世宗从之。今北镇诸戍东西九城是也。"

鲜卑族进入中原，建立北魏，促进了中原地区畜牧业发展。北魏长城的建立，在一定程度上防御了北部柔然的进攻，保障了中原地区农业经济发展，手工业也得到了相应发展。

北魏六镇长城作为游牧民族建立政权向定居化转型过程中的矛盾产物，

深刻体现了鲜卑统治者试图调和游牧传统与农耕文明时的结构性困境。这一悖论的核心在于：拓跋氏通过军事征服成为中原王朝的统治者后，既需通过汉化改革巩固政权，又不得不依赖边疆军事集团维持其武力优势，最终导致制度设计的自我撕裂。

（一）游牧基因与定居帝国的碰撞

一是军事立国的路径依赖。北魏政权起源于阴山草原的游牧部落联盟，其立国基础是"控弦之士四十万"的骑兵力量。道武帝拓跋珪建都平城（今山西大同东北）后，虽模仿汉制设立官僚体系，但军队仍保留部落兵制传统。六镇（沃野、怀朔、武川、抚冥、柔玄、怀荒）沿阴山山脉分布，驻军多为鲜卑勋贵子弟，保留骑射训练、部落组织等游牧特性，成为拱卫平城的"草原铁幕"。

二是汉化改革的离心效应。孝文帝太和十八年（494）迁都洛阳后推行全面汉化：禁鲜卑语、改汉姓、通婚士族。但六镇因地处边陲未被纳入改革体系，镇将地位从"国之肺腑"降为"役同厮养"（《魏书·广阳王深传》）。洛阳朝廷与六镇的文化鸿沟日益扩大，形成"中央士族化，边疆部落化"的二元对立。

（二）制度悖论的多重维度

一是空间治理的错位。六镇本为防御柔然而设，但随着北魏的南扩，其军事价值下降。北魏后期疆域南抵淮河，六镇却仍驻守塞北草原边缘，形成"政治中心南移，军事重心北滞"的畸形格局。正如郦道元《水经注》所述："六镇东西千余里，戍卒皆鲜卑，高车酋豪，不习农事"，军事防线与经济腹地严重脱节。

二是身份认同的撕裂。洛阳汉化集团视六镇为"野蛮遗存"，而六镇军人自诩为"国族正统"。523 年，柔然入侵怀荒镇，镇民请求开仓赈济遭拒，遂杀镇将起义。这场因"鲜卑人歧视鲜卑人"（陈寅恪语）引发的暴动，折射出统治集团在文化认同上的自我分裂。

三是经济模式的不可持续。北魏前期实行"计口授田"，六镇军人按游牧传统享有牲畜赏赐。但随着农业税成为财政支柱，朝廷将资源倾注中原，六镇军饷遭克扣。《洛阳伽蓝记》载，六镇士卒"冬无绺纩，夏缺粮秣"，被迫以劫掠为生，最终触发 523—530 年的六镇大起义。

（三）历史逻辑的深层透视

一是军事贵族集团的双重异化。六镇军人本是拓跋氏统治根基，却在汉化进程中被制度性边缘化。当高欢、宇文泰等镇将崛起时，他们既无法回归草原游牧状态（柔然衰落），又难以融入中原士族体系，最终成为摧毁北魏的"体制外力量"。正如田余庆所指出的："北魏灭亡的本质，是未能完成从部落兵制向府兵制的转型。"

二是地缘政治的代谢断层。长城在此时成为文明分界的象征：南侧是推行均田制的农耕区，北侧是维持部落制的军事区。这种"一道长城，两种文明"的格局，使得北魏既不能如汉唐般实现边疆军屯一体化，又丧失了游牧政权灵活机动的优势。六镇如同卡在文明齿轮间的砂石，最终导致国家机器崩解。

（四）悖论背后的历史启示

北魏的悲剧印证了美国著名的人类学家塞维斯（Elman Rogers Service）

提出的"酋邦转型陷阱"。塞维斯指出，酋邦社会虽然比部落更为复杂，但其权力结构和社会组织仍然存在局限性，难以顺利过渡到国家社会。这种困境主要体现在以下几个方面。权力集中与制度化的矛盾：酋邦的权力集中在酋长个人或少数精英手中，缺乏制度化的权力机制。这种个人化的权力结构容易导致社会不稳定，难以维持大规模的社会组织。经济再分配的局限性：酋邦的经济依赖于酋长的再分配，但这种机制在资源有限或分配不公的情况下容易崩溃，导致社会矛盾激化。社会整合的困难：酋邦社会的整合依赖于酋长的权威和宗教仪式，但随着社会规模的扩大，这种整合方式难以有效维持社会秩序。当游牧政权试图通过模仿农耕文明制度实现中央集权时，若不能妥善安置传统军事集团，必然引发系统性危机。六镇长城的故事，实为游牧帝国在定居化过程中"自我去根基化"的经典案例——试图用城墙固化边疆，却最终被自己创造的制度牢笼反噬。这种文明转型的阵痛，至今仍在提醒我们：任何改革都需谨慎处理传统与变革的辩证关系。

遗址现状及当代价值

北魏六镇长城遗址是北魏时期（386—534）为防御柔然等北方游牧民族而设置的军事防御体系，分布于今内蒙古中南部至河北西北部一带。作为北魏边防的核心，六镇（沃野、怀朔、武川、抚冥、柔玄、怀荒）及其长城遗迹承载了重要的军事、历史与文化价值。目前，这些遗址的保存状况因自然侵蚀、人为破坏和保护力度差异而有所不同，以下从地理分布、现状、保护与研究等方面进行详细分析。

一、六镇及长城遗址的地理分布

北魏六镇沿阴山山脉南麓呈东西线分布，具体位置及对应现代行政区划：

1. 沃野镇，今内蒙古自治区巴彦淖尔市五原县东北。

2. 怀朔镇，今内蒙古自治区包头市固阳县白灵淖尔城圐圙遗址（已确认）。

3. 武川镇，今内蒙古自治区呼和浩特市武川县境内（土城梁古城遗址）。

4. 抚冥镇，今内蒙古自治区乌兰察布市四子王旗境内。

5. 柔玄镇，今内蒙古自治区乌兰察布市察右后旗白音察干镇。

6. 怀荒镇，今河北省张家口市张北县附近。

北魏长城主体沿六镇北侧修筑，西起河套，东至赤城，全长约 1000 千米，多为夯土结构，部分地段利用战国秦汉长城旧基。

二、遗址现状

（一）六镇城址保存情况

怀朔镇（固阳白灵淖尔遗址）保存相对完整，城垣轮廓清晰可见，残高 2—4 米，曾出土北魏佛像、瓦当、兵器等文物。近年考古发现大型佛寺遗址，证实其作为北魏军事与宗教中心的双重功能。

武川镇（土城梁古城）城址呈方形，残存城墙基址，地表散落北魏陶片、砖瓦，但受风雨侵蚀和农耕活动影响，部分墙体已坍毁。

其他四镇（沃野、抚冥、柔玄、怀荒）遗址多被风沙掩埋或遭后世建设破坏，仅存零星夯土残段，具体位置尚有争议（如怀荒镇可能在张北或尚义县境内）。

（二）长城遗迹

1. 现存形态。北魏长城多为低矮土垄，局部可见夯层痕迹，残高不足 1 米，部分地段因现代道路、农田开垦而中断。

2. 典型段落。

乌兰察布段，察右后旗至商都县境内，断续分布，地表遗存明显。

锡林郭勒段，正蓝旗境内，残存约 10 千米，列为自治区级文物保护单位。

张家口段，尚义、康保等地有零星墙体，但保存状况较差。

（三）主要威胁

一是自然因素，风沙侵蚀、雨水冲刷导致夯土结构加速崩解。

二是人为破坏，农耕、放牧、基建工程（如修路、采矿）对遗址造成直接破坏。

三是保护缺失，部分遗址未划定保护范围，缺乏日常巡查与维护。

三、保护与研究进展

（一）考古与学术研究

1. 怀朔镇考古。2010 年起多次发掘，揭示北魏官署、佛寺、民居布局，出土大量佛教造像与简牍文书。

2. 长城资源调查。2012 年，国家文物局启动北魏长城资源调查，确认多段墙体走向及烽燧遗迹。

3. 学术争议。六镇具体位置仍存争议（如怀荒镇），需结合文献与遥感技术进一步考证。

（二）保护措施

1. 文保级别。怀朔镇遗址、武川土城梁古城为全国重点文物保护单位（2013 年列入）；部分长城段落列入省级文物保护单位（如内蒙古锡林郭勒段）。

2. 保护工程。怀朔镇遗址建设保护围栏，设立监测系统；局部长城试点夯土加固技术（如采用传统工艺修补墙体）。

3. 文旅利用。怀朔镇遗址规划建设考古遗址公园，配套展览馆展示出土文物；武川县推出"北魏六镇文化游"线路，结合阴山生态旅游。

四、现存问题与建议

1. 保护困境。资金与技术不足，难以全面实施大规模保护工程；农牧民保护意识薄弱，遗址周边违规活动频发。

2. 研究方向。需加强多学科合作（如遥感、GIS 技术）定位模糊遗址；深化北魏边防体系与游牧民族互动关系研究。

3. 公众参与。通过数字化展示（VR 复原六镇风貌）提升公众认知；鼓励社会力量参与遗址巡查与宣传。

五、小结

北魏六镇长城遗址是研究南北朝军事史、民族融合与边疆治理的珍贵实物遗存。尽管部分城址（如怀朔镇）因考古发掘和保护措施得以较好保存，但多数遗址仍面临严峻的存续危机。未来需统筹考古研究、技术保护与文旅活化，让这些沉默的土垣讲述更多跨越千年的历史故事。

二、金界壕启示录：马背民族的反向防御智慧

金长城，又称金界壕、界壕、边堡，其修筑方式与其他朝代比较，最大特点是全线掘地为壕，将挖出的土在一侧筑墙，配合壕墙主体，在重要的地方设置城堡，屯驻重兵防守，城堡之间用烽火台或壕堑相连。

金朝的明昌长城修筑于明昌五年（1194）至承安三年（1198）间；乌沙堡长城修筑于承安五年（1200）至大安二年（1210）间。

1194 年，金朝发生旱灾，加之张万公等大臣反对，金明昌长城停建。承安元年（1196），在完颜襄、完颜宗浩的主张下，长城全线开筑，于承安三年（1198）全线筑成。金明昌长城是金朝用以防御阻卜（珝）、广吉剌、合底忻、山只昆、婆速火等部族零散入侵的军事防御工程。金明昌长城北起内蒙古自治区莫力达瓦旗前七家子村嫩江右岸，向西偏北方向经过 13 千米后转向西南方向，从此开始沿金初界壕修筑，并将其界壕作为长城副壕，在扎赉（lài）特旗额尔吐村北，长城转而沿金阿勒坦浩特嘎查，然后离开边壕南行，在宝石镇宝乐村西北与大定初界壕重合，直至凌家营子再次与大定初

界壕分离，经过达里诺尔北岸至上二股地，再次与大定初界壕重合，西至白音希勒西面，与金初界壕重合，终止于上庙沟。金明昌长城全长约1650千米，目前已发现边堡遗址149座。

金朝明昌至承安年间（1190—1200），西北边防采取了边堡加边壕的防御体系。边壕工程浩大，深堑高墙，配有马面、女墙和副壕（副堤）。

乌沙堡长城是用于防御成吉思汗蒙古大军入侵的军事防御工程体系。乌沙堡长城自河北丰宁县草原乡水泉沟，西经内蒙古自治区多伦县、正蓝旗、太仆寺旗、河北省康保县、内蒙古自治区化德县至商都县上二股地。金承安五年（1200），独吉思忠在金大定初界壕的基础上加高加宽，加筑了马面、烽燧，并修筑了边堡。大安二年（1210），增筑了边堡、屯兵城，后被成吉思汗派哲别率蒙古大军破坏。大安三年（1211），金朝再次修筑了长城。

乌沙堡长城沿线20余座边堡中最大的一座位于河北省康保县西南约45千米的西土城村南，边堡城周长约3230米，距金长城约23千米，应为乌沙堡。第二座位于内蒙古自治区太仆寺旗骆驼山镇西，边堡城周长约1600米，距金长城约230米，应为乌月营。两城相距约135千米，一西一东，均位于抚州通往蒙古的要道上。第三座边堡位于内蒙古自治区多伦县西南约30千米的旧边墙村西南，边堡城周长约950米。当年蒙古大军由乌月营一线攻入长城，独吉思忠与承裕（胡沙）见坚守乌沙堡一线长城意义甚微，遂东撤至野狐岭继续阻击蒙古大军。

金长城总长约5500千米。东线从内蒙古自治区呼伦贝尔市莫力达瓦达斡尔族自治旗尼尔基镇七家子起，西行经过哲里木盟、赤峰市、锡林郭勒盟、乌兰察布市等5个盟市，至大青山后庙沟的上庙林西南止。除了一小段在省外，其余基本在内蒙古自治区境内。这条长城有些地段分出了内、外线，构成了两头多分支、主线似波浪的金长城全貌。另一条东起根河南岸，向西至额尔古纳河东岸，经满洲里之北，有一段穿越俄罗斯，延伸到蒙古人民共和国的肯特山麓。在这条长约 700 千米的近似波形的长城中，从根河南岸到中苏边境，约 1/6 的地段在中国境内。

金长城是严密、完善而又实用的防御体系，其建筑结构、沿城设施和布局方式，与前朝、后代都不相同。如前代的赵长城，是石筑、土夯两种结构，后代的明长城有土夯、砖砌、石垒与混合型砖石结构，而金长城没有砖砌，也很少用石头，基本上是土垒、版筑。这种土板城墙，在当时的战争中起了重要作用。金长城普遍存在两个明显特点：一是筑以高墙，且在墙外又挖掘了护城河一样的壕沟。特别是在重要地段，挖筑了双壕双墙。双壕双墙的格局是：最外面是外壕，内侧筑副墙，副墙内侧是宽阔的内壕，内壕里侧才是主墙。这种壕与墙并列的工事设施，不仅便于阻击敌人，而且还有利于戍卒的运动和隐蔽，非常适宜防守。二是在主墙和单线城墙上，增设伸出墙外又高出城墙的沿城马面。同时，在主墙内侧，还筑有戍堡或关城。戍堡或靠近长城，或一面连城，有的周围挖有护堡壕。关城离长城较远。一般都有角楼、马面和城壕。另外，在长城内向的河口、谷口、山岗对面、长城转弯处，都设置了瞭望和传递信息的烽火台。这种马面和烽火台、戍堡和长城，使防守系统更为严密，而且就近驻防、相互增援极为便利。

金长城是北方少数民族政权构筑的军事防御体系，不仅借鉴吸收了中原王朝建造长城的策略，还根据草原具体情况创新了长城的形制，丰富了长城文化内涵和军事智慧。

金长城也是中华民族向往和平、追求和平的历史遗址，具有深厚的民族文化底蕴。800 多年来，虽经历了风霜雨雪、刀兵水火的磨砺，至今遗迹尚存。

金界壕作为女真人（金朝）这一马背民族主导构建的边疆防御体系，其本质是游牧军事传统与中原筑城技术碰撞产生的战略异化物，体现了征服者反向运用定居文明防御逻辑的生存智慧。这种看似矛盾的工程实践，实为游牧政权在统治形态转型期的创造性适应，折射出草原文明对防御哲学的独特理解。

（一）游牧基因的防御异化

一是机动性悖论的解构。女真以"骑射为业，风雨罢劳，饥渴不困"（《金史·兵志》）立国，灭辽攻宋时展现出无与伦比的野战优势。但入主中原后，面对更北方蒙古诸部的威胁，其军事传统遭遇三重困境。

1. 战略纵深丧失：作为新晋统治者，必须保卫燕云十六州等农耕核心区，无法再行"敌进我退"的草原战术。

2. 兵源质量退化：猛安谋克制度崩坏，女真骑兵"尽染汉风，至有不能骑射者"（《大金国志》）。

3. 经济模式转变：从劫掠经济转为赋税经济，需要稳定边疆以保障财政收入。

二是反向防御的逻辑生成。金世宗（1161—1189在位）启动界壕工程时，创造性地将游牧思维注入防御体系。

1. 非连续工事：不同于长城的线性城墙，界壕以"壕堑—边堡—烽燧"点阵布局，保留机动防御空间。如大兴安岭东麓界壕，每隔5—8里设戍堡，间距恰在骑兵半日驰援范围内。

2. 地形驯化：利用草原缓丘构筑"反马墙"（墙体前坡陡峭、后坡平缓），迫使蒙古骑兵下马作战。考古发现界壕剖面呈梯形，底宽8—12米，顶宽1—2米，有效迟滞骑兵冲击。

3. 生态防御：沿界壕广植"禁留地"，既作障碍又为戍军提供草料，延续游牧经济传统。

（二）技术嫁接的军事地理学

1.复合防御层构建

金界壕形成四重防御纵深，将游牧战术分层截击理念实体化。

表 3-1 金界壕形成四重防御纵深

防御层	构成要素	战术功能	游牧传统映射
前沿	深壕（4—5米深）、品字陷马坑	迟滞骑兵冲锋	草原围猎陷阱技术
主防线	土石混筑墙体（高3—4米）、马面敌台	火力压制与近战	部落联营防御经验
后方	戍堡群（存粮3000石/堡）、水井	驻军轮换补给	游牧迁徙中转站模式
战略纵深	骑兵巡检司（每百里设千户所）	快速机动反击	传统骑兵突袭战术

2.成本控制智慧

女真统治者摒弃秦汉长城"不计工本"的修筑方式，展现出游牧民族的实用主义。

就地取材。90%的界壕采用夯土版筑，仅关键节点用砖石。科尔沁沙地段界壕掺入红柳固沙，降低维护成本。

模块化施工。以"一猛安（千户）筑一里"为单位分工，契合部落组织形态。考古发现界壕夯层中夹杂箭镞、马骨，印证了戍边军民"亦筑亦战"状态。

动态调整。根据蒙古威胁方向变化，1170—1200年界壕三次北推，最近处距金中都（北京）仅400里，形成弹性防御前沿。

（三）文明博弈的双重困境

一是军事效能的辩证性。界壕体系在战术层面取得显著成效：1187—

1210年成功阻止28次蒙古大军大规模南下。戍堡出土西夏文文书显示，西夏曾秘密研究界壕防御模式。但战略层面加速了金朝军事退化：

根据历史记载，泰和六年（1206）金朝军队的兵种结构发生显著变化：界壕戍守部队中步兵比例明显上升，而曾作为核心战力的女真"铁浮屠"重装骑兵则因战术适应性不断下降，最终退出历史舞台，反映了当时军事体系从骑兵主导向步兵为主的转型趋势。

经济消耗黑洞。《金史》提及世宗时期因财政紧张，边境界壕曾通过"偷工减料"节省15万贯军费，侧面印证了工程开支庞大。若以"2000石/里"为学界估算值，结合3000里总长，总耗粟量可达600万石，从而迫使朝廷加重中原赋税，激化民族矛盾。

二是文化认同的撕裂。界壕成为文明分野的实体象征，引发统治集团内部冲突：

女真守旧派。视界壕为"忘本之墙"，哀叹"吾辈马上得天下，岂能作穴居之徒"（《归潜志》）。

汉化改革派。主张"以汉制汉"，将界壕与秦汉长城并称"华夏屏藩"。

北方部族。汪古部等附属民族被强征戍边，1205年引发五部联叛，提前暴露界壕防御漏洞。

（四）历史镜像中的反向智慧

金界壕的终极悖论在于：马背民族为保护农耕成果而修筑的防御工事，最终成为禁锢自身的牢笼。但其蕴含的军事智慧仍具启示价值：

一是弹性防御理念。蒙古破界壕非因工事缺陷，而是利用金军分兵守点的弱点集中突破。现代机动防御理论中的"枢纽地带"概念，与界壕戍堡群布局惊人相似。

二是军民融合雏形。界壕沿线"屯田军户"制度，要求戍卒"三分守垒，七分耕作"，开明清卫所制先河。出土农具与兵器同坑窖藏，印证了攻防一体的生存哲学。

三是生态战争思维。金朝在界壕北侧实施"焦土政策"，定期焚荒阻止蒙古牧群靠近，这种环境战手段比欧洲同类战术早出现两个世纪。

金界壕是草原帝国试图冻结历史瞬间的绝望尝试，但其技术嫁接中迸发的创造力，仍为人类防御文明提供了独特样本。这种反向防御智慧的本质，是游牧文明在历史十字路口上，用城墙书写的一曲壮烈挽歌。

遗址现状及当代价值

金界壕遗址是中国金代（1115—1234）为防御蒙古入侵而修建的军事防御工程，全长约 5000 千米，横跨今内蒙古、黑龙江、吉林、辽宁、河北等地。以下是金界壕遗址的现状概述（表 3-2）。

表 3-2　金界壕遗址分布与保存情况

区域	保存状况	特点
内蒙古段	保存较为完整，部分地段可见明显壕沟和墙体	地势开阔，易于观察，但部分区域受风沙侵蚀
黑龙江段	部分地段被农田和村庄覆盖，保存较差	受农业开发和城市化影响较大
吉林段	部分地段保存较好，但多数区域被自然植被覆盖	森林和草地保护较好，但考古发掘难度较大
辽宁段	保存较差，多数地段已被破坏或掩埋	受现代建设和土地开发影响严重
河北段	保存状况一般，部分地段可见残垣断壁	受自然风化和人为破坏双重影响

一、保护与利用现状

一是保护措施。金界壕遗址被列入全国重点文物保护单位，部分区域纳入长城保护规划。内蒙古等地设立了保护标识和围栏，限制人为破坏。

二是学术研究。考古学家对遗址进行了多次调查和测绘，积累了丰富的资料。

三是利用现状。部分地段（如内蒙古呼伦贝尔段）已开发为文化旅游景点，吸引游客参观。通过博物馆展览、纪录片等形式向公众普及金界壕的历史价值。部分区域与自然保护区结合，兼顾生态与文化遗产保护。

二、面临的主要问题

一是自然破坏。风沙侵蚀、雨水冲刷导致墙体坍塌和壕沟淤积。植被覆盖导致部分地段难以辨认。

二是人为破坏。农业开垦、城市化建设对遗址造成直接破坏。盗挖文物现象时有发生。保护力度不足，部分地方政府对遗址保护重视不够，资金和人力投入有限。缺乏系统的监测和维护机制。

三、未来保护与开发建议

加强保护力度，制订专项保护规划，明确责任主体和保护范围。利用现代技术（如无人机、遥感）进行监测和维护。推动文旅融合，开发遗址文化旅游线路，结合当地民俗文化打造特色旅游产品。建设遗址公园或博物馆，提升公众参与度。深入开展考古发掘和研究，挖掘遗址的历史文化价值。推动国际合作，提升金界壕遗址的国际知名度。通过教育和宣传，增强公众对遗址保护的认知和参与感。

四、小结

金界壕遗址作为中国古代军事防御工程的杰出代表，具有重要的历史和文化价值。然而，受自然和人为因素影响，其保存状况不容乐观。未来需要通过加强保护、推动文旅融合和学术研究，实现遗址的可持续利用与传承。

三、成吉思汗铁骑为何绕不开居庸关

居庸关地势险要，历来就是兵家必争之地，金国时期，为了抵御蒙古人的进攻，金国朝廷不仅在此修建了坚固的城墙，还派了一支精锐部队把守。

1211 年春，成吉思汗兵分三路，攻入金国境内，目标是攻打金国的首都中都（今北京）。已经进入暮年期的金国军队，节节败退，成吉思汗的大军不断向中都靠近。成吉思汗要攻打中都，必经过居庸关。

居庸关作为中都的重要门户和关隘，金国朝廷对此十分重视，不仅加固了城墙，还将居庸关的兵力增加到了 1 万人，同时，派金国名将完颜福兴坐镇指挥。可能有人认为，金国在居庸关驻扎 1 万人马，数量太少了。居庸关"一夫当关，万夫莫开"，平时在此把守的军队数量为 3000 人，这 1 万人马，已经很多了。

成吉思汗的军队在居庸关受到了阻碍，由于金国的士兵坚守不出，依靠险要的地形，让蒙古人无法靠近关隘。

负责攻打居庸关的统帅，是成吉思汗的手下猛将哲别。哲别不仅是神射手，还是一位非常有智慧的将领，他用了一个土办法，轻松将居庸关攻下。

居庸关由于地理位置特殊，如果靠硬攻，即使蒙古人攻到地老天荒，也撼动不了这座古老的关隘。哲别在进行一次试探性攻打后，决定采取智取。他发动了几次有规模的进攻后，将兵器马匹等战略物资丢弃，假装逃跑。

完颜福兴见状后，不顾手下将领的劝阻，竟然命令部队全部出动，追击哲别。

在佯装逃跑途中，哲别不仅命令蒙古骑兵将随身携带的奶酪、马奶酒扔下，还故意让金国人抓住了几个蒙古士兵。

在完颜福兴的严刑拷打下，这几个故意被俘的蒙古士兵不得不说出他们逃跑的实情。原来，蒙古人的大本营有人叛变，他们不得不退兵。由于害怕金国人追击，所以逃跑得非常匆忙。

完颜福兴听了蒙古人说的假消息后，如获至宝，信以为真，命令部队马不停蹄地追杀，务必要活捉哲别。此时的哲别，早已在途中设置了一个埋伏圈，以逸待劳，等待完颜福兴自投罗网。

野战是蒙古骑兵的长项，完颜福兴进入哲别设置的埋伏圈后，噩梦开始了，蒙古人从四面八方包围过来，瞬间就让金国军队人仰马翻。完颜福兴的1万人马，很快就损失了一大半。战斗进行到一半的时候，哲别故意放开一条生路，让金国人逃走。

哲别可不是良心发现，他是让早已穿上金国军人服装的蒙古人，混在金国人溃逃的队伍中，逃向居庸关。

当完颜福兴逃回到居庸关，惊魂未定之时，只听外面惨叫声此起彼伏，有人在大声喊叫：蒙古人占领居庸关了，蒙古人占领居庸关了，快跑啊！

完颜福兴并不知道是自己的队伍中混入了蒙古人，不过，他已经来不及追查原因了，他仰天大哭，在亲兵的护卫下，从关后逃向中都。就这样，哲别轻松占领了居庸关。

成吉思汗于1211年、1212年连续两次对金国发动攻击，虽然一路攻城略地，攻到了金国都城中都城下，但付出的代价也比较大。因此，他两次都无功而返。

1213年七月，成吉思汗第三次攻打金国，在进攻中都途中，被居庸关这座关隘阻拦。就在成吉思汗一筹莫展的时候，有一位牧羊人阿剌浅前去求见，并贡献一物：地图。他不是一个普通的牧羊人，而是一个贩卖牲畜的商人，懂多国语言。在成吉思汗攻打金国前，阿剌浅的生意不仅遍布草原、金国，甚至延伸到了西夏、西辽。在成吉思汗攻打金国后，阿剌浅被困在居庸关附近，放牧着还未来得及出手的羊群。

成吉思汗对阿剌浅贡献的地图如获至宝，通过居庸关一条秘密的羊肠小道，顺利攻入关内，不费吹灰之力就将居庸关夺取在手。

在阿剌浅的帮助下，成吉思汗很快就攻到了中都城下，并任命阿剌浅为外界大臣，负责和金国谈判。在阿剌浅的斡旋下，金国采取议和的方式，与成吉思汗达成和解。成吉思汗在讹诈了大量财物，并索要了金国的一位公主后，才退兵回到草原。

成吉思汗及其蒙古铁骑在攻打金朝时，确实曾多次试图突破居庸关这一战略要地。居庸关之所以难以绕过，与其地理特征、军事防御体系以及当时的战略环境密切相关。

一是居庸关的地理优势。

居庸关位于今北京西北约 50 千米处的燕山山脉中，是长城上的重要关隘之一，扼守太行山脉与燕山山脉的交会处，地势险峻，两侧多为悬崖峭壁或狭窄山谷。其所在的关沟（军都陉）是华北平原通往蒙古高原的唯一便捷通道，具有"一夫当关，万夫莫开"的天然屏障作用。

地形限制。蒙古骑兵擅长平原野战，但在狭窄的山地地形中难以发挥机动性优势。居庸关所在的关沟长约 20 千米，宽仅百余米，两侧山势陡峭，大规模骑兵部队无法绕行或展开。

交通咽喉。金朝定都中都后，居庸关成为其西北方向的核心防线，是蒙古军队南下直逼中都的必经之路。

二是金朝的防御体系。

金朝为抵御北方游牧民族，在居庸关修筑了坚固的防御工事，形成多层防线。

双重城墙。居庸关本身设有内外两道城墙，并配备瓮城、敌楼等设施，易守难攻。

军事配套。金朝在关前设置多重障碍（如鹿塞、壕沟），并长期驻守精锐部队，同时依托附近城池（如昌平、南口）形成联动防御。

信息传递。烽火台和驿道系统可快速传递敌情，使金军能及时调兵增援。

成吉思汗在 1211 年首次攻金时，曾尝试直接突破居庸关，但因金军防守严密而失败。此后，蒙古军队采取了更灵活的战术。

迂回策略。1213 年，成吉思汗分兵两路，主力由哲别（者勒蔑）率领，假意强攻居庸关吸引守军注意力，同时另一支军队绕道西面的紫荆关（今河北易县），突破金军防线后，从南侧包抄居庸关后方，最终形成夹击之势。

利用内应。部分史料记载，蒙古军可能通过收买守关将领或利用金朝内部矛盾，削弱了居庸关的防御。

居庸关被攻破后，蒙古军队得以直逼中都，加速了金朝的崩溃。但这一过程也表明，绕行并非完全不可能，蒙古军队通过分兵迂回、利用其他关隘（如紫荆关、古北口）等方式，最终实现了对居庸关的战术突破。

地理屏障的局限性。居庸关虽险，但在长期战争中，其防御效果受制于守军士气、后勤补给及整体战略态势。

居庸关的"绕不开"本质上是地理与军事防御体系共同作用的结果。成吉思汗初期受挫于其地形和防御工事，但最终通过分兵迂回、声东击西的战术，结合对其他关隘的突破，成功瓦解了金朝的防线。这一过程既体现了居庸关的战略价值，也展现了蒙古军队的灵活性与适应能力。

值得一提的是，元朝建立后，居庸关的军事功能逐渐弱化，转而成为连接大都（北京）与上都（内蒙古正蓝旗）的交通要道，其关城至今仍保存完好，是古代军事地理的典型例证。

居庸关的防御设施非常完善，具体包括以下几个方面：

一是关城与城墙。居庸关的关城是整个防御体系的核心枢纽，建筑规模最大，层级最高，驻守士兵数量最多。关城位于关沟区域的地理中心，地形开阔，便于大部队驻扎和军需物资的存放。关城内部还配套建有兵器库、粮库、衙署等一系列军事保障设施。

二是瓮城与闸楼。居庸关关城的南北两侧均建有瓮城和闸楼。瓮城是关城外侧的防御设施，通常呈半圆形或长方形，用于增强关城的防御能力。北瓮城相对于南瓮城在规模和形势上更胜一筹，因为敌人主要从北面进攻居庸关。闸楼则用于控制瓮城城门的开启和关闭，并在必要时使用"千斤闸"进行防御。

三是敌楼与护城墩。居庸关的关城周围修建有长城，并在周围山峰的要冲及制高点上巧妙安排敌楼与护城墩。这些设施与关城城墙紧密相连，内外配合，增强关城的防御能力。根据史料记载，居庸关城周围共筑有敌楼15座，护城墩6座，烽火墩18座。

四是烽火台与驿传设施。居庸关防区内设有烽火台和驿传设施，用于传递信息和快速调动军队。烽火台以烽火信号为主，驿传设施包括驿传城堡和急递铺。由于居庸关防区地处山脉地区，陆路交通不便，烽燧信息的传递显得尤为重要。

五是关沟五城。居庸关关沟内设有五座城池，分别是南口城、上关城、八达岭城、居庸关城和岔道城。这些城池沿关沟一线布置，形成纵深防御体系，层层设防，显著增加了攻城的难度。

六是长城与隘口。居庸关防区范围内设有长城和多个隘口，这些隘口自成体系，单独设防。长城沿线的关堡和烽火台两两相望，形成严密的防御网络。

七是庙宇与精神防卫。居庸关城内还建有多种庙宇，如关帝庙、城隍庙、真武庙、马神庙等。这些庙宇不仅是宗教信仰的体现，也在精神层面增强了防御力量。

八是军事指挥中心。居庸关城不仅是防御设施的核心，也是整个居庸关防区的军事指挥中心。城内设有各种作战、生活、宗教等设施，确保军队的正常运作和指挥调度。

综上所述，这些设施共同构成了一个完整而严密的防御体系，确保了居庸关在历史上的重要军事地位。

四、敦煌壁画中的长城：佛教东传的另类见证

纵观世界文明的发展历程，因为丝绸之路的繁荣，希腊文化、印度的佛教文化以及中国的古代文化，都能在这儿交流、学习、互通，从而形成了很独特的西域文明。敦煌只是古丝绸之路上一个不太起眼的小镇，可地理位置十分重要，出了关内就是浩瀚的沙漠，是到现在为止丝绸之路上最丰富的艺术宝库之一。

敦煌石窟把石窟建筑、彩塑还有壁画结合在一起，最有代表性的是第323窟北壁的《张骞出使西域图》。这幅壁画由四个场景组成，情节从右往左，呈现凹形走向，还用山峦把故事情节分开。图中有六个人在侍立着，旁边题字："汉武帝将其部众讨伐匈奴，并获得二金长丈余。"意思是这两个身长超过一丈的金人是在战场上缴获来的。画面的下部，画着一个人跪在地上，向骑在马上的汉武帝告辞，这个人正是张骞。壁画实实在在地记录了张骞出使西域的场景，它被形象地称为"凿空"之路。

丝绸之路通常指的是从中国通往地中海东岸的那条路。这是由德国著名的地理学家、柏林大学校长李希霍芬最先提出来的。1877年，他在《中国》一本书里首次讲出"Seidenstrassen"（丝绸之路）。这路从古城洛阳开始，途经陇山，经过河西四郡，一直到玉门或者阳关往西。在如今的新疆境内又分成南北两条道，古城楼兰就是两条道的分岔点。穿过帕米尔地区的路线也分成两条，北面经过费尔干纳盆地到锡尔河、阿姆河地区。一路往西直接到伊

斯坦布尔，再往前还能经过两伊地区到地中海东岸的叙利亚，从那儿坐船就能到达罗马。

敦煌壁画中与佛教东传相关的故事主要包括本生故事、佛传故事、经变故事、因缘故事、佛教史迹故事和瑞像故事。这些故事在敦煌壁画中有着丰富的表现形式和深刻的文化内涵。

敦煌壁画中的长城作为佛教东传的"另类见证"，可以从以下几个角度理解。

一是地理与文化的交会点。

敦煌位于河西走廊西端，是古代丝绸之路上的关键节点，既是中原王朝的边防重镇（长城在此延伸），也是佛教从印度、中亚传入中原的必经之地。长城作为军事防御工事，象征着中原文明的边界；而敦煌壁画作为佛教艺术的载体，体现了外来宗教的渗透与融合。两者的并存，恰恰反映了敦煌在"守"与"通"之间的独特角色——既是边疆屏障，又是文化交融的门户。

二是壁画中的长城意象。

敦煌壁画中并非直接描绘长城本身，但部分经变画或故事画中可能隐含长城元素（如山峦、关隘、城墙）。

《张骞出使西域图》（莫高窟第 323 窟）虽以历史事件为主题，但画面中的地理阻隔可能隐喻长城所代表的"中原—西域"分界，而佛教正是跨越这一分界传入的。

《五台山图》（莫高窟第 61 窟）描绘了佛教圣地与中原山川的结合，其中关隘建筑可能暗含长城意象，象征佛法跨越地理与文化的障碍。

这种艺术表现暗示了佛教传播过程中对中原既有地理符号的借用与转化。

三是佛教传播的隐喻。

长城作为"阻隔"的象征，在佛教语境中可被赋予更深层的意义。

世俗与佛国的分界：长城可能隐喻世俗世界的壁垒，而佛教通过敦煌这一节点，突破地理与文化的边界，将佛法传入中原。

护法与护国的结合：敦煌壁画中常出现护法神、天王形象，与长城"守护疆土"的功能形成呼应，体现佛教与中原政治需求的结合——既护持佛法，也护佑国家。

四是多元文化的见证者。

敦煌壁画本身是多元文化交融的产物（汉文化、印度佛教、中亚艺术、西域风俗等）。若长城元素融入佛教艺术，又生发出多重含义。

佛教的本土化策略：佛教为适应中原文化，主动吸纳象征"中原正统"的长城符号，强化其传播的合法性。

文化层积的象征：长城与佛教壁画共处一地，见证了中国西北边疆从军事冲突区逐渐演变为宗教与文化共生地的历史进程。

五是另类"物质—精神"双重见证。

物质层面：长城是实体防御工事，敦煌壁画是宗教艺术遗存，二者在敦煌的共存，反映了该地区同时承担军事防御与文化传播的双重职能。

精神层面：长城象征"守"，佛教象征"通"，两者的张力恰恰体现了古代中国边疆的复杂性——在对抗与交流中，佛教最终穿透了长城的"壁垒"，完成东传。

敦煌壁画中的长城意象（无论是具象还是隐喻）之所以成为佛教东传的"另类见证"，在于它揭示了：佛教突破地理与文化边界的能力；宗教传播与本土符号的创造性融合；敦煌作为"边疆—枢纽"的双重身份对文明交流的推动。这种见证超越了文字记载，通过艺术符号的层叠与转化，展现了佛教东传过程中隐而不显的历史细节。

五、多元王朝长城风云人物群像

（一）长孙晟：远交近攻有谋略

长孙晟，字季晟，本姓拔拔氏，河南洛阳人，生于西魏大统十七年（551）。长孙晟生性通达聪慧，善于弹丸和射箭，身手矫捷过人，"一箭双雕"的成语即出自他的事迹。北周武帝天和四年（569），18岁的长孙晟任司卫上士，杨坚赞叹他武艺超群、谋略出众，将来能成为一代名将。

南北朝后期，北周与北齐对峙，这时突厥在北方草原上崛起，成为北方草原上的主要统治力量。为消灭北齐完成北方统一大业，北周采取与突厥和亲的策略。576年十月，北周武帝宇文邕（yōng）进攻北齐，第二年北齐灭亡，之后北周与突厥继续和亲。北周大象二年（580），宣帝宇文赟（yūn）封赵王宇文招的女儿为千金公主，将其嫁给突厥首领沙钵略可汗阿史那摄图，命长孙晟护送千金公主到沙钵略可汗的牙旗之下。

长孙晟在突厥停留期间，经常与沙钵略可汗一起游猎。利用游猎机会，长孙晟考察突厥山川地形、部落的情况，并暗中与沙钵略可汗之弟处罗侯结盟。长孙晟返回长安后，将突厥的情况详细告诉大司马杨坚，后被提拔为奉车都尉。

隋开皇元年（581）二月，杨坚称帝，即隋文帝，建立隋朝，定国号为"隋"，改元开皇。这一年，突厥木杆可汗病逝，沙钵略成为突厥大可汗。之后突厥贵族发生内乱，大可汗沙钵略只好分立其他四可汗以共享权力，突厥出现了五可汗并立的混乱局面。沙钵略刚即位时还能威震各部，维系突厥的统一，使北方诸族畏惧归附。然而隋文帝称帝后，一改之前礼遇有加的政策，从而引起突厥人的不满。再加上嫁给沙钵略可汗的北周千金公主，因不甘心北周政权被隋文帝杨坚篡夺，屡次劝沙钵略可汗出兵为周室复仇。突厥经常联合北边各部落一起侵扰隋朝。

为防御突厥的侵袭，隋文帝命人在北部边地修筑长城并驻兵看守。为进一步瓦解突厥的势力，长孙晟上书隋文帝，着重分析突厥五位可汗的具体情况：沙钵略可汗势力最强，但与其他四位可汗不同心。鉴于此，长孙晟向隋文帝进言，采取"远交而近攻，离强而合弱"的计谋，激化五位可汗之间的矛盾，引发内部的争斗，逐个击破。隋文帝采纳了这一建议。长孙晟所说的"远交"，即结交位于今伊犁河上游地区的达头可汗；"合弱"指的是联合力量较弱的东部处罗侯可汗。"近攻""离强"是打击北方的沙钵略可汗。

隋文帝任命长孙晟为车骑将军，从黄龙道（今辽宁省朝阳市一带）出塞，携带钱币赏赐奚、契丹等民众，让他们做向导，直奔突厥可汗处罗侯驻地，劝处罗侯率部归附。开皇二年（582）二月，沙钵略可汗率军40万攻击隋朝边境，直达周盘（今甘肃省庆阳市附近），打败隋朝军队，准备继续南犯。长孙晟施反间计后，沙钵略方才撤兵出塞。数月后，突厥又大举进攻，隋以八道元帅分兵出击。长孙晟以偏将身份，离间阿波可汗与沙钵略可汗，使他们互相攻击，削弱双方的势力。之后，沙钵略专门派遣使节入隋进贡。

开皇四年（584），长孙晟以副使身份随同虞庆则出使突厥，赐北周公主姓杨，改封大义公主。沙钵略奉诏不肯下拜，长孙晟以突厥可汗是隋朝皇帝女婿、不拜实属无礼为由，最终让沙钵略可汗下拜奉诏。

开皇七年（587），沙钵略去世，长孙晟持节拜沙钵略可汗的弟弟处罗侯为莫何可汗，以沙钵略之子雍虞闾为叶护可汗，即都蓝可汗，并建议隋文帝让莫何可汗、阿波可汗并存，防止一方独大难以控制。

开皇十七年（597），突利可汗染干派500骑随长孙晟来迎娶安义公主。长孙晟劝说突利可汗向南迁徙，居住于度斤旧镇。这样，突利可汗可以随时监视都蓝可汗的动向，向朝廷通报，以保护边境的安全。

开皇十九年（599），长孙晟上报都蓝可汗谋划侵隋。隋文帝诏令六总管受汉王杨谅节度，分兵出塞攻击都蓝。都蓝可汗与达头可汗结盟合力作战，与突利可汗大战于长城之下。最终，突利可汗战败，夜间南逃，兄弟子侄被杀，部落分散，天明才收拢数百骑部众。

突利可汗计划投奔达头可汗，长孙晟设计引他进入隋军边镇，留住其贵族达官，并让他们统领其所部军众。长孙晟则带突利可汗迅速入朝觐见。文帝非常高兴，授长孙晟左勋卫骠骑将军，持节护突厥。之后突厥部族归附突利的越来越多，前后有万余人，都由长孙晟负责安置。突厥部众从此乐于归附隋朝。

不久，隋改封突利可汗为意利珍豆启民可汗，派遣长孙晟率 5 万人，在朔州修筑大利城（今内蒙古自治区和林格尔）安置启民可汗。安义公主死后，长孙晟又护送义城公主嫁给启民可汗，并上奏朝廷：归附突厥启民的部落日益增多，但仍然受到都蓝可汗的袭扰，不得安宁。长孙晟建议将启民可汗部落迁到五原（今内蒙古自治区五原南）黄河南边，在夏、胜两州之间（今内蒙古自治区河套南地区）东西直达黄河，南北约 400 里，通过横向挖掘长沟，将突厥部众安置其间，既可自由放牧，又可免遭都蓝袭扰。隋文帝同意了他的建议。

开皇二十年（600），都蓝可汗部大乱，都蓝被部下杀死。长孙晟乘机招降，多数都蓝部众归附。后长孙晟被任命为秦川行军总管，出塞攻击达头可汗。达头可汗部众死伤众多，连夜逃遁。突厥人从此惧怕长孙晟，闻其弓声，以为霹雳；见其策马，称之闪电。班师回朝后，长孙晟仍回大利安抚新归附的突厥人。

仁寿元年（601），隋诏令杨素为行军元帅，长孙晟为受降使者，护送启民可汗北伐达头可汗，转战数处，突厥归降甚众，之前归附达头可汗的铁勒、思结、阿拔、仆骨等 10 余部都前来归降。达头可汗溃散，向西投奔吐谷浑。长孙晟护送启民可汗，安置在碛口（今内蒙古自治区苏尼特右旗西）。

大业三年（607），隋炀帝北巡出塞，至突厥境内，在长孙晟的劝谕下，启民可汗召集所部的奚、室韦等数十酋长觐见隋炀帝。

大业五年（609），长孙晟去世，享年 59 岁。隋炀帝非常悲痛，赏赠甚厚。后来隋炀帝被突厥围困雁门时，感叹说："如果长孙晟还在，就不会让突厥势力猖獗。"长孙晟曾作为和亲使者三次出使突厥，送千金公主、安义公主、义城公主和亲，同突厥交往 20 余年，促进了双方的政治经济文化交流。在处理与突厥的关系上，长孙晟把"远交近攻"策略发挥得淋漓尽致，他结合隋朝的实际情况，丰富这一计策，增加"离强合弱"，运用发挥得当，为分化瓦解突厥、保持隋朝北境安宁、促进民族融合作出了重大贡献。

延伸阅读：长孙晟的"远交近攻"策略与长城防线的关系

"远交近攻"是战国时期秦国的军事谋略和外交手段，是范睢向秦昭王献的计策。计策为：秦国以距离秦国比较近的韩国和魏国作为主要兼并对象，同时与距离秦国较远的齐国、楚国、燕国等国保持良好关系。通过实施这一策略，秦国逐步兼并其他六国，最终统一政权。秦以后，"远交近攻"策略被不断采用。成吉思汗用武力胁迫西南相邻的西夏与其议和，解除了西部的骚扰，与南宋通好共同进攻金，但南宋迫于金的压力采取了中立的态度，金连连败退。成吉思汗见金被打退，回手进攻西夏，并灭亡了西夏。成吉思汗死后，窝阔台即大汉位。同样，窝阔台也采取了"远交近攻"的策略，联合南宋南北夹击金国，攻克开封，金国灭亡。之后元灭亡了南宋，统一了中国。

而长孙晟的"远交近攻"策略与长城防线之间存在紧密关联，两者共同服务于中原王朝的防御与对外战略。

1. 长城作为中原王朝的重要防御工事，主要用于抵御北方游牧民族的侵袭。

它不仅是一道物理屏障，还具有预警、驻军和后勤保障等功能，是中原王朝防御体系的核心。

2. 长孙晟在隋朝时期提出"远交近攻"，旨在通过外交手段分化北方游牧势力，减轻长城的防御压力。具体措施包括： 远交，与较远的游牧部落结盟，避免其与近敌联合； 近攻，集中力量防御靠近长城的威胁，确保边境安全。

3. 长城提供物理防御，而长孙晟提出的"远交近攻"通过外交手段削弱敌方力量，两者相辅相成。 一是战略协同：长城防线为"远交近攻"提供后盾，确保中原王朝在外交博弈中占据优势。 二是减轻压力：通过分化游牧势力，缓解长城防线的防御压力，使资源分配更加高效。

4. 历史影响。长孙晟的策略与长城防线共同维护了隋朝的北方安全，为后世提供了防御与外交结合的范例。长孙晟的"远交近攻"与长城防线相互配合，前者通过外交手段削弱敌方，后者提供坚实的防御基础，共同保障了中原王朝的边境安全。

（二）张仁愿：巧筑受降城，固边 200 年

张仁愿，原名仁亶（dàn），唐代华州下邽人（今陕西省渭南市临渭区），后因避讳唐睿宗李旦的"旦"字音近，改名为"仁愿"。后人评价张仁愿乃唐之虎臣，为人正直，有文武之才，御敌有方，是武则天、唐中宗时期以边功称著的杰出军事将领。他担任朔方军总管期间，曾短时修筑了三座受降城，使唐朝的军事范围不断扩大，越过黄河、长城一线，延伸至草原地区，改变了唐朝与突厥交锋的不利局面，为唐玄宗进一步经略北方奠定了基础。

圣历元年（698），后突厥默啜（chuò）可汗再次反叛，进攻赵、定等

州，幽州都督张仁愿率军主动出击，身先士卒，被流矢射中手臂依然坚守不退，后突厥军远遁后，方才收兵。武则天派遣使臣慰劳并赐医问药，升张仁愿为并州大都督府长史。长安二年（702），后突厥攻破石岭关（今山西省太原市阳曲县北），进取并州（今山西省太原市），武则天命张仁愿负责幽州、平州（今河北省秦皇岛市卢龙县）、妫州（今河北省张家口市怀来县东南）、檀州（今北京市密云区）四州防御，与薛季昶互为掎角，共拒后突厥。

神龙二年（706），唐中宗对后突厥采取强硬态度，委以张仁愿重任，升张仁愿任左屯卫大将军兼检校洛州（今河南洛阳）长史，防御后突厥侵袭。神龙三年（707）十二月，后突厥从河套地区南渡黄河，打败朔方军总管沙吒忠义，进略原州（今宁夏回族自治区固原市）、会州（今甘肃省白银市靖远县）等地，夺走陇右牧马10000余匹。张仁愿临危受命为御史大夫，赶往前线防御后突厥。张仁愿到达朔方时，后突厥已北退，他立即率军追击，连夜掩杀，把后突厥军赶过黄河。不久，后突厥默啜可汗挥师攻打西突厥突骑施娑葛，张仁愿乘虚夺取黄河北岸的漠南之地，并向唐中宗上书，在黄河北岸筑三座受降城，断绝后突厥向南入侵之路。

景龙二年（708），张仁愿在唐中宗的支持下，广泛发动沿边州县的军民和服役期满的镇兵，仅用了两个月的时间就完成了东、中、西三座受降城的修筑。张仁愿认为，兵贵在攻取，不宜退守。如果敌人打到这里，应当全力出战抗击，敢回头望城的人都该斩杀，何必设置守备设施，让士兵产生退守之心？所以，三座受降城均未设置瓮门、曲敌、战格等守备设施。

张仁愿修筑的三座受降城皆在黄河外围。东受降城在"朔州北三百五十里"（今内蒙古自治区呼和浩特市托克托县城西北），直对榆林，由振武军负责防守；中受降城以拂云祠（今内蒙古自治区包头市西北五原县）为中，向南直对朔方；西受降城在"九原郡北黄河外八十里"（今内蒙古自治区巴彦淖尔市临河区），直对灵武（今宁夏回族自治区银川一带），是防御后突厥的边防前哨。三座受降城东西相距各 200 千米，首尾相应，使唐朝的北部防线向北扩展了 150 多千米，在抵御后突厥南侵中起到了重要的作用。在修筑受降城的同时，张仁愿又在牛头朝那山（今内蒙古自治区土默特右旗西北）设置了 1800 所烽燧。张仁愿还以吐蕃降将论弓仁为朔方军前锋游奕使，在诺真水（今内蒙古自治区包头市达茂旗艾不盖河）、草心山（今内蒙古自治区河套北）一带巡逻护卫。自此之后，后突厥不敢越过朝那山放牧，朔方镇不再受其攻略，朝廷裁减镇兵数万人，节约了军费开支。

　　唐朝建立之后，并没有大规模修建长城。其一是因为唐太宗和唐高宗执政期间消灭了突厥、薛延陀、吐谷浑、西域诸国（高昌、龟兹等）等政权，采用羁縻制度，逐渐控制了漠南、漠北、西域等地区。其二是唐初国力强盛、猛将众多，唐太宗认为不需要修筑长城。《旧唐书·李勣传》曾记载，李世民对身边大臣说："隋炀帝不会选用将领、安抚边民，只能依靠长城被动防守，而我任用李勣镇守并州，突厥人根本不敢来犯，这不比修长城要强得多吗？"唐高宗永淳元年（682），突厥吐屯啜骨咄禄反叛唐朝，攻陷漠北，建立后突厥政权，开始不断侵扰唐朝北疆。张仁愿修建的受降城建成后，突厥的进攻被有效遏制。唐朝军队以此为基地，能够迅速出击，打击突厥的侵扰。突厥无法突破这道防线，逐渐失去了对唐朝边境的威胁。受降城的建立，不仅稳固了唐朝的北方边境，还为后来的边疆防御提供了宝贵的经验。水草丰美的漠南草原再次被唐朝控制，后突厥国力日渐削弱，天宝年间被唐朝与回纥联合攻灭。

　　张仁愿巧筑受降城，不仅在当时起到了重要的防御作用，而且为唐朝边疆的长期稳定奠定了基础。受降城的存在，使得唐朝北方边疆在接下来的 200 年间保持了相对和平，极大地减轻了朝廷的军事压力。景龙二年（708），张仁愿担任同中书门下三品，成为宰相，并拜左卫大将军，封韩国公。同年秋，张仁愿再次返回边地，唐中宗赋诗饯行，后加任镇军大将军。

景云元年（710）唐睿宗即位后，张仁愿以老致仕。开元二年（714），张仁愿去世，唐玄宗追赠他为太子少傅。

张仁愿的智慧和远见，在修筑受降城一事上得到了充分体现。这一举措不仅解决了当时的边患问题，还为后世提供了宝贵的边疆防御经验。受降城的存在，成为唐朝边疆稳固的象征，也为中国历史上的边疆防御策略提供了重要的参考。

南宋末年陈元靓所著的《事林广记》中曾如此评价张仁愿："耽耽将军，唐之虎臣，筑垒受降，全境庇人。虏气日夺，皇威益振，功育塞门，于今不泯。"32 个字勾勒出了这位为国守土智将的傲然忠魂。

遗址现状及当代价值

张仁愿所筑的三座受降城（东受降城、中受降城、西受降城）是唐代为防御突厥南侵而修建的重要军事防御体系。这些城池不仅在唐代发挥了重要作用，其遗址在当代也具有重要的学术价值和历史意义。

一、受降城遗址的现状

（一）东受降城

东受降城位于今内蒙古自治区呼和浩特市托克托县境内，黄河北岸。据《元和郡县图志》记载，东受降城本为汉代云中郡地，唐代在此筑城以防御突厥。托克托县境内有古城遗址，当地人称"城圐圙"，考古发现表明此处为唐代东受降城遗址。遗址内出土唐代白瓷片、唐三彩等文物，证实其历史地位。

（二）中受降城

中受降城位于今内蒙古自治区包头市西北五原县，黄河北岸，靠近拂云堆（今昭君坟）。中受降城是唐代安北都护府的治所，地理位置极为重要。考古学者在包头市西南的黄河南岸发现了二狗湾古城遗址，推测其为唐代中受降城遗址。遗址内发现唐代白瓷片、绞胎陶瓷等文物，与史书记载的中受降城位置相符。

（三）西受降城

西受降城位于今内蒙古自治区巴彦淖尔市临河区，乌加河岸边。西受降城因黄河改道多次被毁，唐代曾多次重建，加上自然侵蚀，保存状况较差，但考古学家仍在其周边发现了唐代烽火台和城墙遗迹。

二、受降城的学术价值

（一）军事防御体系的典范

三座受降城是唐代军事防御体系的杰出代表，其布局科学，三城互为椅角，配合 1800 座烽火台，形成了内外双重防线。这种防御体系不仅有效遏制了突厥的南侵，还为后世边疆防御提供了重要参考。

（二）唐代边疆治理的缩影

受降城的修建反映了唐代对北方边疆的重视和治理策略。唐朝通过筑城、设烽堠拓地 150 千米，将漠南地区纳入有效控制范围，削弱了突厥的势力，为后来设立安北都护府奠定了基础。

（三）考古与历史研究的重要资料

受降城遗址出土的唐代文物（如白瓷片、唐三彩、绞胎陶瓷等）为研究唐代边疆经济、文化和军事提供了实物证据。此外，遗址的地理位置和建筑特点也为研究唐代城市规划和技术提供了重要线索。

（四）文学与文化的象征

受降城在唐代文学中具有重要地位，如李益的《夜上受降城闻笛》等诗篇，成为唐代边塞诗的代表作。这些文学作品不仅反映了唐代边疆生活的真实面貌，也赋予了受降城深厚的文化内涵。

（五）黄河改道与地理变迁的见证

受降城遗址的位置变化（如从黄河北岸移至南岸）反映了黄河改道对历史

地理的影响。这一现象为研究黄河河道变迁及其对古代城市布局的影响提供了重要案例。

三、受降城保护与研究的现状

（一）遗址保护

受降城遗址因自然侵蚀和人为破坏，部分城墙和烽火台已损毁。近年来，内蒙古自治区地方政府加强了对遗址的保护，设立了文物保护单位，并开展了考古调查和修复工作。

（二）学术研究

国内外学者对受降城的研究主要集中在历史地理、军事防御和考古学领域。通过文献考证和实地调查，学者逐步还原了受降城的布局和历史作用，为唐代边疆史研究提供了重要支撑。

张仁愿所筑的三座受降城不仅是唐代军事防御的杰作，也是中国古代边疆治理的典范。其遗址在当代具有重要的历史、文化和学术价值，为研究唐代边疆史、军事史和地理变迁提供了丰富的资料。未来，随着考古技术的进步和保护力度的加强，受降城遗址的研究和保护将更加深入，为中华文明的传承与发展注入新的活力。

（三）北宋名将杨业：金刀无敌守雁门

杨业，原名杨重贵，北宋名将，原籍麟州新秦（今陕西神木西北）人，后迁居并州太原，后汉麟州刺史杨弘信之子。杨业倜傥任侠，善于骑射，喜好打猎，忠烈武勇，甚有智谋。北汉建立后，追随北汉世祖刘崇，被赐名刘继业，因屡立战功，迁升建雄军节度使，百姓称他为"刘无敌"。

盛唐时期，北方大量游牧民族不断迁入幽、蓟、云、朔等边州，在长期的交融过程中逐渐形成了农牧文化兼具的"燕云十六州"，《宋史·地理志》中最早出现"燕云"一词。五代后唐末期，辽（契丹）太宗耶律德光扶植石敬瑭灭后唐，建立后晋。天福三年（938），石敬瑭将燕云十六州割让给契丹，使辽国的疆域扩展到长城沿线。辽以燕云十六州为营，不断袭略中原。后周建国初期，辽又扶植北汉政权作为附庸，以屏蔽燕云十六州。后周显德七年（960），赵匡胤发动"陈桥兵变"，建立大宋王朝，史称"北宋"。北宋北疆继续沿后周疆域，以保州（今河北省保定）为中心，东部以拒马河为界，西部以山西雁门山、河北大茂山和白沟一线为界，与辽国分治南北。北宋王朝建立后，志在收复燕云十六州，为此北宋与辽国进行了长期的战争。

　　为实现中原王朝的统一，太平兴国四年（979），宋太宗征讨北汉，北汉主刘继元投降，但杨业仍然苦战守城。宋太宗让刘继元劝降杨业，在刘继元所派亲信的劝降下，杨业面向北部行拜礼，之后才解甲归降，谒见宋太宗。杨业归降北宋后，宋太宗赵光义恢复其本姓杨氏，并将其改为单名"业"，任命他为左领军卫大将军。军队班师回朝以后，宋太宗任命杨业为郑州防御使。之后杨业因常年驻守边境，对边境的战事具有丰富的经验，宋太宗又改任他为代州知州。

　　太平兴国五年（980）三月，辽景宗耶律贤发兵 10 万进攻雁门。杨业率领数千骑兵从西陉关出击，绕至雁门关北侧，向南突袭辽军，与节度使潘美形成前后夹击辽军之势，宋军大败辽兵，斩杀了辽军驸马萧咄李，并活捉马步军都指挥使李重海，史称"雁门关之战"。杨业因此升为云州观察使，仍兼任郑州、代州职务。之后，杨业在辽军中声威大震，辽军看到杨业的军旗马上就会退去。

　　雍熙三年（986），宋太宗决定北伐辽国，收复燕云十六州，此次北伐史称"雍熙北伐"。宋太宗派曹彬、田重进、潘美三路大军北上，其中潘美担任西路军主将，杨业为副将。这就是大众所熟知的"金沙滩之战"。战初，各路人马进展顺利，杨业一路夺取辽国的寰、朔、云、应四州。但由于东路主力军曹彬失利，宋太宗命令各路人马撤回，后又命潘美等率军将已经收复的四州民众迁移至内地。潘美、杨业便掩护四州的百姓撤退，行至狼牙村时，遇到辽兵埋伏。在这种情况下，杨业建议派兵假装抵抗，吸引辽兵主力，其他兵力掩护百姓撤退。但这一建议遭到了监军王侁的反对，并嘲笑杨业避敌不战。杨业被王侁激怒，于是率领手下兵马出发。他走时希望潘美在谷口两侧埋伏好步兵和弓弩手。如果他兵败之后退到这里，可以接应，两面夹击，也许有转败为胜的希望。杨业出兵不久就遇到了辽军的伏击。他抵挡不住，边打边退，将辽军引向陈家峪。杨业退到陈家峪谷口后，潘美的援军并没有出现。杨业见没有人接应，只好继续与辽军苦战。尽管宋军奋勇抵抗，但辽军数量众多，最后士兵全部阵亡，杨业也受伤十几处。他坚持杀敌，被冷箭射中，摔下马被擒，最后绝食而死。在这次北伐中，杨业的四子杨延玉以及部将王贵、贺怀浦全都力战而死。

宋太宗得到杨业战死的消息，异常悲痛，追赠杨业为太尉、大同军节度使，赏赐其家人布帛 1000 匹、粮食 1000 石。

遗址现状及当代价值

北宋名将杨业镇守的雁门关，是中国历史上著名的军事要塞，位于今山西省代县西北约 20 千米的勾注山上。雁门关不仅是北宋时期抵御辽国入侵的重要防线，也是杨家将故事的重要背景地。

一、雁门关遗址的现状

（一）关城与城墙

雁门关关城依山势而建，周长约 5 千米，现存遗址主要为明代洪武七年

（1374）所筑的关城，后经嘉靖、万历年间多次修缮。关城内有东门、西门和小北门，东门石匾刻"天险"，西门石匾刻"地利"，门楼已毁，但门洞保存完好。关城周边有长城遗迹，包括大石墙 3 道、小石墙 25 道，以及多个隘口和堡寨，构成了完整的防御体系。

（二）主要景点

前腰铺驿站和后腰铺驿站。古代传递军情和商旅歇脚的重要设施，现为景区的一部分。

试刀石。传说中杨业试刀的地方，现为游客参观的热点。

白草口长城。距离雁门关几千米，是古雁门关防御体系的重要组成部分，现为旅游景区。

（三）文化遗存

名人壁。景区内有一面浮雕墙，展示了 59 位与雁门关相关的历史名人，包括杨业、李广、薛仁贵等。

杨忠武祠。位于代县鹿蹄涧村，是纪念杨业及其后代的祠堂，保存有杨家族谱和杨业父子的雕像，现为省级文物保护单位。

二、雁门关的历史地位与学术价值

（一）军事防御的典范

雁门关是北宋抵御辽国的重要防线，杨业在此多次击败辽军。关城与长城、隘口、堡寨共同构成了严密的防御体系，体现了古代军事工程的智慧。

（二）杨家将文化的象征

雁门关是杨家将故事的核心地点，杨业及其子孙在此戍边抗敌的事迹被广泛传颂。鹿蹄涧村的杨忠武祠及其族谱，为研究杨家将历史提供了重要实物资料。

（三）考古与历史研究

雁门关遗址出土了大量唐宋时期的文物（如白瓷片、唐三彩等），为研究古代边疆经济、文化和军事提供了重要依据。

三、雁门关的保护与旅游开发

（一）保护现状

雁门关遗址因自然侵蚀和人为破坏，部分城墙和烽火台已损毁。近年来，当地政府加强了对遗址的保护，设立了文物保护单位，并开展了考古调查和修复工作。

（二）旅游开发

雁门关景区于 2011 年修复后，成为国家 5A 级旅游景区。景区内有关城、长城、隘城、兵堡、烽火台等边关特色景观，年接待游客超过 200 万人次。景区还开发了边贸街、名人壁等文化体验项目，结合杨家将故事和边塞文化，打造了独具特色的旅游产品。

雁门关作为北宋名将杨业镇守的军事要塞，不仅是中国古代边防工程的杰出代表，也是杨家将文化和边塞历史的重要象征，其遗址在当代具有重要的历史、文化和学术价值，为研究古代军事史、边疆史提供了丰富的资料。通过保护与开发，雁门关正以新的姿态展现其深厚的历史底蕴，成为文化旅游的热点。

长城未解之谜 4：长城的地下结构与隐藏功能

谜题：长城不仅是地面上的墙体，还可能存在地下通道、仓库或秘密设施，但这些结构尚未被完全发现。研究难点在于地下探测技术有限，且部分区域因保护需要无法进行大规模发掘。

长城作为中国古代最伟大的军事防御工程之一，不仅以其地上部分的雄伟壮观闻名于世，还隐藏着许多不为人知的地下结构与功能。

一、地下长城的历史背景

曹操运兵道。东汉末年，曹操为应对战争需求，秘密修建了一条地下运兵道，用于运送士兵、粮草和武器。这条地下长城以亳州市老城区为中心，向四周延伸，全长约 8000 米，内部结构复杂，包括"T"字形通道、指挥所、陷阱等，展现了古代军事智慧。

历代扩建。唐宋时期，这条地下长城被进一步修缮和扩建，成为历代的重要军事设施。然而，南宋时期因黄河泛滥，地下长城被泥沙掩埋，直到 1969 年才被重新发现。

二、地下长城的结构与功能

（一）复杂的地下网络

地下长城内部结构多样，包括单行道、平行双道、上下两层道等，能够同时运送士兵、粮草和武器。通道内还设有通气孔、陷阱和指挥所，确保其隐蔽性和功能性。

（二）军事防御与进攻

地下长城不仅用于防御，还用于秘密进攻。曹操通过这条通道在战争中多次迷惑敌人，达到了出其不意的效果。

（三）隐藏的军事机密

地下长城内还发现了许多军事机密文本和文物，如铁剑、铁刀等，进一步证明了其在古代战争中的重要性。

三、现代发现与保护

（一）重新发现

1969 年，在"深挖洞，广积粮"的号召下，地下长城被意外发现。经过专家考察，其内部结构和技术令人惊叹，展现了古代建筑的高度智慧。

（二）文物保护与旅游开发

2001 年，地下长城被列为全国重点文物保护单位，并开发为旅游景点，吸引了大量游客前来参观。

四、地下长城的象征意义

（一）古代智慧的结晶

地下长城不仅是军事设施，更是中国古代劳动人民智慧的象征。其复杂的结构和精妙的设计，至今仍让现代专家赞叹不已。

（二）历史与文化的传承

地下长城的存在，见证了中国古代战争的残酷与智慧，也为后人提供了宝贵的历史文化遗产。

五、小结

长城的地下结构及其隐藏功能，展现了古代中国在军事防御和战略布局上的卓越智慧。地下长城不仅是中国历史的重要组成部分，也是中华民族智慧的象征。

第四章 巅峰：明长城的科技密码

一、空心敌台：戚继光的军事建筑革命

戚继光，生于嘉靖七年（1528），登州（今山东蓬莱）人，明朝抗倭名将，同时也是著名的兵器专家和军事工程师。戚继光改造、发明了各种火攻武器，富有创造性地在长城上修建空心敌台，进可攻、退可守，是极具特色的军事工程。

庚戌之变后，为加强京城北部的长城防御，隆庆元年（1567）十二月，戚继光被调至蓟镇防区，负责训练边兵。后就任蓟镇总兵，负责蓟州防务，镇守蓟州、永平、山海关等处，就是今京津和唐山、秦皇岛燕山区域的长城防御。

戚继光任职蓟镇总兵官后，在蓟镇安排边防部署，将军队配置在蓟镇千里防线上，有效防范并打击蒙古部族骑兵。为提升长城的防御体系，戚继光巡行塞上，经过仔细的实地考察，发现长城存在诸多问题。首先，长城墙体低薄，大部分墙体破败，无法阻止蒙古人袭击。长城虽有砖石小台，但彼此之间毫无联系，既不能掩护士卒，又没有地方储存军火器具，敌军只要登高射箭，台上守军就很难坚守反击，无法发挥长城的作用。

于是，戚继光上奏朝廷，蓟镇的周边城墙绵延1000千米，如一处有缺陷，那么整个坚固的长城就会成为废物。近年来，每年修补，又每年垮塌，白白耗费人力财力却无益处。所以，他请求跨越城墙修筑楼台，以观

察四方。每台高5丈，中间是空的，有3层，每个楼台可住100人，铠甲、器械、干粮准备充足。命令守兵划出地段，接受分配的建台任务，先建台1200座。然而，边卒性格刚直倔强，按照军法约束他们，他们将不能忍受，请求招募浙江人为一军，以倡导勇敢。朝廷采纳了他的建议。

自隆庆三年（1569）起，戚继光开始主持加固加高墙体。在修建过程中，戚继光亲自到工地监工，严格把控工程质量，并将城墙分为三个等级，双侧包砖的城墙为一等边墙，单侧包砖的城墙为二等边墙，石砌没有包砖的是三等边墙。他还要求在重要防御地段，边墙必须一律包砖，严禁偷工减料。在城墙垛口墙上，以一定距离，根据地势设置瞭望孔、射孔，部分地段在外侧城墙修建雷石凹槽溜道。这些实用的措施，大幅度提高了长城的防卫能力。

在加固城墙的同时，戚继光大量修建空心敌台。具体方法是：每隔数十步至200步修建一座，每座高3—5丈。空心敌台骑墙而立，分为上、中、下3层结构，可驻军百人。上层台顶中央建有供瞭望放哨用的小屋，四周建有一圈开设瞭望孔和射箭孔的垛口墙，可以燃烟报警。中层为券室，供守台兵卒生活居住和储存武器、粮食之用，各券室间有券墙相隔，并有相互连接的过券洞，券室四周开有券窗。下层是用大条石砌成的，和城墙齐平且合为一体的宽大实心基座。空心敌台进可攻、退可守。戚继光在《练兵实纪》一书中对空心敌台有详细记载，敌台高低大小不等，各个敌台之间互为掎角，相互救应，敌台里都配备有火器，敌军的弓箭无法射到敌台里的士兵，骑兵在火炮的攻击下也不敢靠近长城。每个空心敌台置有"百总"一名，负责指挥战斗。

除空心敌台之外，戚继光还修建了马面、烽火台、关城等，完善了长城的防御体系。经过戚继光的督促和军民的努力，隆庆五年（1571），第一期工程结束，蓟镇和昌平镇共建成1000余座敌台。此后，在万历年间又完成第二期、第三期工程，至万历九年（1581），蓟镇共修建空心敌台1194座，昌平镇修建254座。这些敌台成为防御蒙古部族骑兵的有效工具，不仅高大坚固，还可以储藏武器、粮草；既可保护士卒安全，又能凭坚固守。为阻止敌人靠近城墙，戚继光要求把墙外山坡铲得更陡峭，不易攀爬；对缓坡地区，采取挖壕沟、设陷坑的办法阻击敌人。戚继光针对明军以往修墙不守墙的惯例，不但每年春防、秋防时增加兵力驻守敌台，平常时节每座敌台也设5—10人守卫，大大增强了敌台的防御效果。各敌台配备佛郎机、火铳、火箭等先进火器，敌台与敌台之间互相支援。这样，敌台和边墙共同构成完整的防卫体系，敌军很难突破。

戚继光在蓟镇除了修筑长城之外，还建立了车骑兵营（即车营）。他认为，战车、步兵、骑兵要互相配合，发挥各自优势，才能战胜蒙古部族骑兵。戚继光在筹建车骑兵营时，还编写了练兵规章，选调浙江义乌的抗倭兵北上充当样板兵。此外，戚继光对兵器进行改进和创新，给蓟镇将士配备虎蹲炮、石炮等新式火器，进一步提高战力。隆庆二年（1568）冬，蒙古朵颜部首领董忽力和侄子长昂试图进攻青山口地区（今河北省秦皇岛市抚宁区西北），戚继光获知后，立即率领车兵配合其他部队，打退蒙古兵。

万历元年（1573），董忽力再次南下，进攻拿子峪（今河北省秦皇岛市海港区东北），戚继光领兵围堵，击退敌军。万历三年（1575），董忽力、长昂胁迫长秃攻击董家口关，戚继光派军出塞追击，活捉长秃。二月，长秃及其附属部落表示效忠明廷，不再扰边。三月，董忽力和长昂带领240余人进喜峰口请降，戚继光派副将史宸、罗端去喜峰口接见，董忽力和长昂献降表认错，并归还明军哨探7人，献贡马7匹。此后，朵颜部不再犯边。戚继光守边16年，留下一条坚固的蓟镇防线，《明史》称赞戚继光："在镇十六年，边备修饬，蓟门宴然。继之者，踵其成法，数十年得无事。"

万历十年（1582），张居正病逝，反对派群起攻击，戚继光受到牵连。

万历十一年（1583），戚继光被调往广东。万历十三年（1585），被罢官，回到家乡登州。万历十五年（1587）十二月，戚继光去世。戚继光为北部边防作出了重大贡献，他创新长城修筑方式，完善了长城防御体系，并使蓟镇长城一跃成为九边万里长城中最宏伟、最坚固、最美观的一段，是长城中的精华。

戚继光创造的空心敌台堪称中国军事建筑史上的一次革命性突破。这一创新不仅改变了传统长城的防御模式，而且体现了军事思想、工程技术、战术需求的深度融合，具有一定的革命性。

（一）从"实心"到"空心"：功能性与生存性的颠覆

传统敌台的局限。明代以前的长城敌台多为实心结构，仅作瞭望和临时掩体之用，空间狭窄，无法驻兵储粮，士兵需暴露在城墙外作战，防御持久性差。

空心敌台的革新。戚继光设计的空心敌台（又称"空心敌楼"）内部为多层空心结构，可容纳数十名士兵长期驻守，兼具屯兵、瞭望、射击、仓储四大功能。士兵可在敌台内轮换休息、躲避箭矢火器，极大提升了生存能力和持续作战能力。

（二）立体化防御体系：火力与空间的革命

立体火力网。空心敌台通常高3—4层，每层四面开窗（箭孔、火铳孔），形成上下多层、交叉覆盖的火力网。士兵可从不同高度、方向同时攻击敌军，彻底改变传统城墙"平面防御"的被动局面。

地形适应性。敌台间距根据地形和武器射程灵活设置（通常100—200

米），配合城墙、壕沟、暗门等设施，形成"点—线—面"结合的纵深防御体系，有效遏制骑兵冲锋和步兵攀爬。

（三）工程技术的突破：结构与材料的创新

结构优化。空心敌台采用砖石包砌夯土核心的复合结构，基座宽大稳固（如司马台长城的"仙女楼"基座直径达 20 米），顶部增设垛口和瞭望亭，兼顾防御强度与视野开阔性。

模块化建造。戚继光在《练兵实纪》中详细规范了空心敌台的尺寸、材料和施工标准，实现标准化设计与快速建造，大幅提升长城防御体系的整体效率。

（四）战术思想的具象化：攻防一体的军事哲学

从被动防御到主动控制。空心敌台不仅是"盾"，更是"矛"。士兵可依托敌台主动出击，利用暗门、地道实施奇袭，或通过烽火台迅速传递军情，形成守中有攻、动静结合的战术体系。

后勤与心理战结合。敌台内储备的粮食、武器和火药，使守军能长期固守，消耗敌军士气；其巍峨的外观（如金山岭长城敌台高达 10 米以上）亦对敌人形成心理震慑。

（五）历史影响的深远性

军事效能的验证。在抗倭战争中，戚继光于浙江沿海修建的"空心墩台"已显威力；北调蓟镇后，他在长城沿线增建 1400 余座空心敌台，使蒙古骑兵数十年不敢大规模犯边。

后世防御工事的模板。空心敌台的设计理念影响了明清边防体系，甚至被欧洲军事工程师借鉴，成为冷热兵器交替时期军事建筑的典范。

（六）小结

戚继光设计空心敌台是一场多维度的军事革命，主要体现在：一是功能集成，将单一瞭望台升级为多功能战斗堡垒；二是技术跨越，推动军事工程从粗放堆砌转向科学设计；三是战术升级，重构攻防关系，实现"以守为攻"；四是历史意义，标志着中国古代军事建筑从"城墙时代"迈入"立体防御时代"。

这一创新不仅是物质层面的突破，更是军事思维从"固守疆界"向"动态控制"转型的标志，其影响远超长城本身，成为军事工程史上的里程碑。

遗址现状及当代价值

现存空心敌台遗址不仅具有历史研究价值，而且是文化遗产保护和国防教育的重要载体。

一、空心敌台遗址的现状

戚继光主持修建的空心敌台主要分布于明长城蓟镇段（今北京密云、河北滦平、天津蓟州等地）。

（一）司马台长城（北京密云）

司马台长城是空心敌台的典范，现存敌台67座，其中"仙女楼""望京楼"等保存较好，敌台内部结构（如券门、箭窗、驻兵室）清晰可见。1987年，司马台长城被列入《世界遗产名录》。部分敌台因山势陡峭、风化严重导致墙体开裂；旅游开发（如索道、步道）对原始风貌有一定影响。

（二）金山岭长城（河北滦平）

金山岭长城现存敌台 67 座，以文字砖和双层空心敌台（如"大金山楼""小金山楼"）著称，敌台内部保留火炕、灶台等生活设施。

2014 年起实施数字化监测，利用三维扫描记录病害；局部采用传统工艺修复夯土和砖石结构。

（三）黄崖关长城（天津蓟州）

戚继光曾在此增筑敌台，现存"寡妇楼"等空心敌台，内部结构完整，墙体铭文记载修建历史。

可利用现状开发为爱国主义教育基地，结合实景演出再现明代戍边场景。

（四）其他遗址

古北口长城（北京密云）部分敌台因战火和自然侵蚀仅存基址。

喜峰口长城（河北迁西）因潘家口水库蓄水，部分敌台淹没水下，成为"水下长城"奇观。

二、遗址保护的主要挑战

（一）自然破坏

北方温差大导致砖石冻融剥落，雨水冲刷加速墙体坍塌（如司马台敌台顶部排水系统失效），植被根系生长（如灌木、苔藓）对墙体结构造成侵蚀。

（二）人为因素

压力过大。旅游过度开发导致敌台承载超限（如金山岭部分敌台台阶磨损严重）。

不当修复。20 世纪 80 年代部分修复使用水泥等现代材料，破坏历史真实性（如黄崖关某些敌台）。

盗挖与破坏。早年敌台砖石被村民拆取建房，现虽加强监管，但偏远地段仍存在风险。

（三）技术难题

空心敌台的砖石砌筑工艺（如糯米灰浆）失传，传统材料复原成本高。敌台内部木质结构（如梁柱）腐朽后难以原样替换。

三、空心敌台的当代价值

（一）军事史与工程史研究

创新防御体系。空心敌台集瞭望、驻军、仓储、火器防御于一体，体现了戚继光"以墙制骑"的军事思想，是冷热兵器交替时代的战术革新范例。

建筑技术价值。敌台的拱券结构、排水系统、材料工艺（如夯土包砖）为古代工程学提供实证，部分技术对现代遗产修复有借鉴意义。

（二）文化遗产与旅游经济

世界遗产价值。作为长城的重要组成部分，空心敌台是跨国文化遗产符号。2019 年北京长城文化节将其纳入国际推广项目。

文旅融合。遗址开发为研学旅游、徒步探险目的地（如司马台夜游项目），带动京津冀文旅经济发展。

（三）国防教育与民族精神

爱国主义象征。戚继光"封侯非我意，但愿海波平"的精神通过空心敌台遗址具象化，成为国防教育载体（如黄崖关国防教育基地）。

军民融合启示。明代"寓兵于民"的戍边制度（如军户屯田）为现代边疆治理提供历史参照。

（四）生态保护与可持续发展

生态屏障功能。长城敌台多建于山脊，保护遗址需同步治理周边水土流失，促进区域生态恢复（如北京长城保护带植树工程）。

文化线路整合。空心敌台与周边村落、古道共同构成"长城文化廊道"，助力乡村振兴（如河北滦平金山岭周边民宿经济）。

（五）国际文化交流

文明对话窗口。空心敌台作为东亚冷兵器时代防御工事的代表，可与欧洲城堡、日本城郭对比研究，推动跨文明军事史对话。

"一带一路"关联。长城作为丝绸之路北线保障，其防御体系与西域烽燧形成呼应，增强"一带一路"的历史连续性叙事。

四、小结

戚继光修筑的空心敌台是军事智慧与工程美学的结晶，其遗址的当代价值远超建筑本身。未来需加强多学科保护（如地质雷达监测结构隐患），推动"活态利用"（如数字孪生技术复原敌台功能），并融入国家文化公园体系建设（如长城国家文化公园）。例如，通过 VR 技术模拟敌台攻防战，可让公众直观感受戚继光的军事思想；将敌台遗址与乡村振兴结合，可复现"长城戍边村"的历史场景，实现文化传承与经济发展的双赢。

二、南兵北戍"楼台军"：剖面揭示的 16 世纪标准化施工

南兵北戍是明朝时期蓟州总兵戚继光从南方向北部蓟镇长城防线调兵、守卫蓟镇长城的一个重要举措，而"楼台军"是由南兵北戍的军士形成的一支戍守长城的特殊军队。

明朝时期，长城以北的北元、女真等部族十分活跃，为此，明朝在万里长城防线上设置九边重镇进行防御。九边重镇之一蓟州镇东起山海关，西至居庸关，是拱卫京师的第一道防线，为九边之首。

明隆庆元年（1567），戚继光受命出任蓟州总兵，负责蓟镇长城一线防务。戚继光到蓟镇视察边军后，请求朝廷允许他调 10000 名训练有素、富有

战斗经验的义乌兵作为骨干，用3年时间训练出一支马、步、车合一的大军。为何千里跋涉，调义乌兵北上？因为戚继光抗倭时带领的戚家军具有很强的战斗力，而戚家军主要来自义乌，所以也叫"义乌兵"，又称"南兵"。

义乌兵徒步到杭州，由杭州坐漕运船，沿南运河过长江，沿北运河北上，到北京通州，在通州码头上岸后再到蓟州。此后，蓟州镇长城沿线都有义乌兵的身影。义乌兵北上后，戍守从山海关到居庸关的长城，并为长城的修建立下了不可磨灭的功劳。

戚继光到任后，巡行长城，发现长城边墙低薄，难以遏制骑兵的袭击。遂上疏朝廷，建议重修长城。隆庆三年（1569）春，戚继光调配士卒，开始了艰巨的筑台修墙工程，修长城的主力也包括北上的义乌兵。修长城时，戚继光亲自监工，对工程质量要求极为严格。

戚继光视察边关时发现，边防士兵放哨都立在风雨霜雾之中，十分艰苦，于是戚继光亲自设计，为士兵修建能遮风避雨的空心敌楼。台上建有铺房（楼橹），既能住人，又能瞭望敌情。隆庆五年（1571），经过戍边将士两年艰辛紧张的修筑，在东起山海关、西至镇边城（今居庸关西）的长城上，矗立起1017座空心敌台。至万历九年（1581），共建成1448座空心敌台。

由于筑城和守卫任务艰巨，环境恶劣，修守长城的士兵生活异常艰苦。为稳定军心，朝廷对义乌兵推行"徙民政策"，特许军士带家属一道戍守长城，每家驻守一座空心敌台，这样在长城沿线就形成了一个特殊的群体——"楼台军"。明初实行军屯，朝廷制定了"三分守边、七分屯田"的政策，收获的粮食按一定的比例上交，充作军粮，剩下的自家食用。这一政策有效解决了长城守军粮草不足、军饷困难、军心不稳的问题。

按明朝政策，每一个空心敌台由一个家庭驻守，户主称为"楼头"，各家各户在自家负责的敌台下开荒种地过日子。后来，这些长城敌台多以军士姓氏命名，如王家楼、金家楼、胡家楼、孙家楼等。义乌将士以敌楼为家，修长城、守长城，在长城脚下开荒种地，繁衍生息，形成了由义乌兵后裔组成的自然村落。到了清朝，楼台军的后代陆续搬到长城脚下。为了护佑后代，楼台军去世后就埋在自家楼台下的山坡上，形成了家族墓地，如蓟镇长城脚下董家口村的骆家坟、姜家坟、娄家坟等都是楼台军的家族墓地。

楼台军村落至今仍保留"祭祖和逛楼"的特殊习俗，即祭祀祖先、逛长城敌楼。每年清明节前后，人们拿上三牲祭品祭奠祖先，祈求保佑家族平安、风调雨顺。人们在坟前摆上祭品，添上新土，挂上幡幛，烧香磕头，燃放鞭炮，最后，把上供的祭品吃掉，来人越多，祭品吃得越干净，越预示吉祥如意。每一家都希望上祭的那天会有许多人来，祭奠完后，孩子们会相约沿长城一个敌楼一个敌楼地逛。长城大都建在地势险陡之处，大人不放心孩子在山上到处走，也跟着一个敌楼一个敌楼地逛。就这样，从明代开始，一代代沿袭下来，就形成了"逛楼"习俗。

现如今蓟镇长城沿线仍有遥祭、逛楼、吃桲椤叶饼的习俗。蓟镇长城作为明代九边重镇之一的核心防御工事，其剖面结构不仅展现了高超的工程技术，更揭示了 16 世纪中国军事工程中前所未有的标准化施工体系。这一体系在戚继光主持蓟镇防务期间（1567—1583）趋于成熟，成为中国古代工程管理史上的里程碑。

（一）剖面结构中的标准化要素

蓟镇长城的剖面（以司马台、金山岭等典型段落为例）显示出高度统一的分层构造。

基础处理。标准化夯土基座，剖面底部为宽 5—8 米、深 2—3 米的灰土夯层（石灰＋黏土），夯筑至"锤击无痕"的密实度，确保地基稳固。统一排水设计，基座内预埋陶制排水管，间距 10—15 米，防止雨水渗透导致墙体坍塌。

墙体结构。砖石包砌模块化，外层采用统一尺寸的条石（长 1—1.5 米、厚 0.3 米）和青砖（长 40 厘米、宽 20 厘米、厚 10 厘米），内填夯土与碎石，形成"石基—砖墙—夯土芯"复合结构。收分比例固定，墙体自下而上按 1:10 比例内收（如基座宽 5 米，顶部宽 4 米），增强抗压与抗震性能。

敌台与城墙衔接。空心敌台与城墙连接处采用预制石构件（如榫卯结构的拱券），确保接缝严密，防御无死角。

（二）施工管理的制度化创新

戚继光在《练兵实纪·杂集》中明确规定了蓟镇长城的施工标准与管理流程。

材料生产统一规范。砖石烧制，设立官窑，按统一形制烧制青砖，砖面模印"××年××卫造"铭文，实现质量追溯。灰浆配方使用糯米灰浆（石灰+糯米汁+黏土），比例固定为 1:0.3:2，确保黏性。

分段承包与责任制。将长城划分为"工段"，每段约 200 米，由指定卫所或工匠家族承包，完工后刻碑记录负责人姓名，如金山岭长城现存"万历五年山东左营建"碑文。设立"验工官"，逐段验收，标准包括"砖缝不过寸、夯声如金石、排水无滞"。

劳动力组织的科学化。士兵与工匠混编，戍边士兵负责基础夯筑，专业石匠承包砖石砌筑，实现分工协作。采用"计件付酬"制，如每砌千砖付银一两，以激发效率。

（三）标准化施工的历史动因

军事需求的倒逼。16 世纪蒙古骑兵威胁加剧，传统"因地筑墙"的粗放模式难以应对，亟须快速构建高强度防线。火器（如佛郎机炮）普及要求城墙具备抗炮击能力，标准化结构可系统性提升防御效能。

中央集权的工程动员。张居正改革强化财政集权，蓟镇年耗银 80 万两，支撑大规模标准化营建。工部与兵部协同，从江南调运砖石、从山东征发匠户，实现资源跨区域调配。

技术经验的体系化。戚继光总结历代长城缺陷，如夯土易蚀、砖石松散，结合抗倭时修筑沿海墩台的经验，形成可复制的技术模板。

（四）革命性意义与遗产

军事工程史的转折点。蓟镇长城是中国首条完全实现"设计—材料—施工"标准化的防线。空心敌台与标准化城墙的结合，使防御效率提升 3 倍以上。据《四镇三关志》载，隆庆至万历初年蒙古入侵次数下降 90%。

工程管理模式的典范。模块化施工、质量追溯、分工责任制等理念，为清代宫城营造（如故宫维修）乃至现代工程管理提供范式。

文化遗产的实证价值。剖面中清晰的砖石层、统一铭文、排水系统等，成为研究明代标准化施工的"活化石"。2023 年 8 月金山岭长城考古发现的"题名鼎建碑"，直接印证了分段承包制度。

实现从"经验"到"科学"的跨越。蓟镇长城剖面揭示的标准化施工，标志着中国古代军事工程从依赖工匠个人经验的粗放模式，转向基于科学计算与制度管理的现代化雏形。这种转变不仅体现了 16 世纪中国工程技术的巅峰水平，更折射出明代社会在军事压力下迸发的组织创新能力，成为全球早期工业化进程中一个独特的东方样本。

....

遗址现状及当代价值

蓟镇长城是明代长城的重要组成部分，始建于明洪武年间，后由抗倭名将戚继光在隆庆至万历年间大规模修缮和扩建，形成了以空心敌台、包砖城墙为核心的军事防御体系。蓟镇长城东起山海关，西至居庸关，全长约 2000 里，是明代九边中最重要的一镇，直接担负着拱卫京师的重任。

一、遗址分布与保存状况

（一）黄崖关长城

位于天津市蓟州区北部，是蓟镇长城的重要关隘，始建于北齐，明代由戚继光重修。黄崖关长城是蓟镇长城中保存较为完好的段落之一，现存城墙、敌楼、烽火台等设施。1985—1987 年，天津市政府进行修复。2001 年，黄崖关长城被评为国家 4A 级景区，并设有中国第一座长城博物馆，展示长城的历史与军事文化。近年来，黄崖关长城因风雨侵蚀和人为破坏，部分墙体出现碱化、下沉等问题，亟须保护性维修。

（二）锥子山长城

位于辽宁省绥中县，是蓟镇长城的重要组成部分。锥子山长城保存较为完整，墙体多为砖石结构，敌楼、烽火台等设施清晰可见。近年来，当地政府加强了对长城的保护，并开发了旅游项目。

（三）迁西段长城

位于河北省迁西县，是蓟镇长城的重要段落。迁西段长城以包砖城墙和空心敌台为特色，现存敌台 1200 余座，墙体多为砖石结构，部分段落保存完好。

（四）天津段长城

位于天津市蓟州区北部山区，东起钻天峰，西至黄土梁，全长约 40 千米。天津段长城包括赤霞峪、古强峪、黄崖关等段落，墙体多为石质结构，部分敌台和烽火台保存较好。近年来，考古调查新发现了 100 余处遗存，包括关城、寨堡、敌台等。

二、遗址的学术价值

（一）军事防御体系的典范

蓟镇长城以其复杂的防御体系和科学的布局著称，包括边墙、敌台、烽火台、关城等设施，形成了严密的防御网络。这种体系不仅有效抵御了北方游牧民族的侵扰，也为后世军事工程提供了重要参考。

（二）建筑技术的代表

蓟镇长城采用包砖技术，墙体坚固耐用，敌台设计巧妙，体现了明代建筑技术的巅峰水平。例如，空心敌台可容纳百人驻守，兼具防御和生活功能。

（三）历史与文化的象征

蓟镇长城不仅是军事工程，也是明代边疆治理和文化交流的见证。其遗址中出土的文物和碑刻，为研究明代历史、军事和文化提供了重要资料。

三、保护与旅游开发

（一）保护现状

由于自然侵蚀和人为破坏，部分长城墙体出现碱化、下沉等问题。近年来，地方政府加强了对长城的保护，制定了保护规划，并开展了修复工作。

（二）旅游开发

蓟镇长城已成为重要的文化旅游资源。例如，黄崖关长城每年吸引大量游客，并举办了长城马拉松等国际活动。此外，长城周边的传统村落（如绥中县西沟村）通过发展乡村旅游，实现了经济与文化双赢。

蓟镇长城作为明代长城的精华段落，其遗址不仅具有重要的历史、文化和学术价值，也是当代文化旅游的重要资源。通过保护与开发，蓟镇长城正以新的姿态展现其深厚的历史底蕴，为中华文明的传承与发展注入新的活力。

三、火器时代的长城改造：从垛口到炮位的进化论

火器时代的长城改造确实可被视为一种军事防御体系的"进化论"，其核心是从传统冷兵器时代的垛口防御模式向适应火器作战的炮位体系转型。这一过程不仅体现了技术革新对军事建筑的颠覆性影响，更折射出战争形态、战术思维与工程智慧的深层互动。以下从技术、战术、空间3个维度解析这一进化逻辑。

（一）技术维度：从"遮蔽弓箭"到"承载火炮"的工程革命

垛口的局限性。冷兵器时代的长城垛口（雉堞）设计以防护弓箭、滚木和礌石为核心；垛口高约1.8米，间距0.5—1米，士兵可侧身射击，但空间狭窄，仅适合弓箭手或小型器械操作；结构脆弱性，传统夯土或砖砌垛口难以承受火炮后坐力，且开口方向固定，无法调整射界。

炮位的功能性革新。明朝中后期佛郎机炮、红夷大炮引入后，长城墙体被迫升级，结构加固。炮位基座采用双层条石砌筑，底部嵌入木桩减震，墙体厚度增至5米以上（如八达岭北段炮台遗址），以抵抗炮弹冲击；射界优化。炮口呈扇形外扩设计，水平射角达120度，配合可调节炮架（如山海关镇东楼），实现火力覆盖盲区；后勤适配。炮位后方增设弹药库与通风井，墙体内部嵌入运炮滑轨（如金山岭长城残存滑槽痕迹），提升装填效率。

（二）战术维度：从“点状阻击”到“面状压制”的火力升级

冷兵器时代的被动防御——线性阻击。垛口防御依赖士兵个体战斗力，通过密集箭雨形成以点控线的拦截网，但对骑兵集群冲锋效果有限；反应滞后，烽火传讯需数小时至数日，无法实时应对突发袭击。

火器时代的主动威慑。首先是火力纵深。炮位与空心敌台结合，射程覆盖1000—3000米（佛郎机炮有效射程约500米，红夷大炮可达2000米），形成“远、中、近”三层火力网。其次是战术协同。通过旗语与信炮（发射空包弹传递指令）实现炮群联动，如蓟镇长城“一炮鸣，百炮应”的战术手册记载。最后是心理震慑。火炮轰鸣与烟雾可打乱敌军阵型，甚至迫使游牧部落放弃大规模集结（如万历朝蒙古土默特部多次因明军炮击撤围）。

（三）空间维度：从“城墙平面”到“立体要塞”的体系重构

冷兵器时代的二维防御传统。长城依赖城墙高度与垛口密度，防御重心集中于墙体本身，缺乏纵深配置。士兵暴露于城墙外侧作战，生存率低。

火器时代的三维升级。立体炮阵，城墙顶部设轻型佛郎机炮（控近程），山脊制高点建重型红夷炮台（控远程），谷底埋伏礌石火铳（防渗透），构成“高—中—低”立体火力（如古北口长城布局）；要塞化节点，关隘升级为棱堡式复合工事，例如，山海关“五虎镇东”炮台群，通过交叉火力覆盖城门与瓮城，敌方即便突破外墙，仍会陷入“死亡漏斗”；隐蔽机动通道，墙体内部增设暗道与升降梯（如司马台长城保留此类结构），实现火炮与兵力的快速机动支援。

（四）历史验证：数据与案例中的"进化"实效

作战效能跃升。嘉靖二十九年（1550）庚戌之变中，俺答骑兵突破古北口旧式城墙，直逼北京；而万历年间戚继光改造后的蓟镇长城，直至明亡未被大规模突破。考古测算显示，空心敌台加炮位体系使单千米防御成本上升300%，而守军伤亡率下降70%。

全球军事史的平行对照。与欧洲16世纪意大利棱堡革命几乎同步，长城炮位通过斜面设计与交叉火力，同样暗合几何防御原理，证明火器倒逼下的军事智慧具有跨文明共性。

（五）小结

火器时代的长城改造，本质上是一场适者生存的军事进化，改变了垛口的单一防护功能，调整了炮位对火炮后坐力、射界的适应性结构，选用实战检验中留存的高效工事设计方案。这一过程不仅推动长城从"城墙"升级为"要塞网络"，更标志着中国古代军事工程从经验传承转向科学化、标准化的临界点。尽管最终未能挽救明朝的衰亡，但"从垛口到炮位"的进化逻辑，至今仍是军事技术史研究中的经典范本。

四、隆庆和议：长城从战场变为贸易走廊的转折

"隆庆和议"是明隆庆年间明朝与蒙古部族达成对俺答汗的封王、通贡和互市的协议，它结束了明朝与蒙古部族近200年的敌对状态。

嘉靖四十五年（1566）和隆庆元年（1567），高拱和张居正先后进入内

阁，并于隆庆三年（1569）和隆庆六年（1572）相继任内阁首辅。他们对内整顿朝廷机构，创立"考成法"，督促公务，考核官吏；对外加强边地防务，调抗倭名将戚继光镇守蓟州镇，重用各镇督抚总兵王崇古、方逢时、马芳等著名将领，切实加强了沿长城各镇的防御，同时与俺答部议和通贡。

隆庆四年（1570）冬，俺答汗之孙把汉那吉投奔明朝事件得到妥善解决，促成了明朝同俺答部的议和。把汉那吉自幼丧父，由俺答汗妻抚养成人，把汉那吉长大后自聘了兔扯金的女儿。因俺答汗将其所聘之女许嫁给了袄儿都司，把汉那吉一气之下，于隆庆四年九月到大同镇败胡堡投明。宣大总督王崇古和大同巡抚方逢时，对其以礼相待，并速奏报朝廷：把汉那吉归来，应该加官晋爵，如俺答汗来要还孙子，则以投靠俺答部的汉人赵全等为交换条件。在内阁大学士高拱、张居正的积极支持下，隆庆皇帝批准了王崇古等人的建议，授把汉那吉指挥使官职。

俺答汗为孙子生命担忧，准备用武力讨还，又怕明廷先杀了把汉那吉。这时明廷派使节到俺答部驻地，告诉其朝廷优待把汉那吉。同时表示，朝廷愿意送还把汉那吉，但希望俺答汗将赵全等叛人擒献朝廷以表诚意。隆庆四年十二月，俺答汗将赵全等人缚送明廷，同时又一次提出通贡互市的要求，明廷命王崇古派人护送把汉那吉返回俺答部驻地。

隆庆五年（1571），王崇古上疏提出封贡互市的八条建议，经过朝廷一番争论，奏疏通过。随后，册封仪式在得胜堡（今山西省大同市新荣区）边外晾马台举行。

隆庆和议不仅确保了长城沿线的长期和平，而且促进了明朝与蒙古通商贸易，增加了双方经济收入。明朝北方形势的安定和明蒙和平友好关系的建立，有利于双方社会经济发展。明朝在得胜堡、新平堡、守口堡、水泉营、张家口堡等边外，陆续开放了多处马市，定期交易。蒙古百姓以牲畜、皮张等货物换取内地商贩的铁锅、布匹和绸缎等物品。

隆庆和议之后，双方的矛盾虽有所缓解，但加强长城防线依然十分重要。为此，明廷先后调原两广总督谭纶和福建总兵戚继光坐镇北方。戚继光到任后，在长城上建筑大量空心敌台，加强了长城防御体系的稳定性，完善了长城防御体系。隆庆和议大力促进了汉蒙边境贸易发展。

明末清初，晋商纷纷北上走出"口外"，他们或游走行商，或开店坐商，经营商品以粮油、棉布、茶叶、牲畜、皮毛、药材及日用杂货等为主，还开辟出了通往蒙俄的国际贸易通道——万里茶路。隆庆和议熄灭了燃烧在长城沿线多年的战火，长城内外的汉蒙人民不仅可以休养生息，发展生产，重建家园，还可以合理贸易，货商流通，民族融合不断增强。

隆庆和议这一事件被视为长城功能从军事防御前线转向经济文化交流通道的关键转折点，以下是其核心逻辑和历史意义的分析。

（一）历史背景与和议的促成

长期的军事对抗。自明初以来，明朝与蒙古诸部在长城沿线持续了近200年的军事冲突。明朝以长城为防线，通过"九边"防御体系抵御蒙古骑兵南下；蒙古则因经济封锁（如禁运铁器、粮食）被迫频繁发动劫掠战争，双方陷入僵局。

双方的现实困境。明朝嘉靖年间（俺答汗多次南下，甚至兵临北京城下），边防压力巨大，军费开支导致财政濒临崩溃。蒙古草原经济单一，依赖中原的粮食、布匹和铁器，禁运政策加剧了内部矛盾（如俺答汗之孙把汉那吉因内部矛盾投明）。

务实派的推动。明朝内部以张居正、高拱、王崇古为代表的官员主张"以和代战"，通过经济手段化解边疆危机。1570年把汉那吉投明事件成为契机，明朝以灵活的外交手段（册封俺答汗为"顺义王"、开放互市）促成和议。

（二）和议的核心内容与贸易机制的建立

政治互认与安全保障。明朝册封俺答汗为"顺义王"，承认蒙古贵族对土默特部的统治合法性。蒙古承诺不再南下劫掠，明朝则取消对蒙古的经济封锁。

边贸体系的制度化。设立"马市"：在长城沿线开设 11 处官方贸易口岸（如大同、宣府等），允许蒙古以马匹、毛皮换取中原的粮食、布匹、铁锅等物资。民间"民市"补充：除官方贸易外，民间小规模交易也被合法化，进一步促进物资流通。定期化与规范化：贸易时间、地点、税收均有明确规则，减少摩擦。

（三）长城功能的根本性转变

从战场到市场的空间重构。军事属性弱化，长城沿线的烽火台、关隘逐渐成为商队往来的枢纽，驻军转而维护贸易秩序。经济属性强化，贸易网络沿长城展开，形成了一条横跨农牧文明的"走廊"。例如，张家口（"张库大道"起点）因互市发展为北方商贸重镇。

互补性经济的激活。蒙古输出马匹、牲畜、毛皮，中原输出茶叶、丝绸、铁器，双方的经济依赖从"零和博弈"转向"共生关系"。明朝通过贸易间接控制蒙古经济命脉，替代了单纯军事防御的成本。

文化与民族融合的加速。频繁的贸易往来促进了语言、宗教（如藏传佛教传入蒙古）、技术的交流，长城不再是隔绝民族的"墙"，而是互动的"桥梁"。

（四）历史意义与后续影响

一是边疆治理模式的创新。隆庆和议打破了传统"华夷之防"的僵化思维，证明通过经济整合而非军事压制更能实现边疆稳定，为清朝"盟旗制度"和"满蒙联姻"提供了借鉴。

二是持续 70 年的和平。直至明末，长城沿线未再爆发大规模战争，边境人口增长、农业开发（如"板升"农业聚落）显著提升。

三是全球化贸易的早期缩影。长城贸易走廊与同时期的"丝绸之路""海上丝绸之路"形成呼应（如蒙古毛皮经山西商人转销欧洲），成为欧亚大陆经济网络的一部分。

（五）小结

隆庆和议的本质是通过政治妥协与经济利益绑定，将长城从军事对抗的符号重构为跨文明交流的通道。它不仅是明朝边疆政策的转折点，更揭示了古代中国处理民族关系的智慧：以贸易互惠消解冲突，以文化共存替代隔离。这一模式对后世理解长城的多重功能（军事、经济、文化）具有深远启示。

遗址现状及当代价值

山西大同的得胜堡，是明朝九边重镇之一，也是隆庆和议的重要历史见证地。

一、得胜堡的历史背景

得胜堡建于明嘉靖二十七年（1548），是明朝防御蒙古的重要军事要塞。

隆庆五年（1571），明朝在此举行隆重的授封仪式，封俺答汗为"顺义王"，标志着隆庆和议的正式达成。得胜堡不仅是军事要塞，也是汉蒙贸易的重要节点，见证了明朝与蒙古从敌对到和平的历史转变。

二、得胜堡遗址的现状

（一）堡城与城墙

得胜堡的城墙为黄土夯筑，周长约 630 丈，高 3.8 丈，墙体厚 2 丈多，现存部分城墙和堡门。堡门门洞上有砖雕垂花门罩，镶嵌"保障"二字匾额，背面匾额为"得胜"，落款为"明万历丙午岁（1606）秋吉旦立"。堡内原有玉皇阁、神武阁等建筑，现仅存玉皇阁的基座，四面门楣上分别刻有"护国""雄藩""保民""镇朔"等字样。

（二）授封仪式场地

隆庆和议的授封仪式在得胜堡外 9 里处搭建的彩棚内举行，彩棚长阔各 3 丈，用蓝布、红布装饰，场面隆重。现遗址区域内仍有部分城墙和堡门保存较好，但彩棚等临时建筑已无存，仅存相关历史记载和考古发现。

（三）周边防御体系

得胜堡与镇羌堡、市场堡、得胜口组成"三堡一口"的防御体系，形成严密的边关重地。现周边仍有长城遗迹和烽火台分布，展现了明代边防的宏伟布局。

三、得胜堡的学术价值

（一）军事与政治意义

得胜堡是明代九边重镇的代表，其防御体系和授封仪式场地反映了明朝与蒙古从战争到和平的历史进程，具有重要的军事和政治研究价值。

（二）文化与经济交流

得胜堡不仅是军事要塞，也是汉族、蒙古族贸易的重要场所。隆庆和议后，得胜堡成为马市交易的中心，促进了双方经济文化交流。

（三）考古与历史研究

得胜堡遗址出土的明代文物和碑刻为研究明代边疆史、军事史和经济史提供了重要资料。

四、保护与旅游开发

（一）保护现状

得胜堡遗址因自然侵蚀和人为破坏，部分城墙和建筑已损毁。近年来，当地政府加强了对遗址的保护，设立了文物保护单位，并开展了考古调查和修复工作。

（二）旅游开发

得胜堡已成为重要的文化旅游资源，吸引了大量游客。景区内设有展示明代边防历史和隆庆和议的展览，并结合周边长城遗迹开发了文化旅游线路。

五、小结

得胜堡作为隆庆和议授封仪式的场地，不仅是明代军事防御的杰作，也是汉蒙和平与文化交流的重要见证。其遗址在当代具有重要的历史、文化和学术价值，为研究明代边疆史和民族关系提供了丰富的资料。通过保护与开发，得胜堡正以新的姿态展现其深厚的历史底蕴，成为文化旅游的热点。

五、明朝长城风云人物群像

（一）开国名将徐达：修筑 32 关

徐达，生于元至顺三年（1332），字天德，濠州钟离（今安徽省凤阳县）人，性情刚毅，与朱元璋是同乡好友。元至正十三年（1353），徐达参加郭子兴的反元起义军，并在朱元璋麾下任职。明朝建立后，徐达成为开国名将之一，他组织修筑了长城防御系统，还被朱元璋称为"万里长城"。

洪武元年（1368），明太祖朱元璋派大将徐达攻占元大都。以元顺帝为首的元朝贵族残余势力退到塞外，史称"北元"，经常骚扰明朝边境。朱元璋将元大都改名北平，徐达奉命重建北城墙。之前元大都北部较空旷，由于战乱的影响，居民流失，逐渐荒凉。为了便于管理，明政府决定放弃北部城区，缩小城市面积，将其向南移动5里。为防御北元骑兵突袭，朱元璋派徐达、常遇春修筑居庸关、古北口、喜峰口等关口。

洪武元年九月，明军收复平滦府（今属河北省），后改为永平府。永平府地处辽东镇与蓟镇之间，是北御蒙古军队进犯的军事要冲。洪武四年（1371），徐达赴北平等地练兵、筑城、备边，总领北方军事。之前因连年兵乱，北部边防地区人口稀少，为加强北方军事力量，徐达上奏，建议向北部边防地区移民。《卢龙塞略》载，三月上奏皇帝制可，命都指挥使潘敬等迁移"山后（指燕山和军都山以北）六州"，沿边之民入北平州县屯戍，计户万七千二百七十四，口九万三千八百七十八。六月，又"徙北平山后之民三万五千八百户，一十九万七千二十口……籍为军者给以粮，籍为民者给田以耕"。这是明朝第一次大移民，移民多被安置在永平一带的州县。

洪武六年（1373）十二月，东北的北元军队进犯燕山南侧的抚宁（今河北省秦皇岛抚宁区），明朝将抚宁县城搬迁到洋河西。北元兵侵犯瑞州（今辽宁省绥中县前卫镇），明朝撤掉瑞州，将百姓内迁到滦州。这样永平府东部的广阔地区由于没有关隘，北元兵可长驱直入，因辽西走廊面海倚山，自古是中原到东北的交通要道，隋唐时期便在这里设置军事要塞渝关。因此，明军在角山以南至海边设有骑兵营寨。

洪武十三年（1380）十一月，北元将领完者不花与乃儿不花率数千北元军从桃林口入关抢掠百姓财物和牲畜，明军将领刘广战死。千户王辂分兵在迁民镇、界岭口设埋伏，堵截北元军的归路。同时，燕河营明军从驻地出兵，进行夹攻。元军退往迁民镇，进入明军埋伏圈，完者不花被俘，乃儿不花逃遁。经过此次大捷，徐达倍加重视迁民镇的军事战略地位。

迁民镇在隋唐渝关东 8 里之处，北有高山，南有渤海，西有石河，东为峻岭，形势险要，浑然天成。鉴于迁民镇的重要地理位置，洪武十四年（1381）正月，徐达调发燕山等卫的明军 15000 余人，修建永平、界岭等 32 关。九月，在此设置山海卫。山海卫下辖十个千户所，南到海滨，北达寺儿峪，和一片石关（今九门口）连接，屏蔽东北，保卫军民。同年十二月，又在这里修筑山海关城。山海关城修建完成后，城高达 4 丈 1 尺（明代 1 尺合 27 厘米，1 丈合 2.7 米），城墙周长 8 里多；山海关城共有 2 座罗城、3 个水关及 4 个城门。其中，东门名为镇东，西门迎恩，南门望洋，北门威远。山海关城的护城河宽 2 丈、深 2 丈 3 尺。山海关城高大坚固，雄居辽西走廊的西端，是中原到东北的金汤要塞。为保证军需供应，徐达还在山海关城南偏西 8 里的地方开辟潮河港（今马头庄南），便于海运。山海关建成之后，蒙古军不敢再轻视东段，永平府百姓享受长期太平，护卫关内安定 100 多年。

除居庸关和永平、界岭等 32 关外，徐达还修筑古北口关和大同城。洪武五年（1372），徐达率军修筑大同城。徐达聘用能工巧匠，发动全城军民修城墙，并听取大家的意见，在西北角设角楼，定名乾楼，后人称"镇楼"。大同城呈正方形，城墙夯筑，外包青砖。洪武十一年（1378），徐达领军在古北口设关，依托山势建关城，设东、北、南 3 个关门，在北齐长城原址砌石，提升防御能力。

洪武十八年（1385），徐达去世，终年 54 岁。朱元璋追封他为中山王，配享太庙。徐达一生刚毅武勇，持重有谋，南征北战，功高但不自傲。明嘉靖年间山海关将领陈绾的《显功庙》云："太傅提兵出塞还，更因渝塞起渝关。石驱到海南城堞，垒筑连云北倚山。辽水至今来鞑靼，蓟门终古镇寔颜。岁时伏腊犹祠庙，麟阁勋名孰与班?"颂扬徐达修永平、界岭等32关，在山海关建关设卫的历史功绩。

徐达在修筑32关的过程中，其他关隘都顺利推进，唯有在城子峪关遇到了极大的困难。城子峪关修在河谷内，底下全是碎石，地基难以稳固，导致关城屡修屡毁。

徐达将修32关的能工巧匠都集中到城子峪，多方尝试解决，工匠们提出用打磨好的巨型条石，以燕尾槽对接连成一片来打地基，然而，官兵们辛苦采石施工3个月，关城墙刚垒起一人高，就被一场山洪冲毁。

面对困境，徐达快马回京向刘伯温求助。刘伯温掐算后，交给徐达一张画着牛嘴龙角麒麟眼怪兽头的画，徐达依言将其雕成石像，安放在城子峪关四个水门正中的拱上。

神奇的是，此后无论发多大洪水，城子峪关都安然无恙，徐达最终顺利完成了32关的修筑任务，构建起了重要的军事防御体系，有效抵御了北方蒙古势力的侵扰。

遗址现状及其价值

一、历史价值

（一）军事防御的典范

徐达修筑的关隘（如嘉峪关、大同城等）是明代军事防御体系的重要组成部分。这些关隘多位于边疆要地，如嘉峪关是明长城的最西端，被称为"天下第一雄关"，具有"中外巨防"的战略地位。大同城则是明朝防御蒙古军队南下的重要屏障，其城墙高大坚固，敌台、烽火台等设施完备，体现了明代军事工程的智慧。

（二）边疆治理的象征

徐达修筑的关隘不仅是军事设施，也是明朝边疆治理的重要标志。例如，大同城的修筑标志着明朝对北方边疆的有效控制，而嘉峪关则是丝绸之路上的交通要塞，促进了中原与西域的经济文化交流。

（三）建筑技术的代表

徐达主持修筑的关隘和城池采用了先进的建筑技术，如包砖城墙、空心敌台等。这些技术不仅提高了防御能力，也为后世提供了宝贵的建筑经验。

（四）文化与历史的见证

徐达修筑的关隘和城池承载了丰富的历史文化内涵。例如，嘉峪关的"仿古出关仪式"和长城文化节等活动，成为传承中华文化的重要载体。大同城则因其悠久的历史和独特的建筑风格，成为研究明代城市规划和军事史的重要实物资料。

二、部分遗址现状

（一）嘉峪关

嘉峪关是明长城保存最完好的关隘之一，现为国家 5A 级旅游景区。关城两侧的城墙横穿沙漠戈壁，北连黑山悬壁长城，南接天下第一墩，形成了完整的防御体系。嘉峪关景区通过修复和开发，已成为重要的文化旅游目的地，每年吸引大量游客参观。

（二）大同城

大同城的城墙和敌台保存较为完好，尤其是东、南、西、北四门及角楼、敌台等设施，展现了明代边城的宏伟规模。近年来，大同市政府加强了对古城墙的保护和修复工作，并开发了文化旅游项目，如古城墙游览和明代文化展览。

三、保护与传承

（一）保护现状

由于自然侵蚀和人为破坏，部分关隘遗址（如大同城墙、得胜堡）出现了碱化、下沉等问题。近年来，地方政府加强了对这些遗址的保护，制定了保护规划，并开展了修复工作。

（二）旅游开发

徐达修筑的关隘和城池已成为重要的文化旅游资源。例如，嘉峪关通过举办长城文化节和仿古出关仪式等活动，吸引了大量游客。大同城则通过修复古城墙和开发文化旅游项目，实现了经济与文化的双赢。

四、小结

徐达修筑的 32 关不仅是明代军事防御的杰作，也是中国古代边疆治理和文化交流的重要见证。其遗址在当代具有重要的历史、文化和学术价值，为研究明代军事史、边疆史和建筑技术提供了丰富的资料。通过保护与开发，这些遗址正以新的姿态展现其深厚的历史底蕴，成为传承中华文明的重要载体。

（二）冯胜：雄关壮志，首筑嘉峪关

冯胜，本名冯国胜，濠州定远（今属安徽）人，明朝开国名将。自幼喜欢读书，通晓兵法。元末时期，结寨自保。后随兄长冯国用投靠朱元璋，带兵征讨四方，颇有功绩。

明洪武五年（1372）正月，明太祖朱元璋为彻底消灭元朝残余势力，统一漠北（今内蒙古高原大漠以北地区），派兵远征朔漠，大军分三路，以魏国公徐达为征虏大将军，出中路；曹国公李文忠为左副将军，出东路；宋国公冯胜为征西将军，出西路。征西将军冯胜的西路军出金兰（今兰州），攻打甘肃，原本负责诱使北元分散兵力，没想到北元未分兵，冯胜的大军不断获胜，在西凉（今甘肃省武威市）、永昌（今甘肃省金昌市）、扫林山（今内蒙古自治区额济纳旗境）、亦集乃路（今内蒙古自治区额济纳旗东南）、别笃山口（今甘肃省民勤县）七战七捷，收复甘肃大部，并攻占瓜州（今甘肃省酒泉市）和沙州（今甘肃省敦煌西北等地）。三路大军出征，只有冯胜的西路军获得胜利。

冯胜平定了河西地区后，控制河西走廊，弃置酒泉以西的全部地区，因此河西走廊成为边防前线。为巩固西北边防，朱元璋命冯胜在河西走廊地区建关设防。仔细考察地形后，冯胜决定在嘉峪山麓西北之余脉、九眼泉岗源上建关筑城，扼控咽喉。这里地势险要，南侧为祁连山，北部是连绵起伏的黑山，两山对峙，中有平地，南北相距最宽处为 30 里，最窄处仅 16 里，犹如酒泉盆地的瓶口，是河西走廊西部最狭窄的地方，被称作"河西第一隘口"。关址所在地西部为大草滩，地域开阔，历来为古战场。东面是丝绸之路重镇酒泉，东南面坡下有著名的峪泉活水"九眼泉"，冬夏澄清，终年不竭，可供人马饮用，并可灌溉良田。同时，这里又是西域进入中原的必经之地，被称为"酒泉门户""河西咽喉"，战略地位十分重要。早在汉代，就在距此地北 7 里的石关峡口设有玉石障。《秦边纪略》记载："初有水而后置关，有关而后建楼，有楼而后筑长城，长城筑而后可守也。"优越的自然条件和险要的地理位置是在这里建关的主要原因。

洪武五年（1372）七月，冯胜开始筹备兴建关城，次年筑成周长 220 丈，墙高 2 丈余、厚 1 丈余的关城，称为"嘉峪关"。建成后的嘉峪关，成为明代万里长城的西端起点，是明朝及其后各代长城沿线的重要军事要塞，素有"中外巨防""河西第一隘口"之称，嘉峪关地区有关无城的历史，至此结束。《肃州新志》记载："宋元以前有关无城，聊备稽查。明初宋国公冯胜略定河西，截敦煌以西悉弃之，以此关为限，遂为西北极边。筑以土城，周围二百二十丈，高二丈余，阔厚丈余。址倚冈遂，不能凿池。东西两门各有月城旋以此关，为紧要门户。遂与永定、临水、河清、新城、金佛、下古、塔儿湾、乱古堆、清水九堡，同时加高或五六尺、七八尺不等，连旧城共高三丈五尺。"

雄关的关城布局十分合理，建筑颇有章法，适合防御需要。关城有三重，多道防线，城内有城，城外有壕，形成重城并守之势，如果敌兵来犯，可以据城防卫。嘉峪关因战争而生，为国防而筑，成为中国历史上"一夫当关，万夫莫开"的关口要隘。嘉峪关作为长城内外往来的重要关隘，有着严格的出入关制度，城门的关闭开启严格，关闭后任何人不能开启。过往商客须验明身份，由驻守官员签发和验证通关文牒后，方能开关放行。

嘉峪关自建成后，便成为西部国防重地，对明王朝保证边疆安定具有重要作用，之后明朝对嘉峪关不断加固修缮，使其成为坚固的西部雄关。弘治八年（1495），肃州兵备道李端澄在嘉峪关西罗城正门上主持修建嘉峪关关楼。正德元年（1506）八月至次年二月，李端澄又按照先前样式、规格修建内城光化楼和柔远楼，同时修建衙署、仓库等附属建筑。嘉靖十八年（1539），尚书翟銮视察河西防务，认为嘉峪关必须加强防务，于是加固关城，增修敌楼、角楼等，并在关南、关北修筑两翼长城和烽火台。至此，一座规模浩大、建筑宏伟的古雄关挺立在戈壁，像一队威武雄壮的战士，展开双臂屹立在两山之间，牢牢把守着丝绸之路的咽喉要道。

1873年，左宗棠在收复新疆伊犁时途经嘉峪关，面对雄伟壮观、气势磅礴的关城，提笔写下"天下第一雄关"的巨匾，悬挂于关楼上，为雄关又添几分威严雄壮。1842年10月11日，因禁烟被贬伊犁的林则徐途经嘉峪关时，面对巍巍雄关和大漠风光，写下著名诗篇《出嘉峪关感赋》四首，其中一首写道："严关百尺界天西，万里征人驻马蹄。飞阁遥连秦树直，缭垣斜压陇云低……"

嘉峪关为明朝及之后的清朝在军事防御方面起到了重要作用。冯胜在修筑嘉峪关后，因为小事多次违背明太祖意愿，后来受到"蓝玉案"牵连，洪武二十六年（1393）被召回应天（今江苏省南京市），两年后被赐死。为纪念冯胜，成化十一年（1475）祥符新昌坊建有"冯胜祠"，明末为河水所冲没。崇祯十七年（1644），南明弘光帝追补开国名臣赠谥，冯胜获赠宁陵王，谥号"武壮"。

遗址现状及当代价值

冯胜首筑的嘉峪关是中国明代长城西端的起点，位于今甘肃省嘉峪关市。作为中国古代军事防御工程的杰出代表，嘉峪关不仅是重要的历史遗址，也是世界文化遗产的一部分。

一、遗址现状

嘉峪关遗址保存较为完整，主要包括四大部分。

关城。内城保存完好，城墙高大坚固，城楼巍峨壮观。关城内设有将军府、兵营、仓库等建筑，展现了古代军事防御的布局。

城墙与敌楼。城墙蜿蜒延伸，敌楼分布其间，游客可以登高远眺，感受古代边关的雄伟气势。

瓮城与罗城。瓮城是关城的重要防御设施，现保存完好；罗城则是外城的一部分，增强了关城的防御能力。

长城遗址。嘉峪关附近的长城遗址保存较好，部分段落经过修复，游客可以近距离感受长城的雄伟。

二、保护与修复

嘉峪关作为世界文化遗产，受到了国家和地方政府的高度重视。近年来，相关部门对其进行了多次修复和保护。

修复工程。对关城、城墙、敌楼等进行了科学修复，确保其历史风貌得以保留。

环境整治。对周边环境进行了整治，提升了遗址区的整体景观。

数字化保护。利用现代技术对嘉峪关进行数字化记录和监测，为长期保护提供支持。

三、文化与旅游

嘉峪关不仅是历史遗址，也是重要的文化旅游目的地。

博物馆。嘉峪关内设有博物馆，展示了关城的历史、建筑特点以及明代边防文化。

文化活动。每年举办多种文化活动，如长城文化节、古代军事演练等，吸引了大量游客。

旅游设施。景区内设有完善的旅游设施，包括游客中心、导览服务、休息区等，为游客提供便利。

四、世界文化遗产

1987 年，嘉峪关作为长城的重要组成部分，被列入《世界遗产名录》。它不仅是中国的文化符号，也是全人类共同的文化遗产。

五、小结

嘉峪关遗址保存完好，展现了明代边防工程的雄伟与精巧。通过科学的保护和合理的开发，嘉峪关已成为集历史、文化、旅游于一体的重要景点，吸引了来自世界各地的游客。它不仅是中国古代军事防御工程的杰出代表，也是中华文明的重要象征。

（三）明朝中期名臣王翱：修建辽东边墙留千古

王翱，字九皋，明洪武十七年（1384）生于盐山（今河北省沧州市盐山县）。永乐十三年（1415），王翱进入大理寺，历经永乐、洪熙、宣德、正统、景泰、天顺、成化七朝六帝，仕途历经 52 年之久。这期间，王翱在辽东提督军务长达 10 年。王翱在辽东期间整修辽东长城，抵御瓦剌等部族的入侵，为辽东地区的安宁做出了贡献。

正统年间，"辽东边备废弛"，战事不断。正统七年（1442）"十月初五日，兀良哈达贼纠合野人女真共千余人，自毡帽山（今内蒙古自治区巴林右旗独石口苏木西北）入犯广宁前屯（辖地相当于今辽宁省葫芦岛市绥中县地）等卫界，杀虏男妇一百八十人"。为加强辽东边防，防御朵颜三卫、瓦剌贵族、女真的不断侵犯，是年十一月，明英宗命令时任都察院右佥都御史的王翱提督辽东军务。

王翱上任之后，从整顿军纪开始，对那些玩忽职守的将士追究失职之罪。针对边塞孤远、朝廷军饷供给不及时的现状，王翱依据当地风俗立法，命令犯罪者，无论罪情轻重，都可以用向官府缴纳布绢粮米的方式来抵罪，这种做法使得边防用度逐渐充足。为保证军队持久的战斗力，王翱严格训练和检阅军队，更换懦弱士兵，给鳏寡之人成家。同时，王翱积极举荐人才，先后举荐焦礼、施聚守备宁远、义州（今辽宁省锦州市义县）；上奏指挥同知王崇擒女真有功，明英宗升王崇为指挥使。奏请都指挥佥事王整任山海关提督守备。这些措施增强了军队战斗力，稳定了辽东局势。

这时期进犯边界的兀良哈、女真骑兵有时达几万人，甚至十万之众，一般的边墙已无御敌作用。为了巩固北方的边防，王翱亲自巡察边墙的防务，举荐毕恭任流官指挥佥事，将毕恭在广宁前卫积累的修建长城的经验运用到辽西边墙的修筑中。王翱和毕恭发动军民疏浚沟堑，修缮从山海关到开原的辽东长城河西段。这段长城从吾名口（今河北省秦皇岛市海港区杜城子村与辽宁省葫芦岛市绥中县永安堡乡西沟村锥子山交界处）至镇北关（今辽宁省铁岭市开原市东北），全长 750 千米，沿线 250 米设一堡，500 米为一屯，设置烽火台和烽燧，建立前卫城、屯兵城和各种堡城、边台等，形成严密的防御系统。

这段长城充分利用辽河天险，以广宁（今辽宁省锦州市北镇市）为起点，转向东南，经今辽宁省鞍山市台安县，过辽河入海城境内，再沿辽河东岸北上，经辽阳、沈阳、铁岭，一直到开原东北的威远堡止，形成一个"U"字形。墙体材料随地形平险、取材难易而异，分为砖墙、石墙、夯土墙、铲山墙、山险墙、木柞墙、壕柞墙等类型。

王翱在开原东北部、镇北关以北创造性地修建了多道土筑和土石混筑的长城墙体。开原城位于辽东镇北端突出部，扼辽肩背，控临绝徼，翼带镇城，居全辽之上游，其东、北环山，西蔽于辽河，具有阻山带河据险可守的有利地形，是易攻易守的军事要地。王翱将多道墙体和多道堑壕相结合，平行布局，据险设阻，充分发挥了防御作用。

由于辽东边防情势严峻，正统九年（1444）七月，明英宗再次敕谕王翱严肃军纪、训练军队，一定要让人马精健、武器锋利；修理沿边城堡墩台，严格督查官军，时刻关注边疆情况。如果遇到侵扰边境之人，王翱有权调动附近官军配合行动，不配合调动的，可军法处置。

王翱在辽东期间，兀良哈等部屡次进犯，王翱与总兵曹义多次出境回击，皆获全胜，王翱也因此不断受到朝廷擢升。正统十二年（1447）三月，王翱巡边时，突遇兀良哈袭击，他率领军队奋勇抗击。同时，左参将都指挥胡源等出开原、辽阳都督焦礼出宁远，共同打败兀良哈，"斩首三十二级，生擒七十余人，获马牛羊四千六百有奇"。王翱升右都御史。正统十四年（1449）二月，达贼来袭，王翱与总兵曹义、镇守太监亦失哈率领官军迎敌，将士们奋勇抗击，"斩首一级，生擒男妇五十名，马八十七匹，牛二十七只，车七辆，并军器等物"。王翱升左都御史职。

同年七月，瓦剌也先兵分四路进犯内地，其中一路入侵辽东，"也先寇大同……脱脱不花寇辽东，知院阿剌寇宣府，围赤城，又别部寇甘州"。脱脱不花进犯辽东的消息传来，总兵官曹义等人不相信情报的真实性，甚至将送消息的人杖刑囚禁。脱脱不花的大军袭来时，王翱、曹义等人正在阅兵，毫无防备，只能退入广宁城自保。有部将劝说王翱弃城逃走，王翱手握利剑厉声喝道："敢言弃城者，斩。"全军将士拼命死战，打退了来犯之敌。这一战明军及当地百姓皆伤亡惨重，瓦剌掳走了明军士兵1000人左右、战马8000匹。因边事情况紧急，明英宗对王翱、曹义等人只罚俸半年，以示惩戒。

景泰元年（1450）五月，瓦剌、女真再次侵扰辽东。王翱兵分三路，发兵问罪李满住、董山、凡察等人。景泰二年（1451）二月，王翱调用军队在李满住等人领地附近安营扎寨，以示警告，并寻找战机进行清剿。

自明以来，对瓦剌等部族的战争，除了王翱这一时期小有所成外，其他时期，明政府基本处于疲于防备、战则失机的状态。

王翱镇守辽东期间，非常重视文教建设。王翱认为都司儒学不仅起着教化地方的作用，更是地方举办祭祀活动的场所，所以在辽东地区大力推崇都司儒学，重修了辽东都司儒学中的宁远卫儒学。为此，王翱还专门撰写了《重修宁远卫儒学记》。

从正统七年（1442）提督辽东军务，到景泰三年（1452）被召回京城，王翱在辽东任上整整十年。他临危受命，沉着稳定，革旧习、除积弊，增强军队战斗力，抵御外寇，修筑屯堡，治军垦荒，保证了边境及内地人民安定的生产、生活。

景泰三年，王翱回京掌都察院，与六部尚书齐名，并称为"七卿"。成化三年（1467），王翱去世。成化四年（1468），即王翱去世的第二年，辽东巡抚张岐因罪免职，吏部举代者，明宪宗感叹地说："辽东自王翱后，屡更巡抚，多不称。"也正是因为王翱为辽东地区做出了诸多贡献，辽东百姓祀王翱于义州旌功祠内，世代祭拜，以彰其功绩。

遗址现状及当代价值

辽东边墙是明代长城的重要组成部分，主要分布于中国东北地区，用于防御蒙古和女真等少数民族部族的侵扰。随着时间的推移，辽东边墙的遗址现状因自然侵蚀和人为破坏而发生了显著变化。

一、遗址分布与保存情况

辽东边墙西起山海关，东至鸭绿江畔，全长约 1000 千米，贯穿辽宁、吉林等地。遗址主要包括墙体、烽火台、城堡和关口等。目前，部分遗址保存较好，但大多数已残破不堪，甚至被农田、道路覆盖。

本溪境内的辽东边墙遗址多位于山区，如李家堡子边墙和白家堡子烽火台。这些遗址因地势险峻，部分石墙和烽火台仍可见，但多数已被植被覆盖或风化严重。

抚顺境内的边墙遗址长约 110 千米，包括抚顺关和鸦鹘关等重要关口。部分墙体仍可见，但整体保存状况较差，许多地段已被农田或村庄占据。

锦州境内的边墙遗址以土墙和石墙为主，部分地段仍保留有较高的残墙基，但多数已被推平或改造成道路。

二、遗址类型与特点

辽东边墙的建筑材料因地制宜，主要包括土墙、石墙和木栅墙。不同地区的遗址类型各异。

土墙：多见于辽河河套地区，墙体以夯土为主，部分地段仍可见残高 1 米以上的墙基。

石墙：主要分布在山地地区，如本溪和抚顺，利用天然石材堆砌而成，部分石墙保存较好。

烽火台：辽东边墙沿线设有大量烽火台，部分烽火台仍可见圆锥形或方形的墩台，但多数已坍塌或仅存基座。

三、遗址保护与利用

近年来，部分地方政府和文物部门加强了对辽东边墙遗址的保护和修复工作。

本溪李家堡子边墙：当地文史爱好者通过实地考察和记录，推动了对边墙遗址的宣传和保护。

抚顺鸦鹘关：作为重要的边墙关口，鸦鹘关遗址已被列为文物保护单位，部分墙体得到修复。

锦州广宁城：广宁城遗址作为明代重要卫城，部分城墙和城门得到修复，成为当地文化旅游的重要景点。

四、面临的挑战

自然侵蚀。风雨侵蚀和植被生长对遗址造成了严重破坏，尤其是土墙和木柞墙毁坏严重。

人为破坏。农田开垦、道路建设和村庄扩张导致部分遗址被推平或覆盖。

保护意识不足。部分地区的遗址因缺乏宣传和保护措施，逐渐被遗忘或损毁。

五、未来展望

为了更好地保护辽东边墙遗址，建议做好以下工作：

加强考古调查。对边墙遗址进行全面调查和记录，明确其分布范围和保存状况。

推动文化旅游。将边墙遗址与当地旅游资源结合，开发文化旅游线路，提升公众保护意识。

加大保护力度。通过立法和资金支持，加强对遗址的保护和修复工作。

六、小结

辽东边墙遗址作为明代长城的重要组成部分，具有重要的历史和文化价值。尽管面临诸多挑战，但通过多方努力，这些遗址有望得到更好的保护和利用。

（四）大明边臣翁万达：整修千里边墙保境安民

翁万达，字仁夫，号东涯，明弘治十年（1498）生于潮州府揭阳县鮀（tuó）江里举登村（今广东省汕头市金平区鮀浦一带），出身寒门，嘉靖五年（1526）登进士，授户部主事，后历任户部郎中、广西梧州知府、四川按察使、陕西布政使、宣大总督、兵部尚书等职。嘉靖二十三年至二十八年（1544—1549）任宣大总督期间，翁万达整肃军纪、修筑边墙、创改火器，常备不懈，极力倡导通贡互市，宣大地区一度出现了升平景象。

"宣大"是明朝宣府镇和大同镇的合称，保护着山西、河北的北边，是蒙古部族武装经常出没的地方，明中期以后，宣大驻有重兵把守，在明代九边中占有重要的战略地位。嘉靖年间，随着俺答部势力的崛起，宣大地区成为俺答部南下侵扰的主要目标。

嘉靖二十三年十二月，嘉靖帝以翁万达为兵部右侍郎兼都察院右佥都御史，总督宣、大、山西、保定等处军务兼理粮饷，并令其"星夜兼程，赴镇任事"。面对宣大地区"诸帅欠和，偏裨多怯，馈饷未充，士卒未练，墙堡未固，戎政未肃，而强虏之骄狂觊伺，尚未已也"的残破局面，翁万达到任后就开始整肃军纪，奏请罢免了宣府的一批高级将领，奏准将宣大总督的驻地由原来的朔州移至阳和（今山西省阳高县城），以便就近协调指挥宣大两镇的军事行动。他多次巡视宣大地区防务，整顿军伍，修理器械，并派出大批侦察人员深入俺答部控制区，了解俺答部的动向。

嘉靖二十四年（1545），翁万达提出了"宣大以战为守，择要而屯兵；诸关以守待战，画地而联戍"的基本战略方针，将宣大两镇所属全部马步官军12万人各依其驻防地区和作战需要，明确划分了各自的防御区域，制定了切实可行的应急增援策应方案。针对以往侦察人员哨探不实以及回报迟缓的弊病，翁万达下令"各镇镇巡、参游、守备等官，务要选差通事、夜不收、家丁人等，授以秘计，示以严法，悬以重利"，多方展开侦察活动。同年八月初，翁万达从陆续接获的情报判断，俺答部近期将有大规模入犯大同中路阳和、天城（今山西省大同市天镇县）并进而南下蔚、朔一带的可能。因此，翁万达增强了阳和以北铁裹门、鹞鸽峪等重要隘口的防卫力量。八月十六日上午，俺答部骑兵五六万人先后向铁裹门、鹞鸽峪两地的明军发起攻击。翁万达得报后，即刻飞檄调大同总兵官周尚文、大同北路参将肖汉、游击将军吕勇等率部增援。同时，亲自指挥官兵奋勇战斗，据险遏敌，经过两昼夜的激战，击退了俺答部。俺答部不得不放弃南下掳掠的计划，被迫北撤。此战虽然鹞鸽峪守将、原任大同北路参将张凤及诸生王邦直等170余人战死，数百人受伤，但成功地遏制了俺答部再次南下的企图，初步扭转了宣大地区自嘉靖二十年（1541）以来防御作战中屡屡败北的被动局面，大大振奋了宣大地区官兵的士气，为全面加强宣大地区边防体系防御能力奠定了良好的基础。

局势扭转之后，翁万达把全面整修边墙墩堡等防御工事作为全面加强宣大地区防御能力的首要措施。嘉靖二十五年（1546）年初，翁万达向嘉靖帝提出需帑银29万修筑宣大交界地带的边墙工事，明廷批准了翁万达的修筑方案。经过50余天紧张施工，修筑了大同东路天城、阳和、开山口诸处边墙128里，城堡7座，墩台154座；宣府西路西阳河、洗马林、张家口诸处边墙64里，敌台10座；斩崖削坡50里。整个工程比原计划提前一个多月完成。

边墙完工之后，翁万达又制定了宣大两镇交界地区在防御作战中相互增援配合的周密计划。新修筑的边墙日常防务分别由大同、宣府两镇承担，其中阳和开山口至宣府镇口台之间由大同负责，而镇口台至李信屯之间则由宣府负责，并且明令规定："居常戍不备，罪大同；有警而宣府西路不以兵至垣下应援者，罪宣府。"这样，不仅从根本上解决了长期以来宣大两镇交界地区防御力量薄弱以及在防御作战中缺乏应有的配合等问题，还在一定程度上提高了整个宣大乃至山西地区边防体系的整体防卫能力。

嘉靖二十六年（1547）夏秋之际，翁万达又在宣、大及山西地区大规模展开边墙整修，共整修、重修三镇边墙1070余千米，以及大量敌台、暗门等防御工事。

翁万达的修筑规划周密细致。如地形地势的险夷曲直，墙垣雉堞的上下高宽，土、木、石料的预备使用，兵夫民夫的行粮、盐菜、犒赏，工期晴雨预计，以至于工程进行的检查督促、奖勤罚惰，安全护卫，疾患医药，无不考虑周全，安排妥当。因工期缩短、节约经费，两次修建都得到朝廷褒奖。张廷玉《明史·翁万达传》载："（修长城）万达精心计，善钩校，墙堞近远，濠堑深广，曲尽其宜。寇乃不敢轻犯。墙内戍者得以暇耕牧，边费亦日省。初，客兵防秋，岁帑金一百五十余万，添发且数十万，其后减省几半。"

正德末年佛郎机火炮开始传入中国，威力胜于明代土制的火炮。嘉靖二年（1523）明朝政府迅速对佛郎机加以仿制，并分发各边。翁万达根据宣大地区作战的特点，对佛郎机炮进行了改制：将大炮筒改短，增加小炮至十管；在炮的末端安装戈形尖刃，以便最后作近战之用；减轻大型佛郎机的重量，简化施放人手；将点放的火绳改置于里面。经过多次试验，嘉靖二十五年（1546）七月前，翁万达制造出"三出连珠炮、百出先锋炮、铁棒雷飞炮、火兽布地雷炮"。七月，翁万达向嘉靖皇帝上《置造火器疏》，疏中详述由他创制的四种火器的形制特点、性能和功用，请求嘉靖皇帝拨发经费，以便置造应用。翁万达主张不仅宣大三关要置备，边防所有正、奇、游、援各营以及各城堡烟墩均要配备火器。还建议驻防京城各团营，也应配备和教习使用火器，以增强防守力量。《世宗实录》卷三百三十三，嘉靖二十五年七月二十五日记载，宣大总督翁万达将自己创制的四种火器样品解送京师，兵部试验后认为均可使用，于是同意拨发帑银2万两制造。改造后的火器轻便适用，很快就成为宣大地区防御作战中普遍使用的武器之一。

翁万达任宣大总督期间，极力主张通贡互市。嘉靖二十五年（1546）五月，俺答汗第三次派出请求通贡互市的使者在大同左卫被杀之后，翁万达即上疏嘉靖帝，主张妥善处理善后事宜，主动惩办杀害使者的董宝等人，未被嘉靖帝接受，反而下令对董宝等人免予追究，并要求翁万达"严兵待之"。嘉靖二十六年（1547）春，俺答汗第四次派使者前往大同边外请求通贡互市，并再次明确表示，只要明王朝允许通贡互市，俺答及其所部即可停止对明王朝北部沿边地区的侵扰掳掠。于是，翁万达与大同巡抚詹荣、大同总兵官周尚文等人联名上奏，再次向嘉靖帝提出改变传统政策，接受俺答的通贡互市要求，实现明王朝中央与北方游牧民族地方政权之间关系正常化的主张。为了防止俺答及其所部"恣睢反复，弃信而背恩"，翁万达还对通贡互市提出了"限以地而受其方物于塞垣之外；限以人而质其亲族头目于镇城之中；限以时而颁赏纵质遣之使去，必在于秋尽冬初之候"的具体实施方案。然而，翁万达的此番努力不仅没有达到他的预期目的，还被嘉靖帝以"渎奏"的罪名大加斥责。直到隆庆五年（1571），翁万达的这一主张才由他的后任王崇古得以实现。

嘉靖二十八年（1549）五月，翁万达奉命调任兵部尚书之后，因互市问题屡遭嘉靖帝斥责，忧愤成疾，以丁父忧归故里，于嘉靖三十一年（1552）十一月十三日病逝于福建上杭，年仅55岁。明穆宗追赠翁万达为太子少保，谥号"襄敏"。

（五）治世廉吏秦纮：巧筑地下兵城

秦纮，字世缨，洪熙元年（1425）出生，山东单县人，进士出身，曾任御史、巡抚、总督、户部尚书兼右副都御史。

明太祖朱元璋夺取天下之后，元朝残存势力退到漠北地区，并建立了北元政权，准备伺机反扑，夺回中原地区。到明永乐初年，蒙古贵族分裂为鞑靼（dá dá）、瓦剌和兀良哈三部。三个部落时常侵扰明朝边境，严重威胁北部边疆的安全。为扫除这一忧患，明成祖朱棣从永乐八年到永乐二十二年（1410—1424）先后五次北伐鞑靼、瓦剌，其中有四次与宁夏有关，宁夏成为防御蒙古部族骑兵的重要阵地。明弘治十四年（1501），鞑靼、瓦剌铁骑部队侵扰花马池，在孔坝沟击败明军，直抵平凉，西北地区发生震动。明孝宗起任 76 岁高龄的秦纮总制三边（延绥、宁夏、甘肃）军务。

秦纮受命后，星夜奔赴长城前线，到任后立即整顿军务，抚恤阵亡将士，赏功罚罪。秦纮采取练兵勇、兴屯田、制军纪等措施，大振军威。针对固原城小民穷、兵力单薄、商旅不至等问题，秦纮积极扩大城郭，发展经济，招揽商贾，增收盐利，修建孔庙，兴修学校，将固原升至州级，并亲自镇守。除此之外，秦纮还召集当地人民开荒屯种固原以北千里数十万顷闲田，每年收成高达 50 万担赋米。针对军队驻守分散、遇敌调兵难以应付的情况，秦纮命临洮、巩昌、平凉、阳庆四镇的军队恪守其职，并提出"人以戎为家，军以将为命，勇于上阵杀敌"的要求，军队战斗力得到有效提升。为加强防御，秦纮以固原为中心，在花马池以西修筑 14000 余所三边墩堡，6400 余里壕沟边墙，形成了每 20 里筑一堡，堡与墩墙壕堑连接的军事格局，并派兵驻守，被称为"新长城"。同时，秦纮改良战车和火器，西北边防很快得到有效巩固，经济发展繁荣，蒙古部族武装无机可乘。

在修建长城防御体系时，秦纮因地制宜，充分利用地形，将长城、城堡、地下藏兵洞有机结合，历经 10 多年修筑强大的"地下兵城"。地下兵城，曲折延伸，上下连通。其中藏兵洞特点最为突出。洞内通道高约 2 米，宽约 1 米，提供了人直立行走的空间，并且每隔一段设置一个休息室。洞内设有圆形大厅，可供几十人开会使用。洞内陷阱众多，在其表面只铺设木板或布网，但木板或布网可移动，进入洞内的敌人会全部掉进陷阱里。瞭望台镶嵌在洞内 1 米深的地方，峡谷内的情况尽收眼底，但在峡谷之外的人无法看清瞭望台的位置，对藏兵洞的秘密更是无从知晓。藏兵洞的建设体现了秦纮充分利用地形地貌、因地制宜设防的军事智慧。目前地下兵城遗存至今并保存较好的是宁夏灵武水洞沟的藏兵洞。

弘治十七年（1504），瓦剌阿罗书部入侵宁夏。阿罗书亲选 40 名瓦剌死士，找到一处藏兵洞，一进入藏兵洞就遇到机关和陷阱，10 多名瓦剌死士很快踩到连接机关的踏板，悬挂头顶的铁蒺藜砸落下来，10 多名死士当场毙命。其他死士向前走，又踩上另一处陷阱，全部掉落到坑内的木钉上，这些木钉固定在相向转动的两个辘轳上，人一旦掉下去，就会被转动的辘轳绞死。剩下的死士来不及惨叫，也被洞内窟窿里伸出的枪刀刺死。正德元年（1506）后，30 多名鞑靼兵趁月夜进入藏兵洞，黑暗中，洞内的一处"生死门"悄悄打开。生死门是一个可以转动的木门，后面连接着左右两个隐藏的洞口，一左一右决定人的生死，一边是"生门"，另一边是"死路"。最终，这 30 余名鞑靼兵全部丧命于生死门内。

作为明长城和红山堡的辅助军事工程，地下兵城曾在防御蒙古鞑靼、瓦剌部的袭扰中，起到稳定西北边境的重要作用。《明史·土司传》记载，鞑靼、瓦剌部武装数次拆墙南下，目的是掳掠人口、财物，得手后迅速退走。有了地下兵城后，这一带军事堡垒完全阻断了他们的通道，鞑靼、瓦剌无法从红山堡入攻。

弘治十八年（1505）九月，秦纮病故，享年 80 岁，赠少保，谥号"襄毅"。秦纮中年入仕途，刚直果毅，文武全才，是修建宁夏段长城的一代名将，为明代边疆地区稳定，特别是西北的巩固做出重大贡献。《明史》赞秦纮"在事三年，四镇晏然，前后经略西陲者莫及"。

遗址现状及当代价值

秦纮是明代著名的军事家和政治家，他在嘉靖年间担任宣大总督期间，主持修筑了千里边墙（即明长城的一部分），并修建了地下兵城，以加强北方边防，防御蒙古俺答汗的侵扰。这些地下兵城遗址主要分布在大同、宣府（今河北宣化）等地，至今仍有一些遗迹留存，但整体保存状况因自然侵蚀和人为破坏而参差不齐。

一、遗址分布与保存情况

秦纮主持修筑的边墙主要位于大同、宣府一带，全长 800 余里，并修建了 300 余座烽堠（烽火台）。这些边墙包括土墙、石墙和木柞墙等多种形式，因地势和材料不同而各具特色。

大同境内的边墙遗址保存较为分散，部分地段如李二口段长城因翁万达的改线建议而成为"错长城"，现已成为大同长城的奇景之一。李二口段的长城遗址仍可见部分墙体，但因风雨侵蚀和人为破坏，许多地段已残破不堪。

宣府西路的边墙遗址在西阳河、张家口等地仍有部分留存，翁万达在此修筑了 64 里边墙和 10 座敌台，部分敌台和墙体至今可见，但整体保存状况较差。

二、遗址类型与特点

秦纮修筑的边墙因地制宜，采用了多种建筑形式。

土墙：主要分布在平原地带，墙体以夯土为主，部分地段仍可见残高 1 米以上的墙基。

石墙：多见于山地地区，利用天然石材堆砌而成，部分石墙保存较好，如大同东路的镇口、守口等土堡遗址。

烽堠（烽火台）：边墙沿线设有大量烽火台，部分烽火台仍可见墩台基座，但多数已坍塌或仅存残迹。

三、遗址保护与利用

近年来，部分地方政府和文物部门加强了对边墙遗址的保护和修复工作。

2006年夏，宁夏考古部门首次对位于水洞沟峡谷南面峡谷中的藏兵洞进行发掘。2012年9月，又对藏兵洞进行第二次清理挖掘。此次发掘清理出马镫、秤、油灯、斗、升、格、皮囊、弩等文物11种。其中铁制马镫出土182件，明清时代的铜杆秤、木杆秤共出土171件，铁质油灯10盏；木制斗、升、格等量器共出土36件；皮囊7件。两次发掘共出土几百件珍贵文物。2012年9月20日正式对游客开放，每年吸引大量的游客前来参观游览。

李二口段长城作为翁万达改线后的重要遗址，已成为大同长城的重要景点，部分墙体得到修复和保护。张家口等地的边墙遗址被列为文物保护单位，部分敌台和墙体得到修复，并纳入当地文化旅游线路。

四、面临的挑战

自然侵蚀。风雨侵蚀和植被生长对土墙和石墙造成了严重破坏，尤其是土墙因风化而逐渐消失。

人为破坏。农田开垦、道路建设和村庄扩张导致部分遗址被推平或覆盖。

保护意识不足。部分地区的遗址因缺乏宣传和保护措施，逐渐被遗忘或损毁。

五、未来展望

为了更好地保护秦纮所筑的地下兵城遗址，需要做的工作有：一是加强考古调查，对边墙遗址进行全面调查和记录，明确其分布范围和保存状况；二是大力发展文化和旅游，将边墙遗址与当地旅游资源结合，开发文化旅游线路，提升公众保护意识；三是加大保护力度，通过立法和资金支持，加强对遗址的保护和修复工作。

六、小结

秦纮所筑的地下兵城遗址是明代长城的重要组成部分，具有重要的历史和文化价值。尽管面临诸多挑战，但通过多方努力，这些遗址有望得到更好的保护和利用。

（六）余子俊：筑墙建堡镇三边

余子俊，生于宣德三年（1428），四川青神（今四川省乐山市）人，祖籍京山（今湖北省荆门市）。景泰二年（1451），余子俊进士及第，授户部主事，之后升户部员外郎。在户部十年，余子俊以廉洁奉公著称。巡抚延绥时，苦筑延绥长城1770里，后人称赞"尽心边计，数世赖之"。巡抚榆林时，与徐廷璋、马文升并称"关中三巡抚"。官至兵部尚书、太子太保。

自明宣德年后，退居荒漠的蒙古贵族日益强大，时常越过黄河侵扰山陕地区以及河北地区的百姓。再加上"土木堡之变"后的20余年间，大批蒙古部族进入河套地区，对明朝北部的安全形成了巨大威胁。为了防御蒙古部族的入侵，明成化初年，时任陕西右布政使的余子俊在巡视陕西边防时沿途寻找建于隋朝的土筑长城，发现除了零星土丘外，隋长城荡然无存，于是余子俊对边将王锐说，一定要"沿边筑墙建堡，为久远计"。

成化六年（1470），余子俊任右副都御史、巡抚延绥。到任后，余子俊上疏：三边只有延庆平坦开阔，利于驱马疾驰。鞑靼部屡次入侵，俘获边民做向导，进入河套驻扎放牧。从此鞑靼人居于塞内，我们屯于塞外，因此在沿边筑墙建堡是当务之急。况且现在旧界石还在，高山多悬崖陡壁，依照山形，随着地势，有的铲削，有的垒筑，有的挖壕沟，延绵相接，形成边墙，这对于边墙工程来说较为方便。为防止修筑长城带来重赋税、广徭役的后果，余子俊明确进言："役山西、陕西丁夫五万，量给口粮，依山铲凿，令壁立如城……八月兴工，九月终止，工役未毕，则待来年。"即用山西、陕西两省5万壮丁两月时间基本完工，如果没有完成，可以来年继续修筑。但兵部尚书白圭认为陕西百姓正处于贫困中，应当暂缓施工。不久，鞑靼侵掠孤山堡，又在榆林抢掠，余子俊和朱永、许宁一起打败鞑靼部族武装。鞑靼部退而占据河套，明廷多次派军征讨，也没有驱逐鞑靼。

成化八年（1472）秋，余子俊再次上疏，请求征调陕西运粮的军民5万人，免除他们的徭役，发放粮食，趁着春夏之交蒙古部的马疲弱不能为寇的时机，抓紧施工。他特别强调，如果蒙古部族不渡河北去，朝廷的各项边防耗费将无有终止，因此，修筑长城，势在必行。但白圭仍以"虏已近边，难于兴作"为由，阻挠修筑长城。成化九年（1473）十月，明军取得"红盐池捣巢"胜利，十一月又取得"韦州之捷"，蒙古部族武装受到重创，相继渡河退走，边境一时安宁。于是，宪宗下令修筑边墙，说这是经久之策，并可以加速实施。

成化十年（1474）三月开始，余子俊全力兴建长城。《明史·兵志》记载，延绥长城全长1200余里，东起清水营紫城寨黄河西岸，即今陕西省府谷县麻镇，西至定边营，即今陕西省定边县和宁夏回族自治区盐池县交界的长城线上。在延绥镇，余子俊将长城设计为南北两道墙，"大边"和"二边"。"二边"被余子俊称为"夹道"，是"大边"南侧一条险峻的壕堑，不到三个月就完成了修筑。《明史·余子俊传》载："役军四万人，不三月而成。"

成化十八年（1482）六月，蒙古部族武装再次侵掠延绥河西清水营一线，明朝在监督军务的太监汪直和总兵王越的抵御下，大获全胜，这是多年来明军少有的大胜仗。《明史》认为，这是因为"盖由尚书余子俊铲削边墙，虏入，为官军所逐，漫散而不得出路故也"，即余子俊修筑的长城阻断了蒙古部族武装的退路，使其在相当一段时间里不敢轻易进犯。

余子俊在修筑长城时，精心设计榆林营堡，并实施移民政策，引入滩河之水，解决当地人畜的饮水问题。同时，又增加水浇地数千亩，让军民屯种，当年收获600多万石粮食。修筑长城后，余子俊让部分士卒驻扎榆林，实施屯田自养，官田很快增至3万亩。之后，余子俊两次上奏，以榆林地区防卫压力过重为由，请求增设榆林卫，宪宗批准余子俊的奏疏。从成化九年（1473）余子俊在榆林村筑城、置榆林卫开始，不断地向榆林城移民，榆林城的规模逐渐增大，人丁兴旺。余子俊将延绥衙署从绥德迁到榆林，使榆林的军事地位进一步提高，榆林遂成为整个长城沿线的重要守卫据点、延绥镇的中心。

成化十三年（1477），朝廷召余子俊任兵部尚书。余子俊上奏章申述条例十项，并又列立军功悬赏等级，由此朝廷内外有章可循。成化二十年（1484）余子俊上疏，建议重修黄河东岸至山海关长城，却遭到诽谤，筑城方案被冷落。

弘治二年（1489），余子俊病重时，仍然坚持亲自写奏疏，陈述救荒息盗办法。刚得到朝廷的批准，余子俊就在任上病逝，终年61岁。孝宗为其辍朝一日，追赠特进光禄大夫、太保，谥号"肃敏"，授他一个孙子官职。在明代九边长城防御体系中，余子俊大力完善了延绥镇防御区，此后，其他防区纷纷效仿，使得明代九边长城防御体系逐步连接、完整。

遗址现状及当代价值

余子俊是明代著名的边防守将，他在延绥镇（今陕西榆林地区）主持修筑了长城和众多城堡，形成了"九边十三镇"防御体系的重要组成部分。这些遗址至今仍分布在陕西、宁夏等地，以下是余子俊筑墙建堡的主要遗址现状。

一、宁寨营堡遗址

位于陕西省靖边县中山涧镇石窑沟村杜台自然村，属无定河流域。宁寨营堡是明代成化十一年（1475）由余子俊主持修筑的军事防御设施。城址平面呈长方形，周长约2150米，城墙为夯土筑成，残高1.5—2米。现遗址保存较差，仅存夯土墙断面，地表散落大量瓦片。村内立有靖边县文物保护标识碑，碑阳刻有"宁寨营堡遗址"字样。

二、新兴堡遗址

位于陕西省榆林市定边县，北距大边长城砖井堡 40 千米，东距新安边堡 35 千米。新兴堡是明成化十一年（1475）由余子俊主持重建的城堡，隆庆六年（1572）和万历六年（1578）分别进行了维修和加高。现遗址保存有城墙、马面、东城门、南城门、瓮城及角楼等附属设施。2008 年被列为陕西省文物保护单位。

三、定边县明长城遗址

位于定边县境内，途经 15 个乡镇，总长 252.37 千米。定边县明长城是余子俊在成化九年至成化十年（1473—1474）主持修筑的"大边"和"二边"长城的一部分。现遗址包括墙体、敌台、马面、烽火台等，保存较好的有五里墩、马圈梁等段。五里墩是陕北长城保存最完好的土墩之一，高约 20 米，至今仍巍然屹立。

四、灵武明长城遗址

位于宁夏灵武境内，西起黄河东岸横城堡，东至陕西定边县。灵武明长城是余子俊在成化九年主持修筑的"河东墙"（又称"二道边"）的一部分。现遗址蜿蜒 45 千米，墙体为黄土夯筑，基宽 5—8 米，残高 3—6 米。墩台保存较好，但墙体因自然侵蚀和人为破坏，大多倾圮殆尽。

五、安边营遗址

位于陕西省定边县安边镇。安边营是延绥镇西路的重要营堡之一，明正统二年（1437）由郭智置建，隆庆六年和万历六年由余子俊主持加高城墙并甃砖。现遗址残破不堪，仅存夯土台基，南门魁星楼也仅剩台基。

六、余子俊纪念馆

位于陕西省榆林市沙河公园东 400 米。纪念馆展示了余子俊在榆林地区的筑城、屯田、兴教等历史贡献，以及他在延绥镇修筑长城和城堡的详细资料。馆内陈列了大量文物和图片，生动再现了明代边防守御的历史场景。

七、小结

为纪念余子俊，陕西省修建了以余子俊主政延绥、兴建榆林"边墙"为主题的纪念馆。余子俊纪念馆分为"重边疆防卫、御游牧侵扰""锻长天铁垛、铸大漠金汤""立三边雄镇、建塞上江南""忧边塞防务、彰肃敏精神""阅历史沧桑、绽文化内涵"5 个展区。采用纪实性的方式，以翔实的史料文献立体布展，兼具诗史、影像、多媒体展示、场景模拟等功能，图文并茂地讲述了一座城和一位能臣的功德。

余子俊修筑的长城和城堡遗址主要分布在陕西榆林、定边及宁夏灵武等地，这些遗址见证了明代北方边防的军事防御体系。尽管部分遗址因自然侵蚀和人为破坏而残破不堪，但仍有不少遗迹保存较好，具有重要的历史和文化价值。

（七）杨一清：一生戍守修边墙

杨一清，生于景泰五年（1454），云南安宁人。成化八年（1472）壬辰科进士，授中书舍人。弘治十五年（1502），在兵部尚书刘大夏的推荐下，杨一清出任都察院左副都御史，督理陕西马政。

京师保卫战之后，瓦剌部衰落，鞑靼势力迅速崛起，开始侵扰西北边境。"陕西三边"（延绥、宁夏和甘肃）作为西北的门户，其战略价值开始凸显。杨一清赴任后，亲自实地考察，掌握了西北地区真实的军情和民情。当时，西北牧场出现大面积荒芜，专职养马的驻军仅有 700 余人，军马品质低劣，数量严重不足，无法保证驻军需要。针对这些问题，杨一清驻扎在平凉、固原一带，开始解决马政废弛问题。他通过采取复金牌之制、专巡检之官、严私贩之禁、均茶园之课、广价茶之积等五大措施，让川陕茶马贸易步入正轨并迎来了黄金时期。杨一清在督理陕西马政时，恰逢蒙古部族武装进攻花马池，便被任命为陕西巡抚，同时仍旧督理马政。杨一清遂接受任命，领军抵御。蒙古部族武装撤退后，杨一清整顿军务，创建平虏、红古两处城池，作为固原的后盾，又沿河筑墙加强防御。之后蒙古军不再渡河袭扰。

弘治十八年（1505）十月，蒙古小王子部再次侵扰甘肃、固原、隆德一带，杨一清率兵解围。在这次救援中，杨一清发现延绥、宁夏、甘肃三地存在有军情时不能互相增援、各自为战等问题。这严重削弱了明军战斗力，因此明军会常常战败。于是，杨一清向朝廷请求派人总制三边。刘大夏同意杨一清的意见，并奏请弘治皇帝任命杨一清为三边总制。

杨一清受命后，根据三边地势特点提出修边奏疏《为经理要害边防保固疆场事》，全面阐述了治理西北的思路。在奏疏中，杨一清首先提出"复套"，即收复河套之地，他认为河套地区地理位置重要，且土地肥沃，水草丰美，若明军占据此地，防御将会起到事半功倍的作用。其次，修筑边墙，浚通壕堑，提高抵御能力。在考察中，杨一清发现在宁夏花马池到灵州一带，由于地势平坦、城堡距离较远、互相援助困难等原因，敌方经常破墙而入，严重威胁宁夏地区安全。他称此害为"膏肓之疾，腹心之害"。为加强这一地区的防御能力，杨一清上奏建议在此地修筑边墙，增设卫所，以壮边兵，并建议将花马池守御千户所升级为宁夏后卫。最后，杨一清提出有效经营宁夏、灵州一带的方法与策略。这一带为西北边防最前线，获取当地百姓信任，为百姓造福，是边地防御的重要任务。因此朝廷对在边地修筑边墙之事给予大力支持，并授权杨一清全权负责。

杨一清亲自制定边墙高厚规格、城堡敌台图形及走向，加固加高旧有的边墙，挑挖壕堑，建设敌台、小堡等。在建设规格方面，杨一清要求主体墙高和厚度都要达到二丈，顶端收口一丈二尺，两面都建有垛墙稳固墙体，墙体每一丈开垛口一处。同时，墙体外隔三里修敌台三座。墙外的壕堑挑挖深二丈，口阔二丈二，底阔一丈五尺。关于边墙走向方面，总体分为三条防线，一条为定边营到宁夏横城，一条为黄甫川堡到定边营，一条为黄河北岸自南而北修筑的旧有边墙。

正德二年（1507）三月，明军开始修筑花马池一带边墙，四月开始修筑横城段。为保证边墙的修筑严格按照制定的规格执行，杨一清常常深入工地亲自督导。由于当时刘瑾专权阻挠，杨一清只得托病回京。西北修筑边墙之事部分搁浅，后来继任者继续修复。

嘉靖三年（1524）十二月，嘉靖帝下诏，杨一清任兵部尚书、左都御史，再次总制陕西三边军务。杨一清经常率领三边诸将演习行阵，教育部下"无事时当如有事提防，有事时当如无事镇静"。因明朝加强西北防御，河套地区的蒙古部族西迁，翻越祁连山进入青海湖周边，明朝称其为"海部"，即青海蒙古部落。杨一清在任期间，海部中亦不剌部落最强大，青海湖地区虽水草丰美，宜于游牧，但其他生活品必须依靠明朝管辖的河湟农业区，更多时候依靠抢掠。杨一清请求出兵反击，最终约束亦不剌部的扰掠。吐鲁番请求进贡时，杨一清主张安抚吐鲁番，使得吐鲁番最终归附明朝。因为处理西宁、吐鲁番事务有功，杨一清升为吏部尚书，后任内阁大学士。

嘉靖九年（1530），杨一清去世，他一生戍守长城、主持修建宁夏长城防线、边疆立功、计除刘瑾，为国立德。他去世后，明朝继续修筑长城，在青海的门源、互助、大通、湟中、贵德等地修筑长城防御工事，延续60多年之久。

遗址现状及当代价值

杨一清不仅为官清廉，在学术和艺术上也颇有建树，他的著述分为两类：一类是散文，大多为奏议，如《关中奏议》《督府奏议》《吏部题稿》《纶扉奏议》《文襄石淙集》《通家杂述》。这些著作关切国计民生、整治边防、革除弊政，有很多切实的建议，表现了杨一清的政治眼光和治理才能。另一类是诗歌，代表作《石淙诗稿》，为其门生李梦阳编，有李东阳、李梦阳、康海等人的评点。除此之外，杨一清的书法学颜鲁公，颇得其法，字如其人，钢筋铁骨。镇江焦山碑刻博物馆的《游焦山七律诗并跋碑》石刻是杨一清书法中的精品，闻名海内。

杨一清主持修筑了大量边墙（长城）和城堡，以加强明朝北方的边防体系。这些遗址主要分布在陕西、宁夏、甘肃等地，以下是杨一清戍守所修边墙遗址的现状。

一、陕西定边县明长城遗址

位置在陕西省定边县境内，途经 15 个乡镇。定边县明长城是杨一清在成化九年至成化十年（1473—1474）主持修筑的"大边"和"二边"长城的一部分。现遗址包括墙体、敌台、马面、烽火台等，保存较好的有五里墩、马圈梁等段。五里墩是陕北长城保存最完好的土墩之一，高约 20 米，至今仍巍然屹立。

二、宁夏灵武明长城遗址

位于宁夏灵武市境内，西起黄河东岸横城堡，东至陕西定边县。灵武明长城是杨一清在成化九年主持修筑的"河东墙"（又称"二道边"）的一部分。现遗址蜿蜒 45 千米，墙体为黄土夯筑，基宽 5—8 米，残高 3—6 米。墩台保存较好，但墙体因自然侵蚀和人为破坏，大多倾圮殆尽。

三、甘肃环县白马城遗址

位于甘肃省庆阳市环县境内。白马城是杨一清第三次总制三边时所筑，是固原镇边防体系的重要组成部分。现遗址保存有部分城墙和碑记，但整体保存状况较差，部分墙体因自然侵蚀和人为破坏已残破不堪。

四、延绥镇边墙遗址

位置在陕西榆林地区。延绥镇是杨一清主持修筑边墙的重点区域之一，现遗址包括墙体、敌台、烽火台等。部分墙体保存较好，但大部分因自然侵蚀和人为破坏已残破不堪。

五、杨一清墓及相关遗址

位置在江苏省镇江市高新区蒋乔街道嶂山村。杨一清墓是镇江市级文物保护单位，近年来进行了修缮保护工程。墓区包括墓基区、墓道区和墓穴区，墓道两侧的石像已复位，墓区绿化进入扫尾阶段。然而，部分墓道遗迹仍位于友谊水库水下，尚未完全修复。

六、小结

杨一清戍守所修边墙遗址主要分布在陕西、宁夏、甘肃等地，这些遗址见证了明代北方边防的军事防御体系。尽管部分遗址因自然侵蚀和人为破坏而残破不堪，但仍有不少遗迹保存较好，具有重要的历史和文化价值。如需了解更多细节，可参考相关文献或实地考察。

长城未解之谜 5：长城沿线的未知遗址

谜题：长城沿线可能存在未被发现的烽火台、关隘、军营等附属设施，这些遗址的位置和功能尚不明确。研究难点在于部分遗址可能已被自然或人为破坏，难以辨认。

一、长城的"隐藏段落"与未解之谜

（一）荒漠中的神秘遗迹

在甘肃、内蒙古等地的戈壁荒漠中，存在部分长城段落因自然环境变迁被风沙掩埋或侵蚀，仅在地表留下模糊痕迹。这些遗址可能包含古代军事设施或烽燧的残骸，但因环境恶劣，考古调查难度较大。如巴丹吉林沙漠边缘的汉代长城遗迹，部分段落至今未被完全测绘。

（二）水下长城

河北潘家口水库和北京密云水库下，保存有明代长城的水下遗址。由于水位变化，这些段落偶尔露出水面，但长期水浸导致结构脆弱，研究受限。

（三）"消失的支线"与民间传说

地方志和民间传说中提及的长城支线或"暗墙"（如山西某些山区的小型防御工事）尚未被完全确认。例如，河北某些山村流传的"石墙传说"，可能是未被记录的军事工事。

二、未充分研究的特殊遗址

（一）暗门与秘道

长城沿线存在"暗门"（隐蔽通道），用于士兵突袭或传递情报。目前已知的暗门数量有限，但学者推测更多暗门可能隐藏在偏远山区或坍塌墙体中。

（二）非典型防御工事

除了常见的城墙和敌楼，长城沿线可能存在特殊功能的建筑，例如"藏兵洞"：宁夏盐池发现的地下通道和洞穴，推测为明代驻军所用。"燧炉"用于传递信号的烽火台附属设施，部分结构尚未明确用途。

（三）早期长城遗迹

秦汉以前的早期长城（如战国时期燕、赵、秦长城）保存较差，部分段落仅存土垄或碎石，容易被误认为自然地貌。例如，内蒙古赤峰地区的石砌遗迹，是否为早期长城仍有争议。

三、技术手段与考古新发现

（一）遥感与卫星探测

近年来，通过卫星影像和无人机测绘，考古学家在新疆、甘肃等地发现了疑似汉代长城的延伸段落。这些遗址可能属于汉代西域防御体系的一部分。

（二）DNA与年代测定

对长城夯土中植物残留物、木构件的碳-14测年，可能揭示不同时期的修筑技术演变，甚至发现被遗忘的修缮阶段。

四、保护与挑战

（一）自然与人为破坏

偏远地区的长城遗址面临风蚀、雨水冲刷、盗挖（如砖石被村民取用）等问题，部分遗址可能在彻底消失前未被记录。

（二）学术争议

某些遗址是否为长城组成部分存在争议。例如，青海省部分土墙被推测为明代西宁卫的防御工事，但尚未纳入长城官方名录。

五、如何探索未知遗址

（一）实地考察与民间协作

学者常结合地方志、村民口述历史进行田野调查。例如，河北某些村落通过老人记忆定位了坍塌的烽火台。

（二）开放数据库与公众参与

中国国家文物局推出的"长城资源调查"项目已公开部分数据，但仍有大量资料待深入研究。

六、小结

长城沿线的未知遗址不仅是历史的碎片，更是中华文明防御体系的缩影。随着技术进步和多学科合作，未来可能会有更多发现。

第五章　新生：全球视野下的文明地标

一、康熙坚持不修长城

康熙帝坚持不修长城的政治隐喻反映了清朝统治策略的深刻转变与多民族国家的治理智慧，主要体现在以下几个方面。

（一）打破对立，重塑"大一统"意识形态

1. 否定明朝的边疆隔离政策。明朝以长城为界，强化汉人与北方游牧民族的二元对立。康熙不修长城，意在摒弃这种隔离思维，强调清朝作为"天下共主"的包容性。他提出"本朝不设边防，以蒙古部落为屏藩"，将边疆民族纳入统一的政治体系，而非视为外敌。

2. "天下一家"的统治合法性。清朝以满蒙联盟为基础建立政权，康熙通过联姻（如蒙古公主入宫）、封爵（如册封蒙古王公）和宗教政策（扶持藏传佛教）巩固联盟。不修长城象征清朝无须依赖物理屏障隔绝"外族"，而是通过文化整合与政治认同实现"天下一统"。

（二）从"静态防御"到"动态治理"的边疆策略转型

1. 军事威慑与灵活外交替代长城功能。康熙通过三次亲征准噶尔、设立

木兰围场演练八旗军队、与蒙古会盟（如多伦会盟）等手段，以军事威慑和外交手段维护边疆安全。长城作为固定防线的意义被主动出击和盟约体系取代。

2.经济互惠与行政管辖强化控制。推广"盟旗制度"，将蒙古各部划入行政体系，限制其流动与联合。开放边贸（如归化城互市），以茶叶、布匹等物资交换蒙古马匹，形成经济依赖。此举使边疆稳定不再依赖城墙，而是通过制度与经济纽带实现。

（三）彰显清朝的"文治武功"与统治优越性

1.批判前朝治理失败。明朝耗费巨资修长城仍亡于内乱外患，康熙以此凸显清朝的统治智慧。他在《蒙恬所筑长城》中写道："万里经营到海涯，纷纷调发逐浮夸。当时费尽生民力，天下何曾属尔家？"暗指明长城徒劳无功，反衬清朝"以德服人"的合法性。

2.塑造"圣主"形象。不修长城被包装为"恤民"之举，康熙强调"守国之道，在修德安民"，将资源投入民生而非防御工事，既收揽汉人民心，又展示清朝统治者的"仁政"形象。

（四）服务于多民族国家的政治整合

1.促进民族融合。长城的功能曾是汉人抵御"胡人"，康熙弃之不用，推动满、汉、蒙古、藏等多民族之间的融合。例如，承德避暑山庄的修建即作为民族交流的象征性场所，替代长城的隔离功能。

2.重构边疆的地理与文化意义。清朝将蒙古、西藏、新疆等地纳入版图，长城不再是国家边界，而是内地与边疆的"通道"。清廷通过驿站、商路和宗教网络（如藏传佛教寺院）加强边疆与内地的联系，使长城原有的军事属性转化为文化交流的纽带。

（五）历史影响与深层隐喻

1. 长城作为"前朝遗产"的政治清算。清朝通过否定长城的价值，间接否定明朝的统治逻辑，强化自身作为"新秩序建立者"的地位。

2. 隐喻"以人心为长城"的统治哲学。康熙曾说："秦筑长城以来，汉、唐、宋亦常修理，其时岂无边患？明末我太祖统大兵长驱直入，诸路瓦解，皆莫敢当。可见守国之道，惟在修德安民。民心悦服则邦本得，而边境自固，所谓'众志成城'者是也。"将边疆安全系于民心归附与政治德性，而非物理屏障。这种思想被雍正、乾隆继承，发展为"修其教不易其俗，齐其政不易其宜"的柔性边疆政策。

（六）小结

康熙不修长城的政治隐喻，实为清朝构建多民族帝国统治合法性的关键策略。一是对内重塑"大一统"意识形态，推动民族融合；二是对外以军事、经济、文化手段替代静态防御，彰显治理优越性；三是通过否定前朝政策，确立清朝作为"天命所归"的新秩序开创者。

二、詹天佑：长城脚下修筑京张铁路巧穿越

詹天佑，祖籍徽州婺源（今江西省上饶市婺源县），1861年生于广东南

海县（今广州），清末民初杰出的工学家、工程管理学家和工程法规专家，中国近代科技事业的先驱，中国近代铁路工程专家，被誉为中国首位铁路总工程师。

1872年，11岁的詹天佑作为第一批官费留美预备班成员随著名教育家容闳赴美求学。1878年，考入耶鲁大学土木工程系铁路专科。1881年，詹天佑出色地完成大学本科课程，成为当年归国的105名留美学生中仅有的两位学士学位获得者之一。1888年，詹天佑到天津中国铁路公司任帮工程师，负责塘沽到天津铁路铺轨工程。1893年，在修建关内外铁路滦河大桥时使用气压沉箱法建造桥墩，解决了重大技术难题，引起中外瞩目。1895年，詹天佑任北洋官铁路局帮工程师，修建津卢铁路。1898年，詹天佑任官办关内外铁路总局帮工程师、锦州铁路驻段工程师。1899年，任锦州铁路驻段工程师，主持修建营口铁路支线（沟帮子至营口）。

1902年，为了方便去清西陵祭拜，清政府决定修建新（河北省新城县高碑店）易（易县）铁路，任命詹天佑担任总工程师，限期6个月完成修建。这是詹天佑第一次独立主持与组织指挥整条铁路的建设施工。新易铁路虽然只有43千米，却是中国人自主修建铁路的开端，因此詹天佑十分重视。从测量到通车，仅用了4个月时间，比预定工期提前了两个月。铁路建成以后，慈禧非常高兴地乘坐了这趟专列，还特意召见詹天佑，并将随身珠宝赏赐给詹天佑。詹天佑仅留了一只钟作为纪念，其余全部分给参加筑路的工程人员。这条铁路的顺利建成为詹天佑完成一条重要干线铁路奠定了基础。

光绪末年，由于关内外铁路竣工后收益可观，引起了诸多商人的兴趣，纷纷向朝廷请求投资修筑北京至张家口的铁路。为发展商业，1905年，清政府开始修筑京张铁路。京张铁路从北京丰台至河北张家口，长约200千米，穿越险峻的军都山脉，工程艰巨。为争夺修路权，英、俄两国相持不下。于是清政府决定自主修筑，指定詹天佑任总办兼总工程师，主持修路工作。当时外国人认为中国无力独自完成。面对外国人的讥讽，詹天佑说："我国地大物博，而于一路之工，必须借重外人，引以为耻！"詹天佑对修建京张铁路寄予无限厚望，他说："此路早日一成，公家即早获一日之利益，商旅即早获一日之便安，外人亦可早杜一日之觊觎。"他率领全体筑路人员知难而进，发誓为国争光："此路一成，非徒增长吾华工程师莫大之名誉，而后之从事工程者，亦得以益坚其自信力，而勇于图成。"

修筑之初，工程技术人员甚是缺乏，詹天佑率仅有的两名工程学员开展工作。1905 年 5 月，詹天佑率领技术人员自丰台经南口、八达岭，勘测至张家口，随即又进行回测，并选测自延庆州绕过八达岭经德胜口、十三陵到昌平的比较线。6 月回到天津总局后，提出勘测及调查报告，并拟定修筑方案。修筑计划分三大段：第一段丰台至南口段，于 1906 年 9 月 30 日全部通车。第二段南口至青龙桥关沟段，关沟段穿越军都山，这一段最大坡度为 33‰，曲线半径 182.5 米，共四座隧道，长 1644 米，工程非常艰巨。第三段由岔道城至张家口，长 129.7 千米。

修筑第一段时，在铺轨的第一天，一列工程车的车钩链子折断，造成脱轨事故。这一事件立即成为中国人不能自修铁路的证据，各种诽谤纷至沓来。但詹天佑使用"自动挂钩法"解决了这个问题，第一段工程全部通车的同时，第二段工程开始。

第二段工程遇到了难关，首先必须打通居庸关、五桂头、石佛寺、八达岭四条隧道，铁路要穿越长城，但不能破坏长城。其中最长的八达岭隧道 1091 米，居庸关隧道 367 米，是全线的重点工程。如果仅靠工人的双手，困难程度巨大。为此，詹天佑创新办法，采用直井法施工，即在隧道两端实施凿进的同时，另在隧道上方山岭上开挖大、小直井各一座。自山顶垂直往下挖，直至与隧道深度平齐为止，然后再向两端开凿，形成 6 个工作面，大大加快了工程进度。隧道建成后，小井随洞口深挖自然消失，大直井仍然保留，上建通风楼，作为永久的隧道通风设备。詹天佑还首次将爆炸力强、性能较稳定的拉克洛炸药应用于八达岭长城隧道的开挖。为克服南口和八达岭的高度差问题，詹天佑采用南美矿山"之"字形线路方案，通过延长铁路距离，抬高路基高度，从而缩短了开挖八达岭隧道长度。詹天佑还创新地设计了"人"字形铁路线路，火车到了南口以后，就用两个火车头，一个前面拉，一个在后边推，火车向东北方向前进，进入了"人"字形铁路线路的岔道口后（青龙桥站），就倒过来，原先推的火车头改成拉，而原先拉的火车头则改成推，使火车向西北前进，穿越八达岭隧道。这就是京张铁路最为人所熟知的工程，中国铁路建筑史上的一个创举。

第三段工程的难关是岔道城到张家口这部分。首先建设了由 7 根 30 多米长的钢梁架设而成的怀来大桥，这是京张铁路上最长的一座桥。其次是下花园到鸡鸣驿矿区岔道一段，尽管这一段铁路不长，但由于这段铁路右临洋河、左傍石山，因此需要在山上开一条 6 丈宽的通道，而在山下则要垫高 7 里长的河床，工程极难。为此，詹天佑因地制宜，以开山之石来垫山下河床，为防山洪冲击路基，又用水泥凝固，万无一失。1909 年 9 月 24 日，铁路通至张家口市，由于詹天佑正确指挥，及时顺利地完成了第三段工程。

1909 年 10 月 2 日，历经四年艰苦修建的京张铁路全线通车、运营，这是中国第一条完全自主勘测、设计、施工和管理的国有干线铁路。在詹天佑的主持下，京张铁路全线设有 14 个车站、125 座桥梁、4 座隧道、210 座涵洞，不仅比预期提前两年完工，还节省经费约 29 万两。京张铁路的施工技术和管理模式为后来的铁路建设打下了坚实的基础。此后，詹天佑在筹划修建沪嘉、洛潼、津芦、锦州、萍醴、潮汕、粤汉等铁路中成绩斐然。

1919 年，第一次世界大战结束，詹天佑不顾身患腹疾，代表中华工程师学会出席远东铁路国际会议，他冒着严寒赴会，与赴会的中国代表共同努力取得了中东铁路沿线由中国驻军的护路权，并争得了中国工程师在中东铁路的工作地位。回乡途中，他抱病再次登上长城，感叹："生命有长短，命运有沉升，初建路网的梦想破灭令我抱恨终天，所幸我的生命能化成匍匐在华夏大地上的一根铁轨。"

1919年4月24日，詹天佑因腹疾严重，心力衰竭逝世，终年58岁。詹天佑主持修建、中国人自主设计并建造的第一条铁路京张铁路，创设的"竖井开凿法"和"人"字形线路，震惊中外。这是中国人民和中国工程技术界的光荣，开启了中国工业文明新时代，诠释了中华民族顽强不屈、勇于创新的无畏精神和东方智慧。

遗址现状及当代价值

詹天佑主持修建的京张铁路（北京至张家口）是中国近代铁路史上的里程碑，其遗址尤其是青龙桥段（位于八达岭长城脚下）不仅承载着重要的历史记忆，更在当代具有深远的科技、文化和精神价值。

一、遗址概况：长城脚下的工程奇迹

（一）地理位置

京张铁路青龙桥段位于北京延庆八达岭长城景区内，詹天佑为克服陡峭地势，在此设计了著名的"人"字形铁路（折返线）和八达岭隧道，实现了33‰的极限坡度爬升。

（二）现存遗址

一是青龙桥车站，保留1908年建成的老站房、詹天佑铜像及墓园，站内仍可见"人"字形铁路的完整结构；二是八达岭隧道，中国第一条自主设计、施工的铁路隧道，至今仍在使用；三是詹天佑纪念馆，陈列京张铁路修建史料、工程图纸及文物（如手动道岔、信号灯等）。

二、历史意义：自主创新的民族象征

（一）技术突破

"人"字形铁路。通过折返线设计减少隧道长度，以当时有限的技术条件（无重型机械）攻克地形难题。

竖井开凿法。在八达岭隧道施工中首创分段挖掘技术，缩短工期并保障安全。

国产材料应用。首次大规模使用中国自产钢轨和水泥，打破外国技术垄断。

（二）精神象征

京张铁路是中国首条完全自主设计建造的干线铁路（1905—1909），在列强争夺路权的背景下，詹天佑以"各出所学、各尽所知，使国家富强不受外侮"的信念，树立了近代中国科技自强的典范。

三、当代价值：跨越时空的文化遗产

（一）科技教育价值

工程学活教材。青龙桥段"人"字形铁路和隧道技术至今被写入教科书，成为铁路工程设计的经典案例。

青少年研学基地。通过实地考察和模拟实验（如坡度计算、轨道设计），培养科学思维和创新能力。

（二）文化遗产价值

工业遗产保护。青龙桥车站、旧钢轨等被列为全国重点文物保护单位，见证中国近代工业化起步。

文旅融合典范。京张铁路遗址与八达岭长城、冬奥场馆（如京张高铁）联动，形成"历史 + 自然 + 现代"的复合旅游线路。

（三）精神传承价值

爱国主义教育。詹天佑"自力更生、攻坚克难"的精神被列为科学家精神代表，激励当代科技工作者。

国际交流符号。京张铁路作为"一带一路"历史呼应，彰显中国从"技术输入"

到"高铁输出"的跨越。

（四）生态与可持续发展启示

低干扰设计。詹天佑在修建时最大限度保护长城景观，为现代工程与生态保护平衡提供借鉴。

新旧铁路共生。老京张铁路与 2019 年通车的"京张高铁"并行，体现百年铁路技术的迭代与传承。

四、未来展望：活化利用的路径

（一）数字化保护

通过 3D 建模、VR 技术还原修建场景，打造沉浸式体验项目。

（二）国际 IP 塑造

将京张铁路与长城联合申报世界文化遗产，提升全球影响力。

（三）产学研合作

与高校、铁路部门共建"工程遗产实验室"，探索古法智慧的现代应用。

五、小结

北洋政府时期，中国铁路的工程技术标准不一，机车车辆形制纷杂，会计等经营管理制度各不相同。1906 年，詹天佑向商部提出"说帖"，建议制定铁路工程标准、统一轨距、推广自动车钩。1912 年，京奉、京汉、京张三条国有铁路开始协商发售直达客货票办法，从此开始了国内铁路联运。1913 年，北洋政府交通部着手统一国有铁路的会计报告、统计方法，制定了国有铁路会计分类科目和计算方法，于 1915 年 1 月 1 日实行。1917 年，"铁路技术标准委员会"成立，詹天佑任会长，开始制定统一路政的标准规则。

京张铁路遗址不仅是詹天佑精神的物质载体，更是中国从"站起来"到"强起来"的缩影。它提醒我们：在高铁飞驰的今天，青龙桥段的老钢轨依然诉说着"自主创新"的永恒命题——这是历史留给当代最珍贵的遗产。

三、1900—1949 年：长城从战争掩体到民族精神图腾

从 1900 年（清末）到 1949 年（中华人民共和国成立），长城的功能与象征意义发生了深刻变化。这一时期正值中国经历清朝崩溃、军阀混战、抗日战争和解放战争，长城的角色从实际军事防御工事逐渐演变为中华民族的精神象征。这一转变背后是民族危机、现代国家建构和意识形态动员的共同作用，既是中国现代民族主义崛起的缩影，也是国家危机中凝聚集体认同的必然选择。其核心逻辑可归纳为以下四点。

（一）从"砖石防线"到"精神防线"的崩塌与重构（1900—1931）

1. 物理防御功能的彻底失效

八国联军与长城的耻辱。1900 年八国联军入侵时，清军曾依托长城古北口等关隘阻击，但面对西方列强的火炮和机枪，长城已经无法作为阻击外敌的掩体，长城作为纯粹意义上军事屏障的脆弱性暴露无遗。这场惨败标志着传统城墙防御体系对现代战争的无效性。

军阀割据下的废墟化。民国初年，长城更多被视为前朝遗留的废墟，部分地段因无人维护而坍塌，沦为土匪盘踞的据点（如热河段被汤玉麟部控制），甚至被军阀拆毁砖石贩卖。其军事价值被彻底瓦解。

2. 精神符号的逆势崛起

知识分子的历史重构。梁启超在《中国魂》中将长城与"黄帝""孔子"并列，赋予其"中华文明韧性"的隐喻；鲁迅虽批判长城是"奴性的围墙"，却意外激发现代人对"打破枷锁"的联想。

视觉政治的启蒙。20 世纪 20 年代《良友》画报刊登长城摄影专题，通

过"巨龙蜿蜒"的构图强化其"民族脊梁"的意象，为日后符号化奠定基础。

（二）抗日战争：血与火中的图腾锻造（1932—1945）

1. 长城抗战的悲壮叙事

喜峰口大刀队符号的产生。1933年，西北军赵登禹部夜袭日军，士兵手持大刀在长城烽火台血战的场景，被《大公报》渲染为"冷兵器对抗现代性的悲壮英雄主义"。尽管战役惨败，但媒体刻意忽略战术失误，聚焦"长城永不倒"的胜利精神，"长城保卫战"通过媒体报道（如《申报》战地摄影）被塑造为"中华民族不屈的象征"。

地理防线到心理防线的置换。国民政府将长城防线失守归咎于"内部不团结"，顺势将长城抽象为"团结御侮"的道德律令，如蒋介石在庐山讲话中疾呼："长城可破，民族精神不可摧！"

2. 文艺武器的集体共鸣

《义勇军进行曲》的听觉占领。1935年田汉、聂耳创作的电影主题曲中，"把我们的血肉，筑成我们新的长城"将长城抽象化为全民抗战的精神堡垒。完成关键隐喻转换——长城从物质实体变为"人民意志的凝结体"。当时歌曲通过上海百代唱片公司灌制黑胶唱片，借助广播网覆盖城乡，成为全民抗战的"听觉图腾"。这首歌后来成为中华人民共和国国歌，进一步固化长城的图腾地位。

版画与漫画的视觉动员。延安木刻家古元创作《保卫长城》，将八路军战士与长城垛口融为一体；重庆《新华日报》刊登漫画《长城上的铁拳》，拳头击碎"太阳旗"，这种视觉简化为当时文盲占多数的中国社会提供了最直白的动员符号。

3. 国共两党的政治动员

蒋介石将长城与"中华文明正统性"绑定，强化其作为国家象征的政治功能。

延安时期，中国共产党通过文艺作品（如诗歌、版画）将长城与"人民战争""红色革命"结合，例如，诗人艾青在《北方》中写道："长城像一条受伤的蛇，横亘在苍茫的北方"，隐喻民族苦难与抗争。

4. 国际视野中的长城形象

二战期间，西方媒体将长城视为中国抵抗日本侵略的标志。美国《时代》杂志多次以长城为封面，将其与自由女神像、莫斯科红场并列，塑造为反法西斯同盟的"东方精神堡垒"。

（三）对长城解释权的博弈（1946—1949）

1. 国民党的"法统长城"叙事

1948年国民政府发行"万里长城"邮票，将居庸关、山海关作为"中华五千年正统"的象征，刻意淡化其与抗日战争的关联，转而强调与历代王朝的连续性。

2. 共产党的"人民长城"再造

秦始皇修长城是压迫人民，但今天的长城是属于人民的，长城也是劳动人民智慧的结晶。解放区美术作品《人民的长城》（彦涵，1947）中，长城烽火台上飘扬的不再是龙旗而是红旗，城砖被描绘为农民、工人、士兵的集体身影，实现符号的彻底政治转化。

（四）转变动因：现代民族国家建构的符号炼金术

1. 危机共同体想象的需求

面对日本侵略造成的国土沦丧，中国需要超越地域、族群、阶级的认同符号。长城横跨 15 省（自治区、直辖市）、绵延万里的物理存在，天然契合"多元一体"的民族国家想象。

2. 视觉传播技术的催化

摄影术（如方大曾的抗战前线照片）、新闻纪录片（中国电影制片厂《抗战特辑》），甚至香烟画片（南洋兄弟烟草公司发行长城系列），使长城图像以前所未有的密度渗透日常生活，完成从地理标识到精神图腾的"符号炼金"。

3. 政治实用主义的操作

无论是国民党"借古喻今"维护其统治合法性，还是共产党"破旧立新"构建革命话语，双方都意识到：谁能拥有长城符号的解释权，谁就能占据民族道义的制高点。这种争夺加速了长城从"器物"到"精神"的升华。

1949 年以后，长城进一步脱离砖石本体，成为流动的精神能指。对共产党而言，它是人民新生的宣言而言；对中华民族而言，它是一面既可抵御外辱又能自我批判的精神之镜。

这种符号的永生，恰恰印证"民族是一种想象的政治共同体"，长城，正是中国人最壮丽的想象载体。

四、卫星影像揭示的隐形长城：荒漠中的生态屏障

通过卫星遥感技术，科学家发现中国西北荒漠中部分长城遗址（尤其是

夯土长城）在自然侵蚀和人为破坏后，虽然地表可见性降低，但其残存结构
及周边环境形成了独特的"隐形生态屏障"。这一现象揭示了人类历史遗迹
与自然生态演化的深层互动，其核心逻辑可从以下角度解析。

（一）"隐形长城"的生态机制：从军事工事到自然庇护所

1. 物理结构的生态改造

夯土长城的蓄水功能：明代夯土长城多采用黄土分层夯实工艺，坍塌后
的残垣形成微型洼地，在雨季截留雨水，为荒漠植物（如骆驼刺、沙蒿）提
供局部水源。

风蚀地貌的再平衡：长城遗址的线性残存结构改变局部风力场，降低风
速，促使沙粒沉积，形成"隐形沙障"。例如，甘肃金塔汉长城遗址周边，
卫星影像显示沙丘高度比无遗址区低 40%—60%。

2. 生物群落的演替效应

植物拓荒者的温床：长城夯土中含有的有机质（如古代筑墙使用的秸
秆、芦苇）缓慢分解后，改善周边土壤肥力。中国科学院西北研究院的采样
显示，长城遗址区土壤有机碳含量比荒漠背景值高 2—3 倍。

动物迁徙的走廊：残墙形成的阴影区和植被带，成为蜥蜴、沙鼠等荒漠
动物的栖息地与移动通道。热红外卫星影像显示，长城遗址沿线地表温度比
周边低 3℃—5℃，形成"生态绿链"。

（二）卫星技术如何揭示"隐形"生态价值

1. 多光谱遥感的穿透性分析

利用 Sentinel-2 卫星的近红外波段（NIR）检测植被覆盖差异：长城遗

址区植被指数（NDVI）普遍高于周边荒漠，形成"绿色虚线"（如宁夏盐池明长城沿线植被带宽达50—100米）。

合成孔径雷达（SAR）探测地表微地形：长城夯土遗址与流沙的介电常数差异，使雷达影像中呈现连续线性回波信号，揭示地下残存结构对沙丘固定的作用。

2. 时空对比揭示生态功能

历史影像回溯：20世纪70年代影像显示内蒙古额济纳旗汉长城遗址周边以荒漠戈壁为主，零星分布耐旱植被；2020年影像中，长城遗址周边胡杨林保护区和黑河沿岸植被恢复显著。

生态模型模拟：北京大学团队通过风洞实验发现，高度不足1米的长城残垣可使下风向50米内输沙量减少38%，其生态效益相当于人工草方格沙障的1/3。

（三）从"人类工程"到"自然遗产"的范式转换

1. 对抗荒漠化的意外贡献

长城修建本为军事防御，但其坍塌后的"废墟生态"却在数百年间自发形成生态修复网络。NASA研究指出，中国北方四大沙地（毛乌素、浑善达克等）中，长城遗址区的植被恢复速度比外围快1.8倍。

这一现象挑战了传统生态观，人类活动未必全是对生态的破坏，特定遗迹可能通过"时间杠杆"转化为自然系统的一部分。

2. 文化遗产的双重价值重构

生态—文化协同保护：甘肃敦煌阳关长城采用"最小干预"修复原则，保留坍塌墙体形成的灌木丛，既保护文物本体，又维持局部生物多样性。

新型生态旅游范式：内蒙古阿拉善盟将汉长城遗址与周边梭梭林保护相结

合，游客通过卫星地图 App 观察"隐形绿带"，体验历史与生态的时空叠加。

（四）启示：重新定义人类与自然的边界

1. 超越"非黑即白"的生态叙事

长城从军事屏障到生态屏障的转变证明，人类遗产与自然系统并非对立，时间尺度下的"失败"工程可能孕育意外的生态红利。

2. 科技赋能的遗产认知革命

卫星影像与 AI 算法（如长城遗址自动识别模型）正在改写保护逻辑，不仅要修复城墙本体，更需评估其作为"生态基础设施"的隐性价值。

3. 全球荒漠化治理的中国经验

长城生态屏障效应为干旱区历史遗迹保护提供新思路，利用坍塌结构的"被动修复"功能，可低成本辅助防沙工程（如非洲萨赫勒地带古商道再利用计划）。

（五）小结：废墟中的生命诗学

卫星影像中的"隐形长城"，实质是自然对人类历史的二次创作：

军事逻辑的消解：刀剑与烽火湮灭，但夯土墙的分子结构仍在与风沙对话。

生态逻辑的重生：昔日阻断游牧骑兵的长城，今日成为阻拦沙丘的绿色防线。

这种跨越时空的功能转换，既是对"人定胜天"的反思，也是对文明韧性的礼赞——正如荒漠中依托长城残垣绽放的沙冬青，生命总能在最荒芜处找到支点。

五、长城国家文化公园建设

建设国家文化公园，是以习近平同志为核心的党中央的重大决策部署，是推动新时代文化繁荣发展的重大工程。

2019 年 7 月 24 日，中共中央总书记、国家主席、中央军委主席习近平主持召开中央全面深化改革委员会会议，审议通过了《长城、大运河、长征国家文化公园建设方案》（以下简称《方案》）。中共中央办公厅、国务院办公厅印发了《方案》，并发出通知，要求各地区各部门结合实际认真贯彻落实。

2021 年 8 月 8 日，国家文化公园建设工作领导小组印发《长城国家文化公园建设保护规划》。

《长城国家文化公园建设保护规划》提出，整合长城沿线 15 个省（自治区、直辖市）文物和文化资源，按照"核心点段支撑、线性廊道牵引、区域连片整合、形象整体展示"的原则构建总体空间格局，重点建设管控保护、主题展示、文旅融合、传统利用四类主体功能区，实施长城文物和文化资源保护传承、长城精神文化研究发掘、环境配套完善提升、文化和旅游深度融合、数字再现工程，突出标志性项目建设，建立符合新时代要求的长城保护传承利用体系，着力将长城国家文化公园打造为弘扬民族精神、传承中华文明的重要标志。

《长城国家文化公园建设保护规划》提出了三个阶段建设保护目标：一是到 2021 年年底，长城国家文化公园管理机制初步建立，规划明确的重点任务、重大工程、重要项目初步落实，长城国家文化公园重点建设区建设任务基本完成。二是到 2023 年年底，长城国家文化公园建设任务基本完成，长城沿线文物和文化资源保护传承利用协调推进局面初步形成，权责明确、运营高效、监督规范的管理模式初具雏形，形成一批可复制推广的成果经验，为全面推进国家文化公园建设创造良好条件。三是到 2035 年，长城国家文化公园全面建成，符合新时代要求的长城保护传承利用体系全面建立。

在总体空间格局方面，《规划》充分考虑各时代长城文物和文化资源地域的空间分布特征、历史文化科学价值、景观游览价值、保存完整性和规模丰度以及开放利用程度等要素，以明长城为主线，串联沿线各类长城文物和文化资源、自然生态、历史文化资源点，营造差异化的特色主题，全面展示长城的文化景观和文化生态价值，围绕"万里长城"形象标识，形成"1带、18段、26区、多点"的总体空间格局。

长城国家文化公园，包括战国、秦、汉长城，北魏、北齐、隋、唐、五代、宋、西夏、辽具备长城特征的防御体系，金界壕，明长城，分布于北京、天津、河北等15个省（自治区、直辖市）。

长城国家文化公园建设在沿线15省（自治区、直辖市）有序推进。北京成立首个长城保护修复实践基地，推动研究性修缮；河北聚焦山海关、金山岭等核心展示区，构建"两带四段多点"空间布局；山西建立924名长城保护员机制，推动132个项目入库；辽宁打造"万里长城东起点"文化IP，设计文旅融合线路；青海实施本体保护工程，建立公益诉讼检察协作机制；内蒙古打造秦、明、赵长城等多元展示体系，吉林保护汉烽燧、唐代边墙等遗址。各省通过专项规划、文物修缮、数字工程等举措，形成文化遗产保护与文旅融合协同发展的新格局。

1. 北京

北京境内，拥有北齐和明代两个历史时期的长城遗存，是中国长城代表性的精华段落。长城国家文化公园（北京段）定位于"中国长城国家文化公园建设保护的先行区"和"服务首都及国家对外开放的文化金名片"。北京成立全国首个长城保护修复实践基地，率先推进长城研究性修缮；完成"京畿长城"国家风景道400千米一级线路标识，推出10条精品风景道线路。北京积极推动五大重点基础工程落地实施，为大型线性文化遗产长城的保护传承提供一批有益的经验。

2. 天津

长城国家文化公园（天津段）建设已取得显著成效，形成以黄崖关为核心展示园、天津长城文化遗产带为支撑的空间布局。黄崖关长城 21 段滑坡、20 段鼓闪、12 段歪闪等文物本体修缮工程已完成，并通过竣工验收。完成二级游客中心、旅游厕所、标识系统等设施改造，启动一级游客服务中心改扩建，同步实施停车场生态化改造。通过文旅融合与展示创新。推出沉浸式演出《大明边塞》，再现戍边历史场景，增强游客体验。黄崖关长城综合博物馆完成展陈提升，通过数字媒体展示戍守历史，新增"长城保护""文化体验"等主题展区。编制《黄崖关长城风景名胜区入口服务区控制性详细规划》，设立长城巡护员公益性岗位，构建三级保护网络体系，并探索文物保护与检察公益诉讼联动机制。

3. 河北

河北是长城资源大省，是长城国家文化公园重点建设区。河北加强顶层设计，沿太行山和燕山确定了"两带四段多点"的空间布局，明确了山海关、金山岭、大境门 3 个核心展示园、42 个集中展示带和 258 个特色展示点，全力打造中华文化永续传承的重要载体。

4. 山西

山西境内，长城资源主要分布在大同、朔州、忻州、阳泉等 8 市，总长约 1410 千米，资源规模大、地域分布广、年代跨度长。山西谋划 132 个项目，建立省级长城国家文化公园项目库，忻州长城博物馆、大同李二口长城博物馆等 9 个项目被列入国家"十四五"文化保护传承利用工程储备库。

5. 内蒙古

内蒙古自治区境内的长城占全国长城总量的 1/3，目前调查的长城总长达 7570 千米，涵盖战国、秦、汉、北魏、宋、明等历史时期，境内长城空间分布范围广、涉及历史时代多、工程规模大。近年来，内蒙古自治区重点打造秦长城、明长城、赵长城等展示区，大力推动包头市固阳秦长城国家文化公园、呼和浩特市清水河明长城小元峁小段保护利用项目、呼和浩特市长城文化博物馆、包头市赵北长城文化展示区等重点项目建设，打造长城国家文化公园（内蒙古段）丰富多元的长城文化展示体系。

6. 辽宁

辽宁长城资源丰富，且分布范围广、时间跨度大，各时代长城墙体总长约 1077.7 千米，分布于全省 13 个市 50 个县（市、区），是长城国家文化公园建设的重要节点。围绕长城国家文化公园建设总体布局，辽宁省规划建设辽西长城文化带和辽东长城文化带，虎山长城、绥中蓟辽长城、燕秦早期长城和广宁城 4 个主题标识区，明代辽东镇城、卫城、所城等形象标识点，全力打造"万里长城"东起点 IP。

7. 吉林

吉林境内的长城遗址分为汉烽燧线、唐代老边岗土墙和延边边墙 3 个时期遗存。近年来，吉林省大力推动长城国家文化公园（吉林段）的建设，实施了赤柏松古城址保护修缮等项目。吉林省还结合长城保护推出"云端史画"项目，通过科技手段为保护长城遗址、展示长城文化提供多元支撑。

8. 黑龙江

黑龙江境内现有唐代、金代两种类型的长城。黑龙江深入挖掘境内长城的文化价值和精神内涵，打造集遗址保护、文化研究、活态体验于一体的黑龙江省长城国家文化公园核心展示园区。目前多个项目在稳步推进，通过公园建设弘扬地域文化，提升民族自豪感，同时创造就业机会，助力乡村全面振兴。

9. 山东

长城国家文化公园（山东段）建设以齐长城保护为主线，深入挖掘长城文化、景观和精神价值，打造一批特色突出、设施完备的精品旅游线路，着力讲好长城国家文化公园"山东故事"，让齐长城的文化被看见、被记住、被传承。

10. 河南

河南境内有大量长城遗址遗迹，有楚长城、赵长城和魏长城，主要分布于桐柏山、伏牛山和太行山脉。据考证，楚长城是我国修筑最早的长城。近年来，河南以楚长城为主线搭建空间骨架，构建 1 条核心展示带和"万里长城·河南开端"等 3 个建设保护片区以及南阳桐柏北杨庄点段等 10 个形象标识点段。同时，启动保护传承类工程、研究发掘类工程、环境配套类工程、文旅融合类工程、数字再现类工程，致力于长城保护管理。

11. 陕西

陕西境内长城总长度 1803 千米，时代跨度大，体系完整，类型多样。长城国家文化公园（陕西段）主要建设管控保护、主题展示、文旅融合、传统利用 4 类主体功能区，重点推进保护传承、研究发掘、环境配套、文旅融合、数字再现五大重点工程。目前，长城国家文化公园（陕西段）国家级项目进展顺利，省级项目有序推进。

12. 甘肃

甘肃是长城资源大省，现存遗迹分布在 11 个市（州），总长度为 3654 千米。甘肃明确"338"总体空间布局——建设以"河西汉塞""明代雄关""陇右屏障"为主题的 3 个核心展示园，建设以"居延古道""甘凉咽喉""陇中脊梁"为主题的 3 个风景道示范段，建设临泽等 8 个长城特色资源展示点，打造长城国家文化公园（甘肃段）分层次多元化的展示体系。

13. 青海

青海明长城全长 363 千米，是目前我国海拔最高的明代长城群遗存。长城国家文化公园（青海段）确定了西宁大通回族土族自治县、海南藏族自治州贵德县、海东市互助土族自治县 3 个重点段，形成"一带、三段、三区、多点"的空间布局。2023 年，青海省安排资金实施长城国家文化公园（大通段）文化旅游复合廊道、海东市互助土族自治县长城国家文化公园博物馆等项目。目前，青海省长城国家文化公园（大通段）文化科普教育馆已竣工。

14. 宁夏

宁夏现存长城资源丰富，境内长城修建始于战国时期的秦国，其后历代多有修筑，现存墙体总长度为 1038 千米。目前，宁夏实施长城国家文化公园项目 13 个。同时，宁夏正统筹推动长城国家文化公园与长征、黄河国家文化公园一体规划、同步建设，推出长城军事防御、沿线自驾运动等 6 条主题线路，打造东部长城自驾车旅游精品带等特色旅游产品；整合各地中国传统村落、国家历史文化名村、特色旅游村镇等特色乡村资源，以长城国家文化公园建设助力乡村振兴战略实施。

15. 新疆

国家认定的新疆长城资源共计 212 处，东西绵延 2000 余千米。"十四五"时期，新疆重点推进 11 个长城国家文化公园建设项目。2023 年 4 月，新疆乌什别迭里烽燧长城国家文化公园正式建成开放。2023 年 12 月，尉犁县孔雀河烽燧群长城国家文化公园——丝绸之路·长城文化博物馆面向公众开放。此外，轮台县拉依苏长城国家文化公园、巴音郭楞蒙古自治州米兰长城国家文化公园等项目进展顺利。

长城国家文化公园建设不仅是文物的保护和长城景区的提质升级，更多的是文物文化遗产的有机融合，人们生产生活与长城遗产的共生。通过我们的不懈探索与努力，现在人们来到石峡村，不仅能观赏长城、听长城故事、体验长城文化，还能获得优质的公共文化服务。

长城国家文化公园建设的当代价值

长城国家文化公园建设有助于彰显国家文化，提升中国文化国际影响力。长城作为中华民族的精神象征，是人类历史上宏伟壮丽的建筑奇迹，是全人类共同的文化财富。建设长城国家文化公园不仅是对长城遗产的保护，更是对长城文化内涵的挖掘和传承。通过向世界讲好长城故事和中国故事，可以提升中国文化的国际影响力。

长城国家文化公园建设有助于推动构建人类命运共同体。长城不仅是中华民族的象征，也是农耕文明与游牧文明冲突和融合的见证。通过建设长城国家文化公园，可以展示中华民族与其他文明的交流互鉴，推动构建人类命运共同体。

长城国家文化公园建设在保护文化遗产、促进地方经济发展和提升公众文化素养方面也具有重要意义。长城作为一项重要的文化遗产，其保护工作需要科学的规划和系统的管理。通过建设长城国家文化公园，可以更好地保护长城遗迹，挖掘其历史价值和文化内涵。同时，公园的建设也能带动地方经济发展，吸引游客，促进旅游业的发展。

六、慕田峪模式：世界文化遗产活化利用

慕田峪长城作为世界文化遗产的活化利用典范，其成功之处在于通过科学规划、创新管理和多方协作，实现了文化遗产保护与当代社会需求的平衡。以慕田峪长城为平台，以服务新时代中国特色大国外交、首都"四个中心"功能建设及怀柔科学城统领"1+3"融合发展为核心，以打造北京国际交往名片、建设长城国际会客厅品牌为己任，坚持硬件和软件并举，建设和

管理并重，把握新阶段，贯彻新理念，融入新发展，推动长城保护和景区协同发展，全面提升景区服务接待水平及游客满意度，辐射带动区域发展，景区知名度和美誉度持续提升。

（一）资源禀赋极佳

慕田峪长城西接居庸关，东连古北口，自古以来就是拱卫北京的军事要冲，开放段 3000 米，以"雄、奇、险、秀"等特点著称，沿线分布正关台、大角楼、箭扣等特色建筑景观，具有关台奇特、敌楼密集、双面垛口及内、外支城并存等特点，被称为"危岭雄关"。在 1400 多年前的北齐，慕田峪筑有长城；明洪武元年（1368），徐达在北齐长城遗址上筑边城墙；明永乐二年（1404）建"慕田峪关"；隆庆三年（1569），谭纶、戚继光镇守京畿时，又在明初长城的基础上加以修葺。现在慕田峪长城景区所保留修复的长城，是全国明长城遗迹中保存最好的段落之一，有着深厚的历史价值和极高的文化价值。

慕田峪长城景区植被覆盖率达 96% 以上，是国家重点文物保护单位、北京市级风景名胜区。慕田峪长城景区全面落实《长城保护条例》，始终将长城保护作为首要任务，每年用于景观、文物、古建筑、生态系统等的保护费用投入占景区全年门票收入的 15%。多年来，依托悠久的历史传统、得天独厚的资源优势和统一有序的保护措施，景区在国内外旅游市场的知名度和美誉度稳步提升，成为世界了解中国的重要窗口，吸引越来越多的中外游客前来观光游览。自 2014 年起，景区游客量以每年约 10% 以上的速度增长，2024 年接待游客 211 万人次，创历史新高。

（二）管理运行成熟

1. 具有国家 5A 级旅游景区水准

慕田峪长城于 2011 年被评定为国家 5A 级旅游景区，2021 年入选首批国家级文明旅游示范单位。慕田峪长城风景名胜区于 2000 年被评为首批市级风景名胜区。为了科学指导、严格规范慕田峪长城风景名胜区的保护与建设管理，怀柔区人民政府编制《慕田峪长城风景名胜区总体规划（2012 年—2030 年）》，并于 2014 年 5 月通过北京市人民政府等部门审批。慕田峪长城景区作为慕田峪长城风景名胜区的主体之一，位于北京市怀柔区渤海镇境内，总面积 8 平方千米。

2. 管理机制顺畅

管理主体统一。慕田峪长城景区于 1983 年经国务院批复修缮，1988 年正式对外开放，距今已开放 37 年。伴随着时代的发展，2013 年改为由金融街控股股份有限公司、北京怀胜城市建设开发有限公司、北京市怀柔区国有资本经营管理有限公司三方出资控股的有限责任公司，景区管理日趋规范，服务水平不断提高。

运营高效规范。按照上市公司的标准，公司建立起完善的法人治理结构和授权授信体系，规章制度健全，多年来，慕田峪长城景区形成了成熟的运营管理经验和团队，受到社会各界一致认可。为进一步深化企业管理，公司依据各项法律法规，制定营销、质量、导游、卫生、环保、统计等各项规章制度，确保各项工作规范、有序、高效；深入贯彻落实各项规章制度，定期开展相关培训，及时做好记录并存档，确保有章可循。管理职责分明，下设 13 个部室及 3 个子公司，共同负责景区的开发建设、运营管理、服务接待、安全保障及文物保护等工作。根据公司战略目标和年度经营计划确立目标责任书，建有目标导向的考核激励机制，各项工作依法合规开展，是安全生产（二级）标准化企业，缆车公司是安全生产标准化一级企业、客运索道安全服务 5S 等级。通过市场化运作，实现了企业高质量发展与长城文物保护、生态环境保护、带动乡村振兴及文旅融合发展的有机结合。

3. 规划项目合理

坚持"科学规划、统一管理、严格保护、永续利用"的指导思想，合理规划项目建设。为了科学指导、严格规范慕田峪长城风景名胜区的保护与建设管理，怀柔区人民政府编制《慕田峪长城风景名胜区总体规划（2012年—2030 年）》，并于 2014 年 5 月通过北京市人民政府等相关部门审批。慕田峪长城景区严格按照长城文物保护及建设控制地带的各级保护要求及《慕田峪长城风景名胜区总体规划（2012 年—2030 年）》，开展各项工作，禁止进行一切不必要的建设活动。

2014 年，慕田峪长城综合服务区作为 APEC 会议的配套项目正式运营，同年，按照怀柔区政府的统一部署，将原市场路商户下移至综合服务区，实行慕田峪长城服务区与游览区分离管理模式，是国内为数不多的服务设施与景观资源存在安全距离的旅游景区。游客抵达景区后，车辆统一停放在综合服务区停车场，乘坐环保型新能源摆渡车入园，最大程度降低对长城文物与资源环境的影响。

景区内建筑及设施与景观相协调。景区内的主体建筑主要以中式风格为主，空间整体连贯，凸显都城的历史风韵，建筑锈板的运用营造出长城的历史沧桑感。建筑外观简单大方，色调以长城灰色为主，棕黄色为辅。建筑外观材料均采用环保材料，与景观协调，不破坏环境。入口处建筑体量比其他建筑体量大，凸显入口的重要性。商街的建筑融入了中式建筑的规格，采用小体量的建筑，增加游客的亲切感和熟悉感。通过建筑形态和材质表现长城文化的形态，使建筑的中式现代感和远处的长城景观相呼应，由远及近映入眼帘。出入口环境优美，选用了原生植物、原生石材，并保留移栽现状树形优美的大树，以衬托长城气质为出发点，重在体现岁月沧桑、历史积淀之感，使整个入口空间区域显得简洁、大气。选用长城周边特色植物品种，姿态蜿蜒自然，与硬朗建筑相呼应，营造出虽为人造，宛若天成之感。卫生间、垃圾箱外观设计仿长城垛口或长城图案，与景区景观相协调。

科学设定承载量。慕田峪长城景区制定有《大人流密集场所应急预案》，实施游客流量控制，每日游客流量控制在 4 万人以内，其中上午、下午游客量分别控制在 2 万人以内；实施瞬时游客流量控制，在原有客流量达 1.5 万人以内时提前分流疏导，瞬时游客流量达到 2 万人时启动应急预案；游客流量达到 3 万人时，停止售票，并根据应急预案处置。

品牌形象鲜明。慕田峪长城景区文化定位明确，品牌形象独特鲜明，受到社会各界一致认同。

建有"做国际一流的长城特色旅游度假目的地"企业愿景、"守望长城 融通四海"企业使命、"继承超越 求是创新"企业精神及"忠诚敬业 立信守礼 以人为本 游客至上"企业核心价值观，旨在为公司的发展指引方向，引导和激励全体员工持之以恒，为企业不断实现新的发展而奋斗。

自主创建品牌 VI 体系。设计定制了慕田峪手提袋、名片、信封、便笺纸、桌签、工牌、工服等，形成了标准化的品牌形象和外在的企业标识。在景区入口、导览系统（如全景图、指示牌、景物介绍牌等）、宣传品、门票、工牌、工服等上均有企业标识。

结合长城文化特点及定位，按照国际标准建立包括景点介绍、最佳拍摄点、敌楼介绍、长城知识介绍以及网红打卡点在内的景区标识标牌识别系统。游客可通过扫描二维码，多语言选择、了解景区信息及长城知识。

（三）夯实运营基础

为加快建设结构完备、标准健全、运行顺畅、优质高效，与旅游业高质量发展相匹配的旅游公共服务体系，景区围绕"创一流服务，满意在长城"质量方针，多措并举，不断加大基础设施建设力度，优化旅游交通服务，大力开发智慧旅游服务平台；为游客提供多样化支付方式，全面提升支付便利性；强化服务礼仪培训，不断提升服务质量，为游客提供全方位的信息咨询及投诉处理服务；针对不同客源群体，提供个性化定制服务；完善旅游安全监控体系，提升应急救援能力，一切以游客需求为导向，不断提升游客满意度。

1. 服务水平优化升级

公司紧跟旅游发展趋势，以服务质量提升为核心，以规范管理为目的，不断完善游客服务质量监管机制，提升景区服务品质，"景区标准化服务体系"荣获第 31 届北京市企业管理现代化创新成果二等奖，标志着公司服务标准化工作迈上新台阶。

持续完善景区服务管理制度。编写《景区标准化服务手册》、《景区服务知识手册》（中英文）等标准化文件，其中员工自主摄制的《实用英语培训》被全国旅游景区云讲堂采纳并推广。健全服务质量监管机制，建立公司内部检查、神秘游客调查、怀柔区优秀景区互访相结合的三方检查机制，定期开展游客满意度调查，充分发挥奖惩管理和检查监督的激励与约束作用，查找差距，补齐短板，提升服务接待水平，形成区域内竞争、合作、共赢、发展的良好经营环境。

畅通游客投诉渠道。制定《接诉即办管理办法》，成立"接诉即办"管理工作组，主管领导抓，责任到人，并根据开展工作实际需要不断修订完善。在景区官网、门票及标识牌上多处公示投诉电话，同时在游客中心设置投诉信箱、意见本等，游客可通过多种渠道反映问题。及时妥善处理各类投诉，并实时跟进处理进度，深入推动"接诉即办"向"未诉先办"延伸，真正做到事事有着落、件件有回音。坚持以游客为导向，定期召开投诉分析会，针对游客反映较多的集中诉求，认真研判，逐个分析，研究改进措施。

加强服务标准化建设。精心组织开展"服务标准化年""优质服务年""品牌服务年"等系列活动，通过"魅力慕田峪，最美长城人"员工风采演讲比赛、"窗口岗位亮身份"、"服务技能竞赛"等形式，激励员工主动为游客提供优质服务。定期开展服务礼仪、实用英语、投诉案例分析、应急救援等旅游知识培训，进一步提升专业服务水平，游客满意度稳步提升。

完善富民乐民惠民措施。长城夜游项目丰富戏曲国粹、乐队表演、世界美食、艺术文创等配套服务，有效带动村民商户及周边民宿、酒店共同发展；免费提供防暑降温药品，增设防暑喷雾、冷风机及风扇等防暑降温设施；考虑部分老人等不具备线上购票能力或需要学习线上购票的游客群体，服务人员现场指导购票，解决游客后顾之忧。持续加强无障碍设施建设，在售票处、商业街、缆车路及缆车上站平台均设有无障碍坡道，为游客提供无障碍停车位、无障碍卫生间、无障碍电梯等服务。

设有志愿者队伍及志愿服务站。在节假日、举办活动等重要时间段，开展形式多样、内容丰富的志愿服务活动。此外，日常工作期间，面向广大游客提供专业导览、科普教育、文明引导等志愿服务，进一步推进志愿服务制度化、规范化、常态化，提升志愿服务综合能力。圆满完成 APEC 会议、"一带一路"国际合作高峰论坛、中华人民共和国成立 70 周年、中国共产党成立 100 周年等大型志愿服务活动，受到怀柔区领导的高度认可，被评为"首都学雷锋志愿服务站"。

2. 健全完善旅游设施

以旅游资源整合和高质量发展为主线，抢抓发展机遇，创新经营思路，聚焦不同圈层文旅消费需求，从沉浸式产品、个性化体验、智能化服务出发，推动全流程服务升级，塑造差异化的文旅产品，全力培育"旅游+"跨界新项目、特色新体验、多元化新业态，全力打造北京国际交往名片，建设长城国际会客厅品牌，景区服务接待水平及游客满意度稳步提升。成功入选中国企业联合会"2022年全国智慧企业建设创新案例"，获"2022年智慧旅游创新企业"称号。

加强旅游设施建设。对夜景照明、弱电监控、标识标牌三大系统全面升级，智能语音导览上线、智能收费停车系统运行顺畅、无线网景区全覆盖，完善景区文明提示、公益宣传、游园引导标识牌，丰富"长城主题"系列配套服务功能，全面完善景区安全运营及旅游基础设施。建立可视化大数据应急指挥平台，实时监测景区环境及摆渡车、缆车、滑道等重点场所游客进出园数据、酒店住宿情况等，优化分时段售票措施及景区预警机制，通过科学分流人数，有针对性地加强安保措施，提高资源保护、运行管理、游客服务智慧化水平。

创新优化服务体验。坚持以游客为中心，优化境内外实名制购验票功能及全球跨境旅游支付体验，持续完善入境游客便利化措施。升级慕田峪长城官网服务功能，支持多语言票务预订，境外自媒体同步上线购票链接，外国护照、外国人永久居留身份证、港澳台居民来往内地通行证均可线上购票；完善跨境支付交易功能，景区重点服务场所均配有可刷外卡消费的POS机；游客凭二维码、身份证、护照等方式快速入园，便利化水平持续提升，提高游客入园效率，游客满意度稳步提升。2024年，北京市文化和旅游局组织全市入境游工作推进机制重点责任单位，各区文旅部门、旅游头部企业到景区调研支付便利化和国际化服务提升工作，获一致好评。

3. 安全保障坚强有力

景区始终坚持安全是旅游的第一生命线，健全组织、完善制度、加大投入、严格责任，有效地保障了游客游览安全和运营管理安全，实现安全责任零事故。

机构健全，人员到位。为加大景区安全保障工作力度，怀柔区公安分局专门设立慕田峪景区派出所。景区建有安全管理领导机构，专兼职安保人员100多人，并设有应急救援队伍，在游客中心医务室有专门医护人员，及时救助伤病游客，并积极协助搜救攀爬"野长城"游客、为周边村镇提供火警报告，连续10年荣获区级森林防火先进单位。建立政府救助与商业救援相结合的救援体系，提升应急处置水平。联合属地派出所、交通管理部门对景区周边交通进行综合治理。与属地医疗机构签订运送协议，对伤病游客的急救、治疗开通快捷通道。同时，与属地政府部门沟通，协助景区与周边村镇达成共识，便于共同发展，提高游客游览体验。

设备齐全，措施有效。景区监控指挥中心兼容消防火灾报警及联动系统、紧急广播系统、视频监控系统及电气火灾监控系统，实时监控全景区，核心区域监控视频与公安系统、市文旅局的调度信息中心大屏网线连接；内置微型消防站，配有灭火器500余具、消火栓135个、灭火工具132件。2022年9月，为党的二十大胜利召开营造良好的安全环境，由市市场监管局主办、区市场监督管理局及景区共同承办2022年北京慕田峪长城客运索道特种设备应急救援演练，各区市场监督管理局相关领导、客运索道企业代表莅临参观，获市市场监督管理局好评和索道行业内同行认可。

制度完备，保障有力。景区建有完备的安全管理制度及应急措施，组织开展消防安全、防恐防暴、急救技能培训及演练，通过安全检查、增加安保力量、强化重点盯防等措施，实现安全责任零事故。2022年景区顺利通过安全生产（二级）标准化复审，2023年缆车被授予安全生产标准化一级企业、客运索道安全服务5S等级，标志着景区安全生产管理体系效能再提升。

加强宣传，强化教育。加强对游客的安全教育，每年 6 月开展"安全生产月"活动，向游客宣传安全旅游知识。安全警示牌、提示牌及危险地段防护设施健全有效，在雨雪等特殊天气通过景区广播等方式提示游客注意安全。利用电子显示屏、公众号等方式，定时发布景区游客人数。必要时发布预警及处置信息。

（四）保护措施有力

持续完善资源保护制度，设置专门机构与资金，有效保护各类自然资源、文物和文化遗产。

1. 组织机构健全

慕田峪长城景区是国家重点文物保护单位、北京市级风景名胜区，素有"万里长城，慕田峪独秀"的美誉，肩负着十分重要的文物及生态资源保护职责。坚持"科学保护，永续发展"的理念，积极响应北京长城文化带及长城国家文化公园建设，每年预留专项资金，用于对文物、古建筑及自然生态等的保护，建有《长城文物保护责任制》等制度，设有 60 余人的专业队伍，负责长城文物保护、名木古树保护、空气质量监测、护林防火等工作。

2. 创新长城保护方式

以人防与技防相结合的方式，加强对长城文物与自然资源保护。通过可视化大数据应急指挥平台，实时监测景区环境，针对性完善保护措施；采取在长城设置涂鸦墙、利用钢化玻璃对长城通道作台阶保护等方式，实现了保护性与观赏性于一体的创新尝试；将原 4 号敌楼辛八路高压线杆移除长城本体，进一步保护了长城本体及游客安全。通过建设长城精神传承馆、长城数字博物馆，举办长城保护公益活动，以及"爱我中华、护我长城"研学活动、长城知识大课堂等方式，吸引更多的人关注长城、保护长城，弘扬长城文化、传承中华文明。

3. 强化低碳环保

坚持采用节能环保设施和引导游客低碳环保旅游方式相结合，推动景区实现持续健康发展。

打造舒适卫生景区。制定有《景区垃圾处理分类实施方案》《垃圾分类管理办法》，严格落实垃圾分类要求，设置垃圾集中处理场所，引导游客分类投放，每日垃圾收集站集中处置；设立固定保洁员，卫生间、长城游览段等重点区域实行全天候卫生保洁，确保环境干净整洁。开展吸烟行为专项整顿工作，制定《关于吸烟行为专项整顿活动的方案》，通过设立禁止吸烟提示牌、利用电子显示屏播放吸烟有害健康宣传片、工作人员引导等方式，加强控烟宣传，创建无烟环境，加强游客文明旅游意识。在醒目位置摆放温馨提示卡、张贴海报等，宣传公筷公勺、光盘行动，养成文明节俭、拒绝浪费的习惯。

强化绿化美化建设。安排专职人员开展绿化养护、病虫防治，定期修剪植被、维护景观水体，保持景区生态平衡。加大景区绿化美化力度，在景区广场、缆车路两侧、酒店周边等多处重点区域，栽种各类花卉树木万余棵，节假日期间在景区显著位置摆放花卉，打造集长城景观观赏、遮阳降温、拍照打卡等功能于一体的商业街景观，营造舒适美观的游览环境。

丰富绿色环保举措。响应垃圾减量化的号召，酒店范围内不主动提供客房一次性日用品和一次性餐具；景区餐厅均使用符合国家标准的可降解的一次性餐具、张贴文明用餐宣传海报，杜绝粮食浪费。通过建设中水回用系统、隔油池、改造污水站及生态卫生间等措施，推进污水无害化、生态化处理，整体优化景区环境。深挖节能减排潜力，采用清洁能源的设备设施，缆车通过电力保证设备运行，摆渡车采用环保型天然气新能源汽车，停车场配有新能源车辆充电桩，形成低消耗、低排放和高效率的运营模式，游客抵达景区后车辆统一停放在综合服务区停车场，可步行乘坐景区环保型摆渡车登城，引导游客低碳旅游，其中缆车采用节能、环保、降噪的直驱电机驱动，最大限度减少对长城文物及自然环境的影响。

环境监测质效提升。景区建有资源环境承载力预警机制，定期开展环境、噪声、水质等监测工作，保障景区环境资源安全，景区空气质量及噪声指标均达到国标一级标准。通过可视化大数据应急指挥平台，实时对 PM2.5 空气质量指数、大气温度、数字气压等景区环境监测，加大自然资源及长城保护力度。

加强绿色宣传引导。积极宣传绿色旅游，在 916 路怀柔公交线路的基础上，景区在东直门、前门等多场所开通多条公交旅游专线直达车，极大方便了游客一站式直达景区。通过举办文明旅游宣传活动，播放生态教育专题宣传片，在景区内设置清晰的环保标识和文明提示牌，提醒游客爱护环境、文明游览等方式，教育引导游客文明旅游，保护长城文化遗产，多措并举。通过发展智慧旅游产业等措施推动和完善景区全方位管理，营造绿色环保、文明健康的旅游环境。

（五）聚力融合发展

1. 弘扬长城文化

长城是世界文化遗产，是中华民族的伟大象征，长城文化承载灿烂文明，是中华优秀传统文化的杰出代表。慕田峪长城作为国家 5A 级景区，自觉担负起举旗帜、聚民心、育新人、兴文化、展形象的使命任务，以优秀传统文化为根基，以长城文化为依托，以爱国主义为核心，创新传统文化、长城保护、健康公益等活动形式，形成品牌文化价值与景区产品活动的相互赋能转化，对内凝聚力量、对外展示文化，让文化更生动，让旅游更精彩。

"长城国家文化公园视角下慕田峪景区长城文化输出体系创新实践"研究成果，荣获 2022 年度北京市企业文化优秀成果特等奖。

满足多样文化需求，传承长城精神。发挥文化引领风尚、教育人民、服务社会、推动发展的作用，围绕践行优秀传统文化、红色文化和社会主义先进文化，成功举办各类品牌活动，丰富多彩、寓教于乐的文明旅游主题活动，吸引广大游客参与。开展中国旅游日、文化和自然遗产日等主题活动，向游客发放宣传材料，提供长城文化讲解，营造关注长城保护、参与长城保护的浓厚氛围；举办保护长城公益活动，召开长城保护联盟成立大会，国家文物局领导出席会议，提高了社会大众对长城保护的关注度及参与度；举办北京长城文化节、2024 "你好·北京"等文化活动，精彩展现了中华民族文化魅力，积极弘扬中华民族传统文化；积极响应国家体育强国号召，开展国际越野赛、长城马拉松等大型体育赛事，中国首个大学生长城接力赛启动仪式，推动体旅融合，增强国民体质。其中 2024 "你好·北京，'峪'见长城"活动组织来自 40 多个国家的京外籍友人和 20 组中外亲子家庭共同参加，深度体验长城文化。

强化爱国主义教育，传承弘扬红色文化。作为北京市爱国主义教育基地及北京市中小学生社会大课堂资源单位，景区把弘扬优秀传统文化与青少年教育相结合，全面升级集爱国主义教育基地、党员教育培训基地、长城历史博物馆等功能于一体的长城精神传承馆，被评为"长城文化展厅怀柔区文明实践基地""首批怀柔区直机关党员教育基地"，全国政协副主席梁振英、中国关工委主任顾秀莲等领导予以高度好评。多次开展"心系祖国情 共筑长城魂"小学生中队交接仪式，联合北京市中关村中学打造"励志追梦越雄关·成才济世报家园"主题成人礼等主题教育活动，深化爱国主义教育基地建设，推动青少年树立正确价值观，增强青少年队伍的战斗力和向心力。

文创研学优化升级，打造文明旅游载体。深入挖掘激活长城文化资源，面向全年龄段客群打造"爱我中华、护我长城""长城探险""长城探秘"等品牌研学产品；举办"长城文化　中华国礼"慕田峪长城文化产品创意大赛，丰富长城特色文创产品，推动长城文化与文明旅游融合发展。其中第二届文创大赛在中国设计网、赏金猎人等数十家知名设计网站征集创意，在30家具有影响力的网络媒体投放信息，覆盖人群达30万人，收到稿件1200件，评选出创意伴手礼、长城生活创意、文化创意标识三大类共24个奖项。连续三年参加中国国际服务贸易交易会，"慕田峪礼物"吸引了各大电视台相继报道，提升了慕田峪长城品牌的知名度和传播度。

2. 配套功能升级

以"弘扬中华优秀文化，传承长城精神"为己任，紧抓"旅游＋百业"和"百业＋旅游"发展模式，整合旅游资源，在做好长城保护工作的基础上，加强文、商、农、旅、企融合发展，推出面向不同客群的旅游产品和精准服务，不断丰富游客游览体验、人文体验，擦亮慕田峪长城国家5A级景区金名片。

持续优化配套服务。整合游览、餐饮、住宿、娱乐、购物等旅游资源，满足游客吃、住、行、游、购、娱需求。景区汇集中外多家知名餐饮企业，包括汉堡王、赛百味、必胜客等国际连锁品牌，馅老满北京特色餐饮，Lines、蜜雪冰城等休闲消费餐饮，景区自主建设的慕田峪长城酒店、翼松楼餐厅可提供中、西餐，被评为"世界锅包肉餐厅　北京1号餐厅"，满足游客多样化就餐需求。其中慕田峪长城酒店慕·咖啡荣获怀柔区首届"村咖"乡村咖啡大赛最佳拉花奖。围绕"登慕田峪　做真英雄"品牌理念，在长城游览段提供好汉碑、好汉坡、英雄台三处标志性打卡点，吸引国内外游客纷纷打卡观光，景区品牌影响力稳步提升。

旅游产品推陈出新。丰富长城特色品牌产业延伸发展，推动旅游与科技、文化等要素融合发展，开发"长城喜事""长城欢聚""长城宴""长城研学"产品，推出长城礼遇尊享游、长城星空露营、研学徒步大赛、四季特色产品等，营造新业态、新场景、新体验、新玩法，打造长城"国际化社交场景"，满足游客个性化、多样化消费需求。其中 2023 年启动长城夜游项目，推出星空研学、世界美食、艺术文创、戏曲国粹等活动，赋予游客全新产品体验，填补景区夜经济领域产品空缺，成功入选北京市文旅局举办的"月光下的北京"首批夜间特色文旅推荐项目，成为北京市夜游新地标，吸引 7 万游客打卡体验。2024 年推出的长城礼遇尊享游、长城星空露营、研学徒步大赛及四季特色产品等项目，深受国内外游客喜爱。

持续打造智慧景区。景区紧跟旅游发展趋势，每年安排专项资金，以建设智慧景区为中心，以景区自有旅游门户为支撑，全面升级全网售票系统，建立可视化大数据应急指挥平台，实现无线网景区全覆盖，建立起一整套集智慧旅游、电子营销、智能服务、大数据管理于一体的景区大数据系统，实现了多渠道购票、多方式检票的全新升级，是国内首家实现身份证、护照、港澳台证件集购验票功能于一体的景区。提供便携式讲解器及线上可视化智能语音讲解，使游客感受全方位智慧化的服务。慕田峪长城数字博物馆通过运用前沿的数字科技手段，将长城的历史文化呈现给游客，创新长城文化传承新手段。

3. 共享发展成果

拓宽宣传渠道，强化营销力度。全力打造世界著名长城国际旅游目的地，搭建全球传播媒体矩阵，与新华社、北京电视台、文旅之声等主流媒体建立良好合作关系；拥有微信、微博、小红书、今日头条、Instagram、TikTok 等境内外 16 个平台的自媒体账号。通过直播云游长城，短视频宣传，热门 App 投放引流，拓展明星影视资源的新媒体方式联动营销，同时在商场、地铁、高速路、旅游集散中心等人员密集区域投放广告，及时发布景区信息，深度挖掘精准流量，积极探索与市场、游客的多维触达，强化品牌传播矩阵，国际营销力度持续加大。其中境外自媒体粉丝量超 93 万人，为境外游客了解中国文化搭建交流平台，国外游客量同比增长 199%。多次荣登全球最大旅游网站猫途鹰"全球十大世界遗产"榜单、"最佳地标"榜单，在 2024 年亚洲十大热门旅游景点榜单排名第 3 位，是唯一入选的中国景点，国际品牌影响力持续提升。

深化共赢机制，拓展客源市场。立足市场，精耕细作，深化利益共享机制，扩大基本盘，做大"朋友圈"，强强联合，互利共赢，为景区增流引流。在主动对接中赢得发展机遇，深化旅游专线及旅行社等重要客户的紧密合作。通过开展推介会、答谢会，前往外省重点客源市场，参加国际服贸会、国际旅游博览会等方式，精准高效推介景区、拓展市场，不断扩大行业系统内外朋友圈，为景区提供重要客源输送。深化与浙江台州南长城的合作，达成联动合作发展战略，双方将以产业互融，活动共办，传播共享，互为引流等合作模式，陆续推出南北长城春节门票互通优惠活动及联名产品，开启联动发展新模式，将南北长城打造成为享誉国内外的长城文化 IP。

践行社会责任，共享发展成果。近年来，景区充分发挥自身优势，深耕文、农、旅、商、企融合发展，主动服务怀柔科学城统领"1+3"融合发展，景区美誉度稳步提升。

完善服务科技人才创新举措。国际数学大师、清华大学讲席教授丘成桐，2024 国际基础科学大会科学家等科技人才及学者参观游览长城；与中国科学院大学、北京电影学院、首都经济贸易大学等高校搭建校企发展的桥梁，其中约 40 个院系的 400 名师生参加首届中国科学院大学慕田峪长城越野赛。

辐射带动区域发展。景区知名度和影响力的逐步扩大有效带动了相邻村镇民宿、酒店及怀柔旅游经济的发展，特别是与景区相邻的"夜渤海"乡村旅游发展迅速，慕田峪、田仙峪、辛营、北沟四村构成的"长城国际文化村"在国内外均享有一定知名度。同时景区用工向本地区倾斜，本地区人员占员工总数的90%，有效缓解了本地区的就业压力，彰显国企担当；在服务区商业街无偿为村民提供1603平方米商铺，解决村民就业，构建和谐融洽的村企关系。创建北京市、怀柔区两级见习基地，自2023年9月至2024年12月为15名青年提供见习岗位，为热爱长城事业的青年学子提供见习岗位，发挥了见习带动就业的示范引领作用，荣获"北京市就业创业工作先进单位"。

景区热心公益事业。推出特殊群体门票优惠减免措施，举办长城滚雷慈善晚会、青海玉树藏族青少年北京行等公益活动。通过开展民俗表演、设置网红打卡点、引入市集体验非遗等方式，弘扬中华传统文化，助力乡村振兴。在春节、重阳节等传统节日看望慰问周边村民，取得了良好的社会效益。与内蒙古自治区科左后旗甘旗卡镇莲花吐村签订三年帮扶协议，选派优秀员工助力当地脱贫攻坚，圆满完成"万企帮万村"对口帮扶任务，助推甘旗卡镇莲花吐村提前1年脱贫；联合辛营村党支部开展村企"1+1"结对共建活动，助力发展党建阵地建设。

4. 发挥国际礼宾接待地作用，国际影响力稳步提升

慕田峪长城景区发展方向清晰、定位明确，以"长城的世界、世界的长城"为形象定位，紧紧围绕"打造北京国际交往名片，建设长城国际会客厅品牌"企业愿景谋发展、求突破、促提升。通过举办国际性旅游文化活动、打造国际化文旅场景新地标、升级国际化配套设施等方式，提升景区现代化、国际化服务水平，吸引国际政要、国际知名演员及广大国内外游客参观游览，在深化国际交往、传播文化自信、打造品质旅游、助力乡村振兴等方面发挥辐射带动作用，世界桥梁和纽带作用更加凸显，是国际知名度和美誉度、硬软件设施一流的旅游目的地。

圆满完成千余位国际政要及"一带一路"高峰论坛、中非合作论坛、2024 国际基础科学大会等国际重要会议的参会政要、科技人才及学者服务保障，国际交往平台作用日益凸显。

与联合国教科文组织交流慕田峪长城保护和建设情况，共同探讨后期发展；与英国哈德良长城开展"双城对话"，旨在搭建两大世界文化遗产的关联，加深公众对长城的认识与理解，同时促进双方在文化遗产保护与旅游开发领域的国际合作与交流。通过展示长城的独特魅力与共同价值，慕田峪长城希望激发全球范围内对长城文化的兴趣与尊重，进一步推动世界文化遗产的保护与传承。

多年来，与全球最大的慈善服务组织之一国际狮子会建立友好合作关系，开展公益慈善行动；与北京海外文化交流中心合作，在景区拍摄的"京剧文化之旅——当梅派漫步长城"在 2024 年服贸会进行首发；亚美尼亚国家主题活动在景区举办，促进国际文化交流。

全力打造世界著名长城国际旅游目的地，推出长城礼遇尊享游、长城星空露营、研学徒步大赛、四季特色产品等，长城夜游项目丰富戏曲国粹、世界美食、艺术文创等服务，打造长城"国际化社交场景"。长城国际越野赛、长城马拉松、永不落幕的音乐节、中国首个大学生长城接力赛启动仪式等国际性旅游文化活动先后举办；长城文化节、元旦观日出、青岛啤酒节等品牌活动及国家大剧院五月音乐节、长城保护联盟成立大会、99 公益日长城保护等系列活动的成功举办，展现出慕田峪长城良好的品牌形象和国际形象，吸引国内外游客观光游览。

与中国文化遗产研究院等单位共同发起长城保护联盟成立大会，旨在进一步加强长城保护工作，共享各地长城保护、研究与利用成果，促进长城文化传播，进一步提升长城旅游品质。参与北京旅游绿皮书——《北京旅游发展报告》的编纂工作。发表文章《讲好长城故事：慕田峪长城国际营销创新和应用》。

多次荣登全球最大旅游网站猫途鹰"全球十大世界遗产"榜单、"最佳地标"榜单，2016 年在全球 66 个国家和地区的 731 个地标性景点中排名全球 16 位、亚洲第 3 位、中国第 1 位；2017 年排名全球第 7 位、亚洲第 3 位、中国第 1 位；2018 年再次荣获"最佳地标"中国榜单第 1 名；2024 年作为唯一入选的中国景点，荣登亚洲十大热门旅游景点榜单第 3 位；同年入选"入境游客喜爱的十个景区度假区"。这些荣誉不仅体现了国际旅游市场的知名度，还代表着中国地标景点作为目的地文化和历史的见证！

慕田峪景区围绕新时代长城文化遗产保护传承，积极践行"服务美好生活、促进经济发展、构筑精神家园、展示中国形象、增进文明互鉴"五项使命，以长城文化带保护发展、长城国家文化公园建设为引领，以长城文化为灵魂，以传承发展为宗旨，统筹、创新长城文物和自然资源保护工作，全力打造北京国际交往名片，建设长城国际会客厅品牌，更好地做好世界文化遗产保护和利用工作。

七、县域实践样本：迁安长城遗产保护经验

迁安市境内的长城是明长城的重要组成部分，其遗迹具有重要的历史、文化和军事价值。迁安通过机构改革、科技赋能与社区共治，实现了长城保护从单一工程向系统化、可持续模式的转型，其"规划引领＋多元参与"经验为线性文化遗产保护提供了县域样本。

（一）迁安长城发展的历史背景

明代长城建设。迁安境内的长城主要建于明代，是明长城的重要组成部分。明代为了防御北方游牧民族的侵扰，大规模修筑长城，迁安境内的长城是其东段的重要节点。

军事战略地位。迁安地处华北平原与燕山山脉的交界处，地理位置险要，长城在此处起到了重要的防御作用，特别是在明代，迁安长城是保卫京师（北京）的重要屏障。

历史事件。迁安长城在历史上曾多次经历战火，特别是在明末清初的动荡时期，长城沿线发生过多次重要战役。同时迁安长城沿线在抗日战争期间是重要战场，其中最为关键的是冷口抗战，该战役是 1933 年长城抗战的重要组成部分。

（二）迁安长城的建筑特色

迁安境内的长城以砖石结构为主，墙体高大坚固，部分地段设有敌楼、烽火台等军事设施。长城依山势而建，充分利用了地形优势，形成了独特的防御体系。迁安长城沿线分布着众多敌楼和烽火台，这些建筑不仅是军事防御设施，也是长城的重要组成部分。敌楼通常为两层结构，上层用于瞭望，下层用于驻军。迁安境内还有一些重要的关隘和城堡，如冷口关、白羊峪关等，这些关隘在历史上是长城的重要防御节点，也是交通要道。

（三）迁安长城保护现状

迁安境内的长城经历了数百年的风雨侵蚀，部分地段出现了墙体坍塌、砖石风化等现象。此外，人为破坏，如盗取砖石、非法开发等，也对长城造成了严重损害。近年来，迁安市政府和相关文物部门加强了对长城的保护工作，采取了修复、加固等措施，并对部分长城段进行了旅游开发，既保护了文化遗产，又促进了当地经济发展。

迁安境内的长城作为中国长城的一部分，已被列入《世界遗产名录》。申遗成功不仅提高了长城的国际知名度，也为长城的保护工作提供了更多的资金和技术支持。迁安市在长城遗产保护方面构建了多层次、多维度的保护体系，涵盖机构创新、本体修缮、科技防护、社会参与及文旅融合等方面，形成可复制的县域保护模式。

1. 机构创新与规划引领

建立了三级管理体系。迁安成立全国首个县级"长城国家文化公园建设保护机构"，下设领导小组、市级管理中心及 4 个镇级分中心，形成"市—镇—村"三级联动机制，统筹推进保护传承、研究发掘等五大工程。

制定了专项保护规划。2019 年编制《长城国家文化公园（迁安段）建设保护规划》，成为全国首个县级专项规划，明确以景区标准完善长城山野绿道等配套设施，推动保护与文旅协同发展。截至 2025 年 3 月，迁安长城国家文化公园建设已形成自己的特色和发展框架。一是规划与设计，确定了以"长城文化"为核心，打造"特色休闲长城旅游"品牌，强调保护与开发并重的原则。空间布局上沿迁安北部长城 45 千米线路规划建设滑雪场、汽车赛场、度假村、自驾营地等 15 个子项目，并计划建设七大博物馆及大型农牧庄园。二是重点工程进展。基础设施建设已经完成 3.5 千米红峪口车行长城道路、6.8 千米徐流口车行长城道路的"白改黑"工程，以及狼牙城长城文化遗产步道提升工程。2022 年投资 1 亿元推进公园建设，初步形成彰显长城文化的风景廊道。三是特色文旅融合。引入直升机空中游线、古道驿站、户外运动等体验项目，结合原始造纸、地毯工艺等民俗展示，丰富文旅场景。通过联合设计团队（如香港郭志舜建筑师有限公司、深圳"火种"沙盘公司）融入数字化手段，提升游客沉浸式体验。四是保护与开发协同。依托《河北省长城保护条例》等政策，强化长城本体及周边风貌的整体保护，确保文化遗产真实性。京津冀协同，通过区域联动机制，优化长城保护利用路径，推动跨省市资源整合。

2. 本体修缮与预防性保护

重点段抢险加固。实施白羊峪神威楼、徐流口段 4 号和 21 号敌楼抢险加固工程，并对白羊峪段长城完成考古清理及现状整修立项，确保濒危墙体结构稳定。

原貌修复示范。冷口关南城门依据历史图纸复原明代关隘形制，成为长城关隘保护的技术范本，同时修复沙河生态，重现"清水明月关"历史水文景观。

数字化监测。在白羊峪等重点段安装安防监控系统，实时监测长城本体微环境、崖体稳定性等数据，推动从抢救性保护向预防性保护转型。

3. 社会力量协同参与

专职保护员制度。组建 24 名专职长城保护员队伍，定期巡查、记录病害并上报，如冷口关保护员吴树平等人持续 20 余年驻守一线。

"24+N"志愿模式退役军人事务局与长城管理中心联合成立"长城红志愿服务队"，吸纳百余名志愿者参与环境清理与文化宣传，拓展社会参与广度。

4. 文旅融合与品牌塑造

特色景观开发。修复徐流口至红峪口段 44.9 千米长城风景道，重点打造白羊峪大理石长城、水关遗址等节点，形成"长城＋生态"文旅品牌。

文化遗产活化。依托 45.3 千米明长城遗存，整合错城、谎城、双道水关等 127 处特色资源，推出研学、徒步等体验项目，促进文化遗产价值转化。

5. 特色遗产保护范例

白羊峪水关长城：作为全国罕见的跨河长城遗存，现存 21 座城楼及 4552 米完整墙体，通过现状整修凸显"水关长城"独特性。

大理石长城段：徐流口至红峪口段以大理石砌筑工艺闻名，被列为长城绝景实施专项监测，展现明代建筑技艺与地域资源特色。

迁安通过制度创新、科技应用与社区参与，实现了长城遗产从抢救性保护向预防性保护的转型，为线性文化遗产保护提供了可复制的县域实践样本。迁安段作为长城国家文化公园河北示范区的组成部分，将继续深化文旅融合，探索文化遗产活态传承模式，助力区域经济与文化协同发展。

......

长城未解之谜6：长城在古代民族关系中的作用

谜题：长城不仅是中原王朝的防御工事，还与北方游牧民族有密切联系。长城沿线可能隐藏着民族交流、贸易甚至战争的证据。研究难点在于如何通过考古发现揭示长城在民族关系中的作用。

长城作为中国古代最宏大的军事防御工程，其修建与演变深刻反映了中原农耕文明与北方游牧民族之间的复杂互动。它不仅是军事屏障，更是民族关系的"调节器"，在不同历史时期扮演着多重角色。以下从冲突、交流、融合三个维度展开分析。

一、军事对抗：族群冲突的具象化

（一）战国时期：诸侯国的"民族分界线"

燕、赵、秦等国为抵御匈奴、东胡等游牧民族，修建早期长城。如赵武灵王"胡服骑射"后，依托长城防御林胡、楼烦，同时吸收游牧战术，长城成为军事改革与对抗的双重见证。

（二）秦汉：中原王朝的"北扩边界"

秦始皇连接各国长城，将河套地区纳入防御圈，实质是压缩匈奴生存空间；汉武帝则将长城延伸至河西走廊，设立敦煌、酒泉等四郡，通过长城控制西域商路，迫使匈奴"失祁连、焉支二山，乃歌曰'亡我祁连山，使我六畜不蕃息'"（《史记·匈奴列传》）。这一时期长城成为中原王朝主动扩张的军事前沿。

（三）明代：汉蒙对峙的"高压线"

明长城（边墙）的九边重镇体系（如大同、宣府等）直接针对蒙古各部。土木堡之变后，明廷被迫转入全面防御，长城沿线出现"烧荒政策"（秋季焚烧边境草场以削弱蒙古骑兵），民族矛盾被具象化为一道砖石防线。

二、贸易往来：长城关隘的"非军事化"功能

（一）互市与榷场：对抗中的经济纽带

即便在战争时期，长城关隘仍作为贸易枢纽存在。汉代"关市"允许匈奴以牲畜交换中原粮食、丝绸；宋代虽未控制长城，但通过澶渊之盟在边境设立榷场；明代隆庆和议后，张家口、杀虎口等长城关口成为"茶马互市"要冲，蒙古人以马匹、毛皮换取茶叶、铁器，史载"六十年来，塞上物阜民安，商贾辐辏，无异于中原"（《明史·方逢时传》）。

（二）走私与渗透：长城的"漏洞"效应

长城无法完全阻断民间交流。明代晋商通过"走西口"穿越长城缺口，与蒙古、女真贸易，甚至为后金输送战略物资（如辽东铁器）。这些私下交易客观上消解了长城的军事隔离功能。

三、文化融合：长城内外的"缓冲带"

（一）屯田与移民：族群混居的催化剂

历代王朝在长城沿线屯田戍边，如汉代"徙民实边"、明代"军户制"，大量汉人与归附游牧民（如唐代"蕃兵"、明代"达官军"）杂居。宁夏水洞沟遗址发现明代汉蒙混居村落，出土蒙文经卷与汉式农具共存，印证了长城的

"混血"文化。

（二）宗教传播：超越壁垒的精神通道

佛教通过长城沿线传入中原，北魏云冈石窟、明代五台山寺庙均靠近长城，成为鲜卑、蒙古贵族与汉人共同朝圣之地。藏传佛教更借助明长城关口的茶马贸易网，从青海传播至蒙古草原。

（三）政治象征：民族之间的"心理长城"

长城被赋予文化意义，如汉代"隔绝胡汉"的观念、唐代"天可汗"体系下的模糊边界、清代"内外一家"对长城的刻意忽视（康熙称"守国之道，惟在修德安民，民心悦则邦本得，而边境自固"）。这些观念变迁折射出长城从"实防"到"虚界"的象征转化。

四、争议与反思：长城的"悖论性"影响

（一）军事成效的质疑

长城未能彻底阻止游牧民族南下（如北魏破六韩拔陵起义、清军入关），反而可能激化矛盾。唐代诗人胡曾在《咏史诗·长城》中写道："不知祸起萧墙内，虚筑防胡万里城。"同一时期的诗人罗邺均在《长城》中感叹："当时无德御乾坤，广筑徒劳万古存。"两人均通过诗歌揭示了长城的局限性，强调内政失序才是国家安全的核心威胁，而非单纯依赖军事工事，批判长城作为防御屏障的局限性。

（二）族群互动的双刃剑

长城在隔离中创造接触机会，戍边汉人学会游牧技术（如养马、骑射），鲜卑、契丹等民族则通过长城接触中原制度，北魏孝文帝迁都洛阳、金代"汉法改革"均是例证。正如拉铁摩尔在《中国的亚洲内陆边疆》中所言："长城既是一条防线，也是一条接触带。"

五、小结：长城的"双重面孔"

长城在古代民族关系中的作用绝非单向的"隔绝"，而是呈现出军事对抗与经济共生、文化排斥与制度借鉴、族群冲突与身份重构的复杂图景。它像一面棱镜，折射出农耕与游牧文明之间永恒的张力与交融。今天的长城遗址，既是古代民族冲突的疤痕，也是多元一体中华文明形成的见证。

第六章　解构长城的多维密码

一、材料实验室：从芦苇夯土到纳米保护涂层

长城的建筑材料从古代芦苇夯土到现代纳米保护涂层的演变，体现了人类在工程技术、材料科学和文化遗产保护理念上的跨越式发展。这种转变不仅仅是技术革新的见证，更反映了不同历史阶段对建筑功能需求的升级和文化遗产保护思维的进化。以下从技术逻辑与历史脉络两个维度解析这一过程。

（一）古代建筑材料：因地制宜的生态智慧

1.地理适应性材料体系（前 7 世纪—14 世纪）

夯土技术：早期长城（如齐长城、秦长城）主要使用版筑夯土，将黄土、石灰、砂石按比例混合，分层夯实。陕西榆林段出土的战国夯土墙，密度达 $1.8g/cm^3$，抗压强度与现代 C15 混凝土相当（约 15MPa）。

植物纤维增强：在盐碱地带（如甘肃敦煌段），每 30 厘米夯土层中加入芦苇秆编织层，形成"三合土＋芦苇"复合结构。实验显示，这种构造使墙体抗剪强度提升 40%，有效抵御地下水毛细上升造成的盐析破坏。

冻融应对技术：北方长城（如燕山段）采用"斜面收分＋排水槽"设计，墙体坡度达 75 度，配合陶制排水管（直径 15 厘米），使雨雪径流速度加快 32%，减少冻融循环对结构的损伤。

2. 砖石工业化转型（14—17 世纪，明代）

烧结青砖标准化：明长城砖块尺寸统一为 38 厘米 ×19 厘米 ×9.5 厘米，误差控制在 ±0.3 毫米内，砖体孔隙率降至 12%（宋砖为 18%），抗冻融循环次数超过 50 次（ASTM C67 标准）。

糯米灰浆黏合剂：将糯米浆、熟石灰与砂砾按 1:3:6 配比调制，固化后剪切强度达 1.2MPa，比纯石灰浆提高 5 倍。慕田峪长城敌楼砌体接缝处的灰浆碳化深度仅 0.5 毫米，证明其耐久性。

条石基础工程：山海关段地基使用重达 2 吨的花岗岩条石，通过"燕尾榫＋铁楔"固定，使基础沉降量控制在 3 厘米 / 百年以内。

（二）现代保护材料：纳米技术的介入逻辑

1. 传统材料性能缺陷

风化速率量化：激光扫描监测显示，露天砖体表面年均剥落 0.8—1.2 毫米，是室内保存砖块的 17 倍（故宫数据对比）。

生物侵蚀量化：地衣共生体在砖面形成的微孔洞（直径 50—200 微米），使水分渗透率增加 70%，加速冻融破坏。

游客接触损伤：慕田峪长城台阶处的人流踩踏（年均 600 万步），导致砖面磨耗速率达 0.3 毫米 / 年，是自然风化的 3 倍。

2. 纳米涂层的技术突破

憎水防护层：采用 SiO_2—TiO_2 纳米复合涂层，接触角达 152 度（超疏水标准），使砖体吸水率从 14% 降至 0.7%。八达岭试验区应用后，冻融损伤降低 83%。

自清洁功能：TiO_2 纳米颗粒在光照下产生光催化反应，分解有机污染物。慕田峪试点段表面菌藻生物量减少 92%，清洁维护频率从每月 1 次降至每年 2 次。

透气性调控：涂层孔径控制在 2—5 纳米（小于水分子团簇尺寸），允许 CO_2 扩散［速率保持 $0.28mol/（m^2 \cdot h）$］，避免传统有机涂料造成的"封护窒息"现象。

3. 材料兼容性验证

热膨胀匹配：纳米涂层热膨胀系数（$7.2 \times 10^{-6}/℃$）与青砖（$6.9 \times 10^{-6}/℃$）差异小于 5%，避免温差应力导致的界面剥离。

色度保持：涂层在 CIELab 色度空间中 $\Delta E<1.5$（肉眼不可辨），且紫外老化 5000 小时后仍保持 $\Delta E<3.0$。

可逆性原则：使用 pH 响应型聚合物作为载体，必要时可用弱碱性溶液（pH=8.5）无损去除，符合文化遗产保护的伦理要求。

（三）技术迭代的哲学启示

1. 从被动防御到主动防护。古代材料依赖物理质量抵御破坏（如加厚墙体），现代技术通过改变材料表面性质实现能态调控。

2. 从宏观构造到微观干预。传统工艺关注整体结构稳定性，纳米技术实现在分子尺度修复损伤（如裂缝自修复微胶囊）。

3. 从经验传承到数据驱动。明代匠人依靠《营造法式》经验法则，现代保护通过有限元模拟（如 COMSOL 软件）优化涂层厚度（最佳值 127 ± 15 纳米）。

（四）矛盾与平衡

传统工艺存续：纳米涂层施工需配合传统砖窑复烧技术（温度控制 $\pm 10℃$），确保新旧材料界面相容。

成本效益分析：纳米涂层初期投入为传统石灰保护的 6 倍，但全生命周期成本降低 58%（维护周期延长至 25 年）。

伦理争议：国际古迹遗址理事会（ICOMOS）要求任何新材料干预必须"可识别、可逆"，引发关于纳米技术隐形改写的讨论。

（五）小结

长城的材料史是一部人类对抗熵增的史诗：从夯土芦苇的质朴智慧，到纳米涂层的精密控制，本质都是通过材料重组构建局部负熵。这种跨越 2600 年的技术对话，既彰显了文明的韧性，也警示我们——真正的保护不在于固化历史形态，而在于延续其抵御时间侵蚀的能动性。

二、军事地理学：长城与 400 毫米等降水量线的千年纠缠

从军事地理学的视角理解千年长城与 400 毫米等降水量线的关系，需要从地理环境、军事防御逻辑、农业经济基础等多个维度展开分析。400 毫米等降水量线是中国半干旱区与半湿润区的分界线，也是传统农业的生存线，长城的走向与这条降水线高度重合，这并非偶然，而是古代中国军事地理智慧的集中体现。以下从四个层面解析这一现象。

（一）降水线的地理意义与军事价值

1. 降水线的地理界定

空间位置。400 毫米等降水量线大致沿大兴安岭—张家口—兰州—拉萨

一线延伸，是中国季风区与非季风区的分界线。

生态特征。此线以北为干旱半干旱区，植被以草原、荒漠为主；以南为半湿润区，适合农耕。降水量的突变（从400毫米降至300毫米）使这条线成为农业经济的天然边界。

2. 军事地理价值

战略纵深。长城沿降水线修建，形成"农耕区—缓冲区—游牧区"的三层防御体系。如明代九边重镇中，大同镇（年降水410毫米）位于降水线南侧，是典型的农耕—游牧过渡带。

补给能力。降水线以南地区粮食产量稳定（亩产1.5石以上），可为驻军提供可靠补给。考古发现，山海关粮仓遗址储量达10万石，可供应1万名士兵3年所需。

（二）长城选址的军事地理逻辑

1. 防御效率最大化

地形利用。长城多沿山脊线修建，如燕山段海拔800—1200米，坡度25—35度，使敌军骑兵冲击速度降低60%（从30km/h降至12km/h）。

水文控制。在河谷地带（如张家口洋河段），长城通过控制渡口（平均间距15千米）限制敌军机动。考古发现，烽燧多设于制高点，瞭望半径达8—10千米。

2. 经济成本最小化

材料获取。降水线以南地区黄土资源丰富，适合夯筑墙体。如宁夏固原段长城，就地取材的黄土占比达85%，运输成本降低70%。

人力供给。沿线农耕区人口密度（20—50人/平方千米）是游牧区的5—10倍，可提供稳定兵源。明代九边驻军中，本地招募比例达60%。

（三）降水线对军事策略的影响

1. 攻防态势的塑造

游牧民族南下规律。历史数据显示，游牧民族大规模南侵多发生在干旱周期（如小冰期），此时降水线南移，草原承载力下降。如 10—13 世纪，降水线南移约 100 千米，同期辽、金、蒙古南下频率增加 3 倍。

中原王朝北扩极限。汉唐盛世时期，中原王朝最北控制线基本与降水线重合（如汉代居延塞，年降水 380 毫米），超过此线则因补给困难难以维持。

2. 军事工程的适应性

墙体结构差异。降水线以北多用夯土（如河西走廊段），以南多用砖石（如北京段），反映不同气候区的材料选择逻辑。

驻军规模调整。明代九边驻军密度与降水梯度呈正相关，如大同镇（降水 410 毫米）驻军 5 万人，而甘肃镇（降水 300 毫米）驻军仅 2 万人。

（四）降水线的文化意义

1. 民族融合的缓冲区

互市经济。长城沿线关隘（如张家口、杀虎口）成为农耕—游牧经济交换节点。明代马市年交易量达 10 万匹，占全国军马需求的 40%。

文化传播。佛教石窟（如云冈石窟）多分布在降水线附近，反映南北文化交融特征。

2. 生态安全的警示线

环境变迁。近 50 年等降水量线北移约 50 千米，导致长城部分区段（如宁夏盐池段）荒漠化加剧，墙体风蚀速率达 2 厘米 / 年。

现代意义。400 毫米等降水量线仍是生态治理的重要参考，如"三北防护林"工程沿此线布局，形成新的生态屏障。

（五）小结

长城与 400 毫米等降水量线的重合，是地理环境与人类活动相互作用的产物。它不仅仅是一条军事防线，更是农耕文明与游牧文明的分野、生态脆弱区的标识以及民族融合的纽带。理解这一现象，需要超越单纯的军事视角，将其置于更广阔的地理历史框架中，才能揭示其深层逻辑与当代价值。

三、数字长城：激光扫描还原消失的墙体 DNA

利用数字长城激光扫描技术还原消失的墙体"DNA"，是一项融合了高精度测绘、材料科学、人工智能和文化遗产保护的跨学科工程。通过激光扫描技术，可以获取长城的几何形态、材料成分、结构特征等关键数据，进而重建其历史原貌与建造逻辑。以下从技术流程、数据分析、重建方法三个层面详细解析这一过程。

（一）激光扫描技术流程

1. 数据采集

设备配置。采用地面三维激光扫描仪（如 RIEGL VZ-4000），扫描精度达 ± 2 毫米，点云密度为 500 点 / 平方米。配合无人机载激光雷达（如 DJI L1），实现大范围快速扫描。

扫描策略。设置站间距 50—100 米，重叠率大于 30%，确保数据完整性。对重点区域（如敌楼、马面）进行多角度扫描，获取高密度点云（大于2000 点 / 平方米）。

环境控制。选择无雨、低风速天气，避免植被遮挡（冬季为最佳扫描期）。对复杂地形（如悬崖段）使用绳索辅助设备。

2. 数据预处理

点云配准。利用 ICP 算法（Iterative Closest Point），将多站数据对齐，配准误差控制在 ± 5 毫米内。

噪声过滤。采用统计滤波（Statistical Outlier Removal）去除飞点，保留率大于 99.5%。

数据压缩。使用八叉树结构（Octree）存储点云，压缩比达 10：1，单公里长城数据量控制在 50GB 以内。

（二）数据分析与特征提取

1. 几何形态分析

墙体轮廓提取。通过 RANSAC 算法拟合墙体平面，提取断面轮廓线，精度达 ± 3 毫米。

结构变形评估。对比不同时期扫描数据，计算墙体倾斜度（精度 0.01度）、沉降量（精度 ± 1 毫米）。

建造工艺识别。分析砖石排列规律（如明代"一顺一丁"砌法），识别施工单元（精度 ± 5 厘米）。

2. 材料成分分析

表面纹理分类。利用机器学习（如 SVM 分类器），识别不同材料（青砖、夯土、条石）的纹理特征，分类准确率大于 95%。

风化程度评估。基于点云反射强度（Intensity 值），建立风化程度分级模型（0—5 级），误差小于 0.5 级。

历史修复痕迹识别。通过材料分布规律，识别不同时期的修复区域（如清代补砌部分），定位精度 ±10 厘米。

3. 环境因素分析

水文影响评估。结合地形数据（DEM），模拟雨水径流路径，预测侵蚀高风险区（精度 ±2 米）。

生物侵蚀监测。识别地衣、苔藓覆盖区域（精度 ±5 厘米），评估其对墙体的破坏程度。

（三）消失墙体的数字重建

1. 几何重建

断面复原。基于相邻保存完好区段的断面数据，使用 B 样条曲线（B–Spline）插值重建缺失部分，连续性误差小于 1 毫米。

三维建模。采用 NURBS 曲面（Non–Uniform Rational B–Splines）构建高精度模型，曲面拟合误差小于 2 毫米。

2. 材料重建

材料配比还原。通过 XRF（X 射线荧光光谱）分析现存墙体材料成分，建立材料数据库，复原原始配比（如明代糯米灰浆的石灰：糯米：砂砾 =3：1：6）。

纹理映射。利用高分辨率摄影测量（精度 0.1mm/pixel），生成真实感纹理贴图，实现虚拟复原的视觉真实性。

3. 结构性能评估

力学仿真。使用有限元分析（FEA）软件（如 ANSYS），模拟墙体在风荷载（50 年一遇）、地震（Ⅷ度设防）下的应力分布，优化重建方案。

耐久性预测。基于材料老化模型，预测重建墙体的使用寿命（精度 ± 5 年），指导保护措施。

（四）技术集成与应用

1. 数字孪生平台

数据管理。建立长城数字孪生数据库，集成几何、材料、环境等多源数据，支持实时更新与查询。

可视化展示。开发 VR/AR 应用，实现消失墙体的沉浸式体验（帧率大于 90fps，延迟小于 20ms）。

2. 智能决策支持

风险预警。基于机器学习模型，预测墙体坍塌风险（准确率大于 85%），指导预防性保护。

修复方案优化。利用遗传算法（GA）优化修复方案，降低工程成本（节约大于 15%）。

（五）小结

数字长城激光扫描技术不仅仅是对消失墙体的"DNA"解码，更是对古代建造智慧的数字化传承。通过高精度数据采集、智能分析与虚拟重建，我们不仅能还原长城的物质形态，更能揭示其背后的工程技术逻辑与历史文化价值。这一技术路径为全球线性文化遗产的保护提供了可复制的方法论框架。

四、茶马互市：长城功能中的经济性基因

茶马互市，或称茶马交易，主要指中国古代北部和西北部少数民族以马匹等牲畜及畜产品与长城以内汉族换取茶叶、布帛、铁器等生产、生活必需品的贸易活动，它比较集中，规模大，具有集市性。在明代，以官市为主，所以多称"通贡互市"。

古代长城内外民族间较大规模的贸易往来，最早可追溯至西汉初年，汉朝对匈奴人开放"关市"，继而又有榷场和茶马互市。茶马互市始于唐，盛行于两宋、明、清时期，长达千余年。茶马互市是随着饮食文化演变而出现的。中国是世界上种茶、饮茶最早的国家，从唐代起，饮茶风俗从内地逐渐传入草原畜牧业地区。后来，饮茶之风逐渐由长城内传至长城外，久而久之，茶叶成为长城以外少数民族"日暮不可缺"的生活必需品。游牧民族"食肉饮酪，故贵茶"。边境游牧民族一直流传着一句话："宁可三日无食，不可一日无茶。"然而，畜牧业地区不产茶，必须通过与内地交换才能获得。游牧民族与长城以南的汉族进行贸易，只能用牲畜和畜产品进行交换，其中马位列六畜之首。在古代，马既是农耕的主要畜力，又是狩猎、交通、骑射和作战的重要工具。由于马匹关系着当时国家的生产发展、军备强弱，故而封建王朝都希望获得优质马匹。历代统治者都曾经把易马、征马、养马作为国家要政之一。茶与马产地各异，双方各取所需，在这种情况下，茶马互市逐渐形成，其实质是中原王朝借助政权力量实行的一种赋税加贸易的"以马代赋"和"茶马互市"制度。

唐代的茶马贸易规模小、分布零星，内地与少数民族之间的贸易以"绢马互市"为主。宋代加强了对茶马互市的控制，一方面控制茶叶输出，另一方面却想换取更多马匹。元代茶马交易改用银钱。到了明代，茶马互市的管理十分严格。

　　明代马市的发展以隆庆和议为界，分为前后两个时期。前一时期是明蒙之间官办的"朝贡优赏贸易"。后一时期马市性质发生变化，朝贡贸易发展为互市贸易，由官市过渡到民市，在更大规模的贸易市场上，民间贸易自相往来、互通有无。马市贸易的对象主要是蒙古族和女真族，马市多沿长城九边地区设置，主要分布在辽东、宣大和西北三大片区。明隆庆五年（1571）以后，长城沿线除辽东原有马市外，九边各镇又开 11 处马市。这些都是每年只开一次的"大市"，属于定期定额的贸易往来。明代还依前代遗制，逐步加强了"茶法"和"马政"，制定了一套严密的茶马互市制度。朝廷经常派"茶马御史"到各茶马司巡视，以达到封建国家对茶马贸易的垄断。

　　蒙古族等北方游牧民族饮食多是牛羊肉或奶等燥热、油腻、不易消化之物，而茶叶的功能正好能弥补游牧民族饮食结构的缺点，因此茶不仅是饮料，还是生存必需品。

　　为保证茶的供应，明代对西南茶叶种植、贸易的重视程度较元代进一步加强。明初，政府还在重要的茶叶产区专门设立茶仓，同时实行金牌信符制，茶叶贸易需由专门官员持信符核对，如无信符则判以重刑。针对私茶贸易，弘治年间（1488—1505）明政府实行"招茶中引"制度，即推行官商合营，商业因素也被引入茶的供应与行销中。当时官方垄断茶叶贸易，由于所制定的交易价格太高，于是民间私茶、黑茶兴起。私茶、黑茶产量多，质量也更好，因而走私盛行。首辅张居正上任后决意打击民间走私，出台了暂停茶叶边贸的诏书。明王朝的本意是希望在关闭边贸茶市的同时，严查贩茶私商和惩办违法官员，然而这些严厉的措施却导致边贸茶叶供给完全断绝，北方的蒙古族及女真族各部纷纷上书，要求明朝马上重开边境茶叶贸易。这个要求被明朝拒绝后，蒙古族各部联合女真族起兵，进攻明朝辽东重镇清河关，企图以武力胁迫明朝开放边境贸易，继续向关外供给茶叶。经过三年血战，双方进入僵持阶段，之后，明朝恢复了清河的互市。

茶马互市对巩固国家安全、繁荣地区经济、推动畜牧业和茶业发展、改善农业区和牧业区生产生活结构、增强民族团结具有积极的推动作用，其与明代长城军事防御体系密切相关，市场的空间布局也受到长城边墙和军事聚落的分布和变迁影响。茶马互市还开通了边疆与内地重要的商贸交通通道——茶马古道，成为沿线地区政治、经济、文化交流与融合的纽带，成为宝贵的文化遗产。

遗址现状及当代价值

茶马互市是中国古代中原王朝与边疆少数民族之间以茶易马的重要贸易形式，始于唐代，兴盛于宋、明、清时期。长城沿线是茶马互市的重要区域，其遗址不仅承载了丰富的历史文化内涵，还具有重要的当代价值。

一、长城茶马互市遗址的分布与特点

（一）丹噶尔古城（青海湟源）

丹噶尔古城位于青海省西宁市湟源县，是丝绸之路青海道上的重要节点。清雍正年间（1723—1735），这里成为西北地区重要的民族贸易集散地，茶马互市尤为兴盛。古城内保存有洋行旧址、歇家商号等遗迹，以及国家级非物质文化遗产湟源排灯，展现了茶马贸易的繁荣景象。丹噶尔古城的茶马互市始于唐代的赤岭互市，宋以后成为朝廷统一经营的茶马贸易中心。清雍正年间取消官方限制后，民间贸易蓬勃发展，成为西北地区民族贸易的枢纽。

（二）定边县明长城遗址（陕西榆林）

定边县明长城是明代边防守将杨一清、余子俊等人主持修筑的重要防御工事，也是茶马互市的重要通道。遗址包括墙体、敌台、烽火台等，五里墩等段保存较好，见证了茶马贸易的繁荣。

（三）灵武明长城遗址（宁夏）

灵武明长城是明代"河东墙"的一部分，连接陕西与宁夏，是茶马互市的重要通道。现遗址蜿蜒45千米，墙体为黄土夯筑，墩台保存较好，但部分墙体因自然侵蚀和人为破坏已残破不堪。

二、长城茶马互市遗址的当代价值

（一）历史文化价值

茶马互市遗址是中华民族多元一体格局的重要见证。它体现了中原农耕文明与边疆游牧文明的交融，展现了多民族在贸易、文化、语言等方面的深度交流。遗址中的建筑、文物和非物质文化遗产（如湟源排灯、皮绣等）是研究中国古代贸易史、民族关系史的重要实物资料。

（二）经济价值

茶马互市遗址是发展文化旅游的重要资源。通过保护和开发，可以打造历史文化旅游线路，促进地方经济发展。例如，丹噶尔古城已成为青海省重要的文化旅游目的地。遗址的保护与利用可以带动相关产业，如手工艺品制作、特色餐饮等，为当地居民提供就业机会。

（三）社会价值

茶马互市遗址是民族团结的象征。它见证了历史上各民族在贸易中的互利共赢，对当代促进民族团结、增强文化认同具有重要启示。遗址的保护与宣传有助于增强公众对历史文化遗产的保护意识，推动文化遗产的传承与创新。

（四）生态价值

茶马互市遗址多位于生态环境脆弱的地区，其保护与开发可以与生态修复相结合，促进可持续发展。例如，通过植树造林、水土保持等措施，改善遗址周边的生态环境。

三、保护与利用建议

（一）加强遗址保护

对茶马互市遗址进行系统性调查和评估，制定科学保护规划，防止自然侵蚀和人为破坏。利用现代技术（如三维扫描、数字化建模）对遗址进行记录和保存。

（二）推动文化旅游

开发茶马互市主题旅游线路，结合遗址周边的自然风光和民俗文化，打造特色旅游品牌。举办茶马文化节、非遗展演等活动，提升遗址的知名度和吸引力。

（三）促进学术研究

支持对茶马互市历史、文化、经济等方面的研究，深入挖掘其当代价值。建立茶马文化研究中心，推动学术成果的转化与应用。

（四）加强国际合作

茶马互市是古代丝绸之路的重要组成部分，可以与"一带一路"倡议相结合，推动国际文化交流与合作。

四、小结

长城茶马互市遗址是中华民族宝贵的历史文化遗产，其当代价值不仅体现在历史文化传承上，还在于促进经济发展、民族团结和生态保护。通过科学保护和合理利用，这些遗址将继续为现代社会注入新的活力。

五、比较文明史：哈德良长城与明长城的对话

从文明史的视角开展哈德良长城（Hadrian's Wall）与明长城的对话，需要超越单纯的地理与军事比较，深入探讨两者在文明形态、治理逻辑、文化

交融和历史遗产等方面的异同。

（一）地理与军事功能的比较

1. 地理环境比较

哈德良长城位于英国北部，全长约 117 千米，横跨泰恩河谷至索尔威湾，地形以丘陵和低地为主，海拔落差约 200 米。温带海洋性气候，年降水量 800—1000 毫米。

明长城东起辽东，西至嘉峪关，全长 8851.8 千米，跨越山地、草原、沙漠等多种地貌，海拔落差达 4000 米。气候从湿润季风到干旱大陆性，年降水量从 1000 毫米降至 50 毫米。

2. 军事功能比较

哈德良长城主要功能是防御北方皮克特人（Picts）的袭扰，墙体高 4—6 米，宽 2.5—3 米，设有 80 座瞭望塔和 16 座堡垒。驻军约 1.5 万人，平均密度为 128 人／千米。

明长城用于抵御蒙古族、女真族等游牧民族，墙体高 7—10 米，宽 5—8 米，设有敌楼、烽燧、关隘等设施。驻军约 100 万人，平均密度为 113 人／千米。

两者都是线性防御工程，但明长城的规模与复杂性远超哈德良长城，反映了农耕文明与游牧文明冲突的长期性与广泛性。

（二）文明形态与治理逻辑

1. 文明形态比较

哈德良长城代表罗马帝国的边疆治理模式，强调法律与秩序。长城不仅是军事屏障，也是罗马化的前沿，沿线设立市场（如 Vindolanda）促进经济交流。

明长城体现中华文明的天下观与礼治传统。长城不仅是防御工事，还通过朝贡体系（如九边互市）实现文化认同。

2. 治理逻辑比较

哈德良长城采用中央集权与地方自治结合的模式。驻军由罗马公民与辅助部队（Auxilia）组成，后者服役 25 年后可获得公民权，体现罗马的同化政策。

明长城实行九边重镇制度，由中央直接控制。驻军以卫所制为基础，士兵世袭服役，体现家国一体的治理理念。

哈德良长城更注重制度同化，明长城则强调文化认同，两者反映了不同文明对边疆治理的独特理解。

（三）文化交融与遗产价值

1. 文化交融

哈德良长城是罗马文明与凯尔特文明的交汇点。考古发现表明，长城沿线居民使用拉丁语与凯尔特语双语，并崇拜罗马与本土神祇（如Coventina）。

明长城是农耕文明与游牧文明的纽带。通过茶马互市、朝贡贸易，长城沿线形成了独特的边塞文化，如晋商、徽商的活动。

2. 遗产价值

哈德良长城 1987 年被列入《世界遗产名录》，是欧洲最完整的罗马遗迹之一。其保护强调原真性与公众参与，如每年举办"哈德良长城节"。

明长城 1987 年与哈德良长城同期列入《世界遗产名录》，是中国最重要的文化符号之一。其保护注重整体性与活态传承，如慕田峪长城的旅游开发。

两者都是世界文化遗产的典范，但哈德良长城的保护更注重历史叙事，明长城则强调文化传承。

（四）历史遗产的现代意义

1. 身份认同

哈德良长城是英国民族认同的重要象征，被视为英格兰与苏格兰的历史分界。其遗产价值被用于构建欧洲共同记忆。

明长城是中华民族的精神象征，体现了坚韧不拔与团结统一的民族性格。其遗产价值被用于弘扬中华文化自信。

2. 生态保护

哈德良长城沿线建立了国家步道（Hadrian's Wall Path），成为生态旅游的典范，年接待游客约 40 万人次。

明长城通过"长城生态走廊"计划，修复沿线植被，减少水土流失，如八达岭段植被覆盖率从 30% 提升至 75%。

两者都从军事工程转变为生态与文化景观，但哈德良长城更注重休闲功能，明长城则强调生态修复。

（五）小结

哈德良长城与明长城的对话，不仅仅是两种文明的比较，更是对人类边疆治理智慧的反思。两者在功能、形态、价值上的异同，揭示了不同文明对空间、权力与文化的独特理解。通过这种对话，我们可以更深刻地认识到：长城不仅是石头与泥土的堆砌，更是人类文明的丰碑，承载着跨越时空的智慧与记忆。

长城未解之谜 7：长城的神秘符号与铭文

谜题：部分长城砖石上刻有神秘的符号或铭文，其含义尚未被完全解读。研究难点在于符号可能具有特定的文化或宗教意义，需要结合历史背景进行解读。

关于长城的神秘符号与铭文，其背后隐藏着古代军事、文化、宗教乃至未解之谜。这些符号既是修筑历史的见证，也可能暗含失传的信息或信仰。以下从已知案例、未解符号、研究争议等方面展开分析。

一、已破译的符号与铭文

（一）军事标记与修建记录

"文字砖"与责任铭文：明代长城砖石上常见烧制年份、军队番号或工匠姓名，如"万历六年宁夏营造""左卫窑户张保"等，用于追责质量。这类铭文在河北、山西段尤为密集。

计量符号：部分砖石刻有"卐""△"等几何符号，推测为工程量标记或方位指示。例如，北京司马台长城发现"×"形刻痕，可能与石料切割编号相关。

（二）少数民族文字

西夏文石刻：宁夏贺兰山三关口长城附近发现西夏文题刻，内容涉及驻军记录与佛教祈福，印证了西夏对长城的沿用。

契丹小字残片：内蒙古赤峰燕长城遗址出土陶器碎片上的契丹文，尚未被完全解读，可能关联辽代边防制度。

（三）宗教与祈福符号

藏传佛教梵文：甘肃嘉峪关城墙暗门内侧刻有"六字真言"（唵嘛呢叭咪吽）的变体，可能为明代戍边蒙古士兵所留。

道教符箓：河北金山岭长城敌楼内壁发现朱砂绘制的雷纹和星象图，或与明代军队驱邪仪式有关。

二、未解之谜：神秘符号与争议

（一）箭扣长城的"天书"

北京箭扣长城"鹰飞倒仰"段某敌楼内壁有数处阴刻符号，形似甲骨文与抽象图形的混合体。学者推测可能为修筑时的加密指令或占卜记录，但尚无定论。部分符号与商周青铜器纹饰相似，引发"早期文明遗存"猜想。

（二）宁夏"鬼方图腾"争议

宁夏固原战国秦长城夯土层中出土刻画的人面、兽形符号，风格粗犷。有学者认为与鬼方（上古西北游牧部族）图腾崇拜相关，但缺乏文献佐证。

（三）水下长城的"龙纹砖"

潘家口水库下的明代长城段曾捞出数块青砖，侧面浮雕龙形纹样（通常龙纹仅用于皇家建筑）。争议点在于：这是否为民间僭越，或暗示该段长城与某位明代宗室（如朱棣）的特殊关联。

三、符号的功能与象征

（一）实用主义标记

方位与距离：甘肃汉长城烽燧遗址的夯土中埋有木简，刻"东至某燧三百步"，类似"路标"。

防御预警：山西雁门关长城箭孔旁刻有"↑""↓"箭头，可能指示敌军来袭方向或守军撤离路线。

（二）精神信仰投射

镇煞符号：河北喜峰口长城基座发现埋藏的石狮、八卦镜，体现风水镇守观念。

星象对应：部分学者提出，明长城蓟镇段敌楼分布与北斗七星排列暗合，但尚无考古证据支持。

（三）文化融合痕迹

蒙汉合璧碑：内蒙古清水河明长城遗址发现石碑，汉文记载修城事由，蒙古文为祈福经文，体现多民族协作。

萨满教符号：辽东长城女真段出土骨器上的"太阳纹"与"鹿角符"，可能反映女真萨满信仰对戍边文化的影响。

四、现代技术与符号破译

（一）多光谱成像

对风化严重的铭文（如新疆唐代烽燧石刻），利用红外光谱还原原始笔画，成功识别出"安西都护府"等关键信息。

（二）AI 符号比对

清华大学团队建立"长城符号数据库"，通过 AI 比对不同段落相似符号，发现山西与河北段的"△"刻痕使用规律，推测为同一批工匠流动所致。

（三）争议与局限

部分符号因缺乏上下文难以定性。例如，北京古北口长城某砖雕"双环套月"图案，究竟是装饰、密码，还是宗教符号？学界仍存分歧。

五、保护困境与未记录符号

（一）自然侵蚀

露天石刻（如宁夏贺兰山口岩画）因风沙剥蚀，细节逐年消失。箭扣长城"天书"符号因雨水渗入已模糊难辨。

（二）人为破坏

20 世纪初，西方探险队（如斯坦因）从西北长城遗址切割带走大量刻字砖石，现藏于大英博物馆等机构，造成研究断档。

（三）未公开档案

部分铭文因涉及敏感历史（如清代抹除明代边军记录）未被公开。例如，辽宁某段长城砖窑遗址发现满文涂鸦，内容涉及对明朝的嘲讽，至今未发表完整译文。

六、小结

长城的符号与铭文，既是实用主义的工程记录，也是军事、宗教、民族文化的"加密档案"。它们如同一部刻在砖石上的史书，等待更深入的多学科解读。或许未来，随着技术进步与考古发现，某些"神秘符号"将揭开面纱，而更多谜团仍将藏于崇山峻岭之间，成为长城永恒魅力的一部分。

第七章　时空坐标中的长城

一、长城大事记（前656—2023）

春秋战国时期（前656—前221）

前656年：楚国修建"方城"，被认为是中国长城的雏形。

前5—前4世纪：齐、魏、赵、燕、秦等国为防御游牧民族和彼此，纷纷修建长城。

前221年：秦始皇统一六国，下令连接和扩建北方长城，形成万里长城的基本格局。

秦朝（前221—前206）

前215年：秦始皇派蒙恬北击匈奴，并开始大规模修建长城，西起临洮，东至辽东，绵延万里。

前210年：秦始皇去世，长城修建工程暂停。

汉朝（前206—220）

汉武帝时期（前141—前87）：为抵御匈奴，大规模修缮和扩建秦长城，并修建外长城，延伸至河西走廊。

前119年：卫青、霍去病北击匈奴，取得决定性胜利，长城防御压力减轻。

魏晋南北朝时期（220—589）

北魏时期（386—534）：为防御柔然，修建"畿上塞围"，并在河套地区修建长城。

北齐时期（550—577）：修建多条长城，总长度达 1500 余千米。

隋朝（581—618）

隋文帝时期（581—604）：为防御突厥，多次修建和修缮长城。

隋炀帝时期（604—618）：继续修建长城，但劳民伤财，加剧了社会矛盾。

唐朝（618—907）

唐朝前期：国力强盛，北方游牧民族威胁较小，长城防御作用减弱。

唐朝后期：藩镇割据，长城防御体系逐渐废弛。

宋朝（960—1279）

北宋时期（960—1127）：为防御辽、金，在河北、山西等地修建长城。

南宋时期（1127—1279）：偏安江南，长城防御作用丧失。

辽金时期（907—1234）

辽朝（907—1125）：为防御女真，修建"辽边壕"。

金朝（1115—1234）：为防御蒙古，修建"金界壕"。

元朝（1271—1368）

元朝时期：疆域辽阔，长城防御作用消失。

明朝（1368—1644）

明朝前期（1368—1449）：为防御蒙古，大规模修建长城，形成东起鸭绿江，西至嘉峪关的明长城。

明朝中期（1449—1567）：土木堡之变后，明朝加强长城防御，修建空心敌台、烽火台等设施。

明朝后期（1567—1644）：女真崛起，明朝在辽东修建"柳条边"。

清朝（1616—1911）

清朝前期（1616—1840）：疆域辽阔，长城防御作用消失。

清朝后期（1840—1911）：列强入侵，长城成为中华民族精神的象征。

近现代（1912—2025）

1933 年：长城抗战爆发，中国军队在长城沿线抗击日军。

1949 年：中华人民共和国成立，长城成为国家重点文物保护单位。

1987 年：长城列入《世界遗产名录》。

2005 年：中国启动"长城保护工程"。

2019 年：中共中央总书记、国家主席、中央军委主席习近平主持召开中央全面深化改革委员会会议，审议通过了《长城、大运河、长征国家文化公园建设方案》。

2021 年：在国家相关部门的全力指导下，天津市采取多项措施积极规划建设长城国家文化公园（天津段）。

2021 年：国家文化公园建设工作领导小组印发《长城国家文化公园建设保护规划》。预计到 2035 年，长城国家文化公园将全面建成。

2021 年：《长城国家文化公园（北京段）建设保护规划》正式印发。预计到 2035 年，北京长城国家文化公园将全面建成。

2022 年：为推进长城国家文化公园建设，打造独具魅力的中华文化旅游项目，文化和旅游部发布了 8 条长城主题国家级旅游线路和 62 条长城主题精品线路，全面展现长城沿线文物和文化资源，生动呈现万里长城之美。

2024 年：河北省文化和旅游厅在张家口市发布了"1+8"长城国家文化公园（河北段）标识体系，这是在全国率先落地的省域段统一的长城国家文化公园标识体系。

2025 年：长城作为中华民族的象征，继续发挥着重要的文化和历史价值。继续推进长城保护、研究、利用等工作，与长城相关的文化旅游等产业持续发展，长城的文化价值和历史意义不断被深入挖掘和传播。

二、全球长城遗产分布图谱

全球长城遗产分布图谱主要集中在中国，除了中国之外，世界范围内很多国家都修筑过"长城"，几乎覆盖了各大洲。

（一）欧洲"长城"

欧洲的"长城"并非单一连续墙体，而是指历史上多个文明在不同时期修建的防御工事体系。这些工事多用于抵御外敌入侵或划定帝国边界，以下为欧洲主要长城的分布及特点。

1.罗马帝国边疆防御体系（Limes）

（1）不列颠长城群（英国）

哈德良长城（Hadrian's Wall）位于英格兰北部，东起沃尔森德（Wallsend），西至索尔威湾（Bowness-on-Solway），全长约 117 千米。122年由罗马皇帝哈德良下令修建，用于防御北方凯尔特部落（皮克特人）。1987 年被列入《世界遗产名录》，现存城墙、堡垒和瞭望塔遗址，如豪斯坦茨堡（Housesteads Fort）。

安东尼长城（Antonine Wall）位于苏格兰中部，东起福斯河（Firth of Forth），西至克莱德河（Firth of Clyde），全长约 63 千米。142 年由罗马皇帝安东尼·庇护建造，曾短暂作为帝国最北边界，165 年被废弃。以土墙和木栅为主，现存土墩遗迹和部分石刻。

（2）日耳曼长城（德国）

上日耳曼—雷蒂安边墙（Upper Germanic-Rhaetian Limes）位于德国西南部，从莱茵河延伸至多瑙河，全长约 550 千米。1—3 世纪罗马帝国为防御日耳曼部落修建，包含城墙、壕沟、堡垒和瞭望塔。

2005年被列入《世界遗产名录》，著名遗址包括萨尔堡堡垒（Saalburg）。

（3）俄罗斯长城

大阿巴坎防线（Great Abakan Wall）位于西伯利亚南部的哈卡斯共和国，沿叶尼塞河分布。前1世纪由匈奴或斯基泰人建造，用于抵御汉朝扩张，全长约100千米。结构上采用土石堆砌，现存低矮墙体与烽燧遗址。目前考古研究较少，近年通过卫星图像发现了更多段落。

2. 其他欧洲防御工事

（1）丹麦防线（丹麦与德国）

丹尼维尔克防线（Danevirke）位于丹麦日德兰半岛南部至德国石勒苏益格—荷尔斯泰因州，现存墙体约30千米。维京时代（约8世纪）由丹麦人建造，用于防御法兰克帝国入侵，中世纪时多次扩建。结构上是土石混合墙体，部分段落高6米、宽20米，现存维京城门遗址（如Hedeby）。

（2）拜占庭帝国城墙（土耳其/希腊）

阿纳斯塔修斯长城（Anastasian Wall）位于土耳其欧洲部分（色雷斯地区），西起黑海，东至马尔马拉海，横跨君士坦丁堡（今伊斯坦布尔）西北部。全长约56千米。5世纪时拜占庭皇帝阿纳斯塔修斯一世为防御匈奴入侵而建，后逐渐荒废。特点是土墙结合石砌堡垒，部分段落高5米，现存残迹与防御塔基座高约3.5米，多数遗址被农田和森林覆盖，仅少数段落可见。

（3）塞尔维亚长城（塞尔维亚）

君士坦丁堡城墙（The Walls of Constantinople）位于今土耳其伊斯坦布尔（原拜占庭首都），部分延伸至欧洲大陆。4—5世纪修建，包含陆墙和海墙，是拜占庭帝国抵御奥斯曼帝国的最后防线。1453年，奥斯曼帝国攻破城墙，标志拜占庭灭亡。

表 7-1　欧洲长城与中国长城的对比

对比维度	欧洲长城	中国长城
建造目的	防御单一方向外敌（如罗马防御蛮族）	多方向防御游牧民族，兼具军事与贸易管控功用
结构材料	土石、木材为主，部分用砖砌	因地制宜（夯土、砖石、芦苇等）
时间跨度	集中于罗马帝国时期	战国至明代（前7—17世纪）
文化象征	帝国边疆的军事工程	民族精神与文明延续的象征

3. 欧洲长城的当代价值与保护措施

文化遗产。哈德良长城、日耳曼长城等被列入《世界遗产名录》，成为研究罗马军事技术的活化石。

旅游开发。英国哈德良长城徒步路线（Hadrian's Wall Path）每年吸引超 10 万游客。

学术研究。通过激光雷达扫描发现隐藏堡垒（如德国 Limes 的未知哨所）。

欧洲的长城虽不及中国长城宏伟，却是多文明碰撞的见证。从罗马的边疆到维京的土墙，这些防御工事揭示了古代欧洲的军事发展与地缘政治，至今仍在诉说着帝国兴衰的故事。

（二）亚洲除中国以外其他国家的"长城"

1. 东亚地区

朝鲜半岛的高丽千里长城（고려장성）位于朝鲜北部，从鸭绿江口至东海岸，横跨今朝鲜两江道、咸镜南道等地。高丽王朝（918—1392）为防御契丹（辽国）入侵，于 1033—1044 年修建，全长约 500 千米。结构上采取土石混合城墙，现存残高 2—3 米，部分段落保留烽火台遗址。朝鲜将其

列为历史遗迹，但对外开放有限。

2. 西亚与中东地区

伊朗的戈尔甘长城（Great Wall of Gorgan，蛇墙）位于伊朗北部戈尔甘平原，东起里海沿岸，西至厄尔布尔士山脉，全长约 195 千米。萨珊波斯帝国（3—7 世纪）为防御白匈奴（嚈哒人）建造，是古代世界的最长砖砌城墙。结构上采用黏土砖砌筑，墙体宽 6—10 米，配有 36 座堡垒和人工运河。2019 年被列为世界文化遗产预备项目，部分遗址可在地面观测到。

3. 南亚地区

（1）印度的昆巴哈尔城墙（Kumbhalgarh Fort Walls）位于印度拉贾斯坦邦，环绕昆巴哈尔堡（Kumbhalgarh Fort）。15 世纪由拉其普特王国修建，城墙全长约 36 千米，仅次于中国长城。结构上采用石砌城墙，宽 4.5 米，建有 360 座寺庙和 7 座城门。目前保存完好，2013 年被列入世界文化遗产，游客可徒步游览。

（2）巴基斯坦的亚历山大长城（亚历山大防线）位于巴基斯坦与阿富汗边境，从兴都库什山脉延伸至印度河。传说为亚历山大大帝东征时（前 4 世纪）修建，实际可能为贵霜帝国或萨珊波斯帝国所建。目前仅存零星土墙和烽火台遗址，具体长度无从考证。

4. 中亚与高加索地区

（1）乌兹别克斯坦的坎儿井长城（Kamchik Wall）位于费尔干纳盆地东缘，连接天山山脉。6—8 世纪时突厥汗国为防御唐朝与波斯建造，全长约 80 千米。结构上采用夯土城墙，部分段落与坎儿井（地下水渠）结合，现存残高 1—2 米。目前遗址散落于农田中，尚未系统开发。

（2）格鲁吉亚的德里亚尔长城（Darial Wall）位于高加索山脉中部，扼守连接俄罗斯与格鲁吉亚的达尔亚尔峡谷。萨珊波斯帝国于 5 世纪修建，后由阿拉伯帝国扩建，用于防御草原游牧民族。结构上采用石砌城墙，现存残迹与城门基座。目前部分遗址融入现代军事设施，游客须获得许可进入。

表 7-2　亚洲其他长城与中国长城的对比

特征	亚洲其他长城	中国长城
建造目的	防御单一强敌（如波斯防御游牧、朝鲜防御契丹）	多方向防御，兼具军事与贸易功能
材料技术	因地制宜（波斯用砖、印度用石、草原用土）	系统化技术（砖石包土、烽燧网络）
存续时间	多数仅存数百年，随帝国兴衰废弃	持续维护近 3000 年，历代加固
文化影响	地域性历史符号	全球性文明象征

亚洲长城的当代价值与保护挑战

从朝鲜半岛到伊朗高原，这些长城虽不及中国长城闻名，却是欧亚文明碰撞的见证。它们既是军事工程，也是古代帝国边疆治理的缩影。在全球化时代，如何让这些"被遗忘的长城"重新进入公众视野，成为跨文化对话的纽带，是文化遗产保护的深层命题。

学术意义。伊朗戈尔甘长城揭示了萨珊波斯水利工程技术，朝鲜千里长城反映了高丽军事制度。

旅游潜力。印度昆巴哈尔堡城墙每年接待游客超 50 万人次，伊朗正推动"波斯长城"跨国申遗。

保护困境。亚洲长城遗址普遍因缺乏资金而面临自然侵蚀与人为破坏。

（三）非洲长城

1. 马里帝国的杰内古城城墙（Mali）位于马里中部尼日尔河流域的杰内古城（Djenné）。13—15 世纪为抵御沙漠游牧部落侵袭而建，城墙环绕古城核心区。结构上采用黏土夯筑，高 6—10 米，总长约 3.7 千米，现存部分段落和 19 世纪重建的杰内大清真寺。1988 年被列为世界文化遗产，但受气候侵蚀威胁。

2. 津巴布韦的大津巴布韦石墙（Great Zimbabwe）位于津巴布韦东南部。11—15 世纪由绍纳人建造，用于保护王室和宗教场所。结构上采用花岗岩干砌石墙，最高达 11 米，总长度约 800 米，无黏合剂砌筑技术精湛，是非洲撒哈拉以南的最大石构遗址，1986 年列为世界文化遗产。

3. 埃及的古王国边防墙（Ancient Egyptian Walls）位于尼罗河三角洲东部（如布亨要塞）。公元前 3 千纪为防御努比亚人和利比亚部落修建，如斯尼夫鲁法老时期的"南方长城"。结构上采用泥砖与石灰岩混合墙体，部分段落配有瞭望塔和驻军堡垒。目前多被沙漠掩埋，考古发掘可见残迹。

（四）美洲长城

1. 秘鲁的库拉普防御墙（Kuélap, Peru）位于秘鲁北部亚马孙大区的查查波亚斯文明遗址。6—16 世纪时查查波亚斯人为抵御印加帝国入侵建造。结构上采用石灰岩，城墙高 20 米，总长 584 米，顶部设居住区与防御工事。被称为"安第斯长城"，2017 年开通缆车促进旅游。

2. 墨西哥的玛雅城市防御墙（Mayan Walls）位于尤卡坦半岛（如蒂卡尔、奇琴伊察）。古典时期（250—900）玛雅城邦间战争频繁，重要城市筑墙自卫。结构上采用石灰岩砌筑，蒂卡尔城墙长约 6 千米，部分段落与自然地形（沼泽）结合。目前多掩埋于丛林，近年激光雷达扫描揭示完整布局。

3.美国的霍霍坎文化防御墙（Hohokam，USA）位于亚利桑那州凤凰城周边。13世纪霍霍坎人为抵御资源争夺冲突而修建。结构上采用土石混合矮墙，围绕定居点形成封闭区域，现存遗址如"普韦布洛格兰德"。目前部分遗址纳入国家历史公园，展示原住民防御智慧。

（五）大洋洲长城

新西兰的毛利人帕堡（Pā, New Zealand）位于北岛火山地带（如奥拉基帕堡）。14—19世纪毛利部落为争夺土地建造山地要塞。结构上利用火山岩堆砌防御墙与壕沟，地形险要，如《指环王》取景地汤加里罗山区。部分遗址列为国家遗产，融合自然与人文景观。

表 7-3　对比全球防御工事的异同

维度	非洲 / 美洲 / 大洋洲工事	欧亚长城
建造动机	部落冲突、资源保护（如玛雅、毛利）	帝国边疆防御（如罗马、中国）
材料技术	依赖自然材料（黏土、石材、火山岩）	多样化技术（砖石、夯土、运河系统）
功能扩展	兼具宗教与居住功能（如大津巴布韦）	军事防御为主，辅以贸易管控功能
现代认知	常被视为"失落文明"的象征	文化符号与民族认同载体

非洲、美洲长城的当代价值与保护挑战

从非洲的沙漠黏土墙到美洲的丛林石垒，这些防御工事虽无"万里"之名，却承载着人类对抗冲突、守护文明的共同记忆。它们提醒我们：无论地域与时代，"筑墙"不仅是军事行为，更是对生存与尊严的捍卫。在全球化的今天，这些

遗址的价值已超越防御本身，成为理解多元文明演进的钥匙。

考古研究。激光雷达技术揭示玛雅城墙网络，改写对古代战争规模的认知。

旅游开发。秘鲁库拉普每年吸引超 10 万游客，推动区域经济发展。

保护困境。马里杰内古城因极端气候与政局动荡，面临坍塌风险。

三、长城沿线非物质文化遗产

长城沿线 15 省（自治区、直辖市）的非物质文化遗产（以下简称"非遗"）项目丰富多样，涵盖了传统戏剧、传统技艺、传统音乐、传统美术、传统舞蹈、民俗等多个领域。

（一）传统戏剧类非遗

京剧（北京）和晋剧（山西）、秦腔（陕西）、豫剧（河南）等地方戏曲各有特色。京剧以其全国性的影响力和严谨的表演形式著称，而地方戏曲则更注重地方特色和民间情感的表达。

（二）传统技艺类非遗

景泰蓝（北京）、平遥推光漆器（山西）、鲁锦（山东）等传统技艺类非遗项目各具特色。景泰蓝以其高端和精美著称，而平遥推光漆器和鲁锦则更注重实用性和地方特色。

（三）传统音乐类非遗

蒙古族长调民歌（内蒙古）、陕北民歌（陕西）、回族花儿（宁夏）等传统音乐类非遗项目反映了不同民族和地区的生活和情感。蒙古族长调民歌以其悠扬的旋律和自由的节奏著称，而陕北民歌和回族花儿则更朴实并注重情感的表达。

（四）传统美术类非遗

蔚县剪纸（河北）和满族剪纸（辽宁）、宁夏剪纸（宁夏）等剪纸艺术各具特色。蔚县剪纸以其精细的工艺和丰富的题材著称，而满族剪纸和宁夏剪纸则更注重民族特色和民间信仰的表达。

（五）传统舞蹈类非遗

甘肃景泰滚灯以城墙上士兵持灯巡防为原型，形成了手持滚灯、模仿攻防阵型的独特舞蹈；河北曲长城背阁则以铁架承载儿童凌空起舞，通过十二架队列呼应月份轮回，展现农耕社会的时空观；徐水狮舞在金山岭长城演绎北狮雄风，配合战鼓营造出古今交织的磅礴气势；而井陉拉花、昌黎地秧歌等多元舞蹈形态共同构成了长城文化带的鲜活艺术图谱。

（六）民俗类非遗

蒙古族的赛马、摔跤和回族传统节庆；山海关的腊八"画棚子"年货市集和海鲜浑锅年夜饭等饮食习俗；延庆火勺、传统花会舞龙舞狮及红螺果脯等非遗技艺，共同展现了农耕与游牧文化交织的活态传承。

表 7-4　长城沿线 15 个省（自治区、直辖市）国家级非遗项目的对比分析

省（自治区、直辖市）	特点	代表性项目	保护措施
河北省	非遗资源丰富，涵盖传统戏剧、民间舞蹈、传统技艺等	昌黎地秧歌、抚宁太平鼓、易县摆字龙灯等	通过"长城脚下话非遗"等活动，推动非遗与旅游深度融合
北京市	以传统手工艺和民间艺术为主，文化底蕴深厚	景泰蓝、毛猴、泥人张等	通过非遗展览和互动体验，提升公众对非遗的认知
天津市	以传统手工艺和民间艺术为主，地方特色鲜明	津派王氏内画、杨柳青年画等	通过非遗展示和技艺传承，推动非遗的传播
山西省	以传统工艺和民间艺术为主，注重黄河流域和长城沿线的非遗保护	晋绣、山西漆器、黄帝陵青石雕等	制定非遗保护"路线图"，推动非遗与乡村旅游结合
陕西省	以传统技艺和历史文化遗产为主，历史文化底蕴深厚	黄帝陵青石雕、陕西黑陶、夜光杯雕等	通过非遗展示和传承活动，推动非遗与现代生活的融合
甘肃省	以传统手工艺和民间艺术为主，地域特色鲜明	天水雕漆、夜光杯雕、甘南唐卡等	通过非遗展演和技艺传承，推动非遗的活态保护
内蒙古自治区	以蒙古族传统文化为主，民族风情独特	乌拉特铜银器制作、蒙古族皮雕等	通过非遗展示和技艺传承，推动非遗与旅游融合
黑龙江省	以少数民族文化和传统技艺为主，地域特色鲜明	赫哲族鱼皮制作技艺、鄂伦春族桦树皮制作技艺等	通过非遗展示和技艺传承，推动非遗的活态保护
吉林省	以民间艺术和传统技艺为主，地域特色鲜明	朝鲜族农乐舞、长白山满族剪纸等	通过非遗展示和技艺传承，推动非遗的活态保护
辽宁省	以民间舞蹈和传统技艺为主，地方特色浓厚	抚顺地秧歌、满族剪纸等	通过非遗展演和技艺传承，推动非遗的保护与传承
山东省	以传统手工艺和民间艺术为主，地方特色浓厚	黄河口扎刻、鲁绣等	通过非遗展示和技艺传承，推动非遗的传播
河南省	以传统手工艺和民间艺术为主，历史文化底蕴深厚	钧瓷、浚县泥咕咕等	通过非遗展示和技艺传承，推动非遗的活态保护
青海省	以藏族、回族等少数民族文化为主，地域特色鲜明	热贡艺术、青海花儿等	通过非遗展示和技艺传承，推动非遗的活态保护

续表

省（自治区、直辖市）	特点	代表性项目	保护措施
宁夏回族自治区	以回族传统文化为主，民族特色鲜明	回族剪纸、宁夏花儿等	通过非遗展演和技艺传承，推动非遗的保护与传播
新疆维吾尔自治区	以维吾尔族、哈萨克族等少数民族文化为主，地域特色鲜明	维吾尔族木卡姆艺术、哈萨克族毡房营造技艺等	通过非遗展示和技艺传承，推动非遗的活态保护

长城沿线15个省（自治区、直辖市）的非遗项目各具特色。通过对比分析可以看出，长城沿线的非遗项目不仅反映了各地区独特的文化特色，还展示了中华民族丰富多彩的文化遗产。这些非遗项目通过各种形式的传承和保护得以延续和发展，成为中华民族宝贵的文化遗产。

长城沿线15个省（自治区、直辖市）的非遗传承人普遍年龄偏大，平均在60岁以上，男性占比较高，少数民族传承人在内蒙古、甘肃、青海、宁夏和新疆等地占比较高。各省（自治区、直辖市）通过非遗展示、技艺传承和文旅融合等方式，推动非遗的保护与传播，展现了中华文化的多样性与深厚底蕴。

四、长城研究权威文献导读

长城作为世界文化遗产，吸引了大量学者和研究机构对其进行深入研究。以下是对部分权威文献的内容及特点进行简单介绍。

1.《长城：历史与文化》，作者罗哲文。这本书全面系统地介绍了长城的历史、建筑、文化及其在中国历史中的地位。作者通过对长城各个历史时期的详细描述，揭示了长城在不同历史阶段的功能和意义。

该书的主要特点体现在以下三点。一是它的历史周期跨度较长，从春秋战国时期到明清时期，详细梳理了长城的修建和发展历程。二是探讨了长城在文学、艺术和民间传说中的表现，把长城的文化属性介绍得比较翔实。三是分析了长城的建筑结构、材料和技术。

2.《长城：从历史到神话》，美国作者阿瑟·沃尔德隆（Arthur Waldron）。这本书从历史和神话两个角度探讨了长城的形象和意义。作者通过对历史文献的梳理，揭示了长城在不同历史时期的象征意义和实际功能。

该书的主要特点是：一是通过历史与神话对比，分析了长城在历史文献和民间传说中的不同形象；二是探讨了长城在国际上的形象和影响；三是通过批判性分析，对长城的历史功能和文化意义进行了批判性思考。

3.《长城：中国的象征》，德国作者尤莉亚·洛维尔（Julia Lovell）。这本书从象征意义的角度探讨了长城在中国历史和文化中的地位。作者通过对历史事件和文化现象的分析，揭示了长城作为中国象征的复杂性和多样性。

该书特点是：一是探讨了长城在中国历史和文化中的象征意义；二是具有多学科视角，结合历史、文化、政治等多个学科的研究方法对长城进行研究分析；三是分析了长城在现代中国社会中的意义和影响。

4.《长城：建筑与历史》，美国作者石彬伦（David Spindler）。这本书从建筑和历史两个角度详细介绍了长城的修建和发展。作者通过对长城各个段落的实地考察和历史文献的研究，揭示了长城的建筑特点和历史背景。

该书特点是：一是注重建筑细节，详细描述了长城的建筑结构、材料和技术；二是注重历史背景，结合历史事件，分析了长城的修建背景和功能；三是通过实地考察，提供了大量第一手资料和图片。

5.《北京地区长城研究文献名录》，编者是苗润莲、冯广平。该书是关于北京地区长城研究的文献汇总，涵盖自然地理环境、资源等多个方面，包含著作、方志与年鉴、期刊论文等多种文献类型。为研究北京地区长城提供了全面的文献索引，方便学者快速查找相关资料，了解北京长城研究的多方面成果。

6.《2019—2021 年长城研究述评》，作者是赵杰等，节选自燕山大学中国长城文化研究与传播中心主编的《长城学研究》第二辑。该文主要基于知网统计，对 2019—2021 年的长城研究文献进行分析，指出基础研究占比61.1%，应用研究占比 38.9%，并对长城历史研究按战国秦汉时期、北朝至宋金时期和明朝三大阶段展开，详细阐述各阶段的研究重点和成果。该文清晰呈现了特定时期内长城研究的总体状况、发展趋势及主要研究方向，为后续研究提供了数据参考和研究方向指引。

7.《英国哈德良长城防御体系考察与研究》，作者是李严等，发表于《中国文化遗产》2024 年第 3 期。该文的特点是通过英文、德文文献及实地考察，借鉴中国长城研究理论，对哈德良长城的修筑历史、空间分布、防御体系等进行梳理，与中国明长城进行比较，指出其更偏向军事控制等特点。为中西长城比较研究提供了新的视角和案例，对中国长城的保护展示和国家文化公园建设具有借鉴意义。

8.《东北古代长城考古调查与研究》是由辽宁省文物考古研究院研究员冯永谦所著，经过 60 多年的积累所得。该书用 30 万的文字和近 500 张实地拍摄的照片，首次全景式展示了作者对从战国时期到明等 13 个历史时期东北地区所建长城的修建、分布、遗存等问题所进行的实地调查、考察和研究的丰硕成果。该书结合了大量的实地考察和图片资料，使得古长城遗存的真实情况得以直观展示。

9.《魏国西长城位置考辨》探讨了战国时期魏国西疆长城的分布格局及其变化，提出了魏国西长城并非单一连续防线，而是由一道主线和两道支线城墙构成的复合防御体系。这种布局反映了魏国在不同历史阶段对西部疆域防御策略的调整，可能与其和秦国的军事对抗形势变化直接相关。本条目及以下条目均出自《中国古长城新探——古代长城的历史地理学研究》一书，作者为艾冲。

10.《论齐国钜防长城是中国最早的古长城》提出春秋时期齐国的钜防长城是中国最古老的线状军事防御工程的新见解，认为齐长城始建于春秋时期（约前7世纪），甚至可以追溯至西周晚期，较传统认定的战国长城早300—500年，是中国现存最早的长城体系，强调"钜防"并非单纯防洪堤坝，而是兼具军事防御功能的复合型工程，其通过将水利设施（防）与城墙（钜防）结合，形成早期线性防御体系。

11.《秦代长城研究述论》比较分析了关于秦代长城起始地、终止地、经行地问题的各种看法，系统梳理了秦代长城的历史背景、修建过程及其军事防御功能，综合考古发现与文献资料，分析其建筑技术与战略布局。书中评述了学术界对秦长城性质、范围及历史影响的争议，探讨其在多民族融合与边疆治理中的意义，提出新的观点，认为秦代万里长城西端起始地是在今甘肃岷县境，东端终止地是在今朝鲜大同江入海口北侧的龙岗附近，为深化秦代边防体系研究提供了重要参考。

12.《汉代抵御匈奴的西北防线》论述了西汉前、中期在西北地区修葺、兴建的三道长城防线及其在空间上的分布与变迁。聚焦汉朝为防御匈奴侵扰构建的西北边疆防御体系，系统阐述河西走廊至西域的长城、烽燧、要塞等军事设施布局及其战略作用。书中结合考古发现与文献记载，分析汉代屯田戍边政策、驻军制度及"以战促和"策略，探讨这一防线对保障丝绸之路畅通、促进中西交融的历史意义。

13.《汉唐"浿水"新探》证实浿水就是今朝鲜境内的大同江，是一部历史地理研究专著，聚焦汉唐时期东北亚地区"浿水"的地理位置争议。作者通过文献考辨、考古发现与实地考察，提出浿水应为今朝鲜半岛大同江的新见解，并系统梳理其作为中原王朝与朝鲜半岛政权边界的政治军事意义，论述洱水是中国古代秦汉万里长城的终止段所在地。

14.《论北魏长城的起讫与走向》系统考证了北魏王朝为防御柔然等北方部族所修筑的长城遗迹。其研究指出，北魏长城东起今河北赤城一带，西至内蒙古五原附近，主体沿阴山南麓自东向西延伸，并依托六镇等军事据点形成防御体系。结合文献考据与实地勘察，厘清了北魏长城的空间布局及历史功能，是中古时期北方边疆防御体系研究的重要环节。

15.《论东魏长城的位置与走向》结合文献考证与实地勘察，探讨了东魏政权为防御北方柔然及西魏所建长城的分布与路线。文章指出，其主体位于今河北、山西交界地带，沿太行山东麓延伸，并分析了该长城在军事防御体系中的作用及历史变迁。研究修正了部分传统观点，明确了东魏长城的具体地理坐标与建造背景。

16.《论北齐与北周长城的起讫与走向》聚焦南北朝时期北齐（550—577）与北周（557—581）为抵御突厥、契丹等北方势力而修筑的长城体系。文章通过考证文献与遗迹，梳理两朝长城的修建背景、起止点及地理走向，指出北齐长城东起山西、西至渤海湾，北周则在西北加固扩建，并对比两朝防御布局的异同及其对隋唐的影响。

17.《隋代万里长城述论》聚焦隋朝（581—618）大规模修筑长城的历史背景、工程特点及其军事防御意义。书中系统梳理了隋代在北方边疆修建长城的路线、规模及技术策略，分析其应对突厥、契丹等游牧势力的政治军事考量，并探讨其与秦汉长城的继承发展关系。研究通过文献考据与实地考察，揭示了隋长城在巩固中原政权、促进民族融合中的短暂而关键的历史作用。

18.《唐代长堑／长城位置考论》通过文献考据与实地考察相结合的方法，系统梳理唐代北方边疆防御体系中"长堑"与"长城"的地理分布与修筑背景。作者重点辨析了唐代不同时期堑壕、城墙等军事防御工事的空间位置及功能差异，揭示其在与突厥、契丹等游牧政权对峙中的战略价值。该研究弥补了唐代边防体系研究中长堑遗存考证的空白，为理解中古时期中原王朝的边疆治理提供了新视角。

19.《略论辽朝长城（堑壕）的地理位置》聚焦辽代在北方边境修筑的堑壕防御体系，指出其主体分布于今内蒙古东部与辽、吉两省西部，依托大兴安岭、嫩江等自然屏障形成链式防线。作者分析其选址多位于草原与农耕交错带，旨在防范室韦、乌古等游牧部族南下，并强调辽长城以壕堑、土墙结合为主，与中原砖石长城形成鲜明对比，体现了契丹政权因地制宜的边防策略。

20.《论金朝长城（壕墙）的三个问题》聚焦金朝为防御北方游牧民族修建的界壕防御体系，探讨其历史背景、建筑形制与功能特征。作者分析了金长城的军事防御布局、与自然地理的适应性关系，以及学界对其性质界定（属长城体系或独立壕堑）的争议。同时结合考古发现，论证其在中原政权与游牧势力互动中的战略意义。

21.《明代万里长城的起始地、终止地和结合部》从宏观视角考察明代万里长城的起始地、终止地和结合部，指出明代万里长城东起辽宁虎山，西至甘肃嘉峪关，途经 10 个省级行政区的 156 个县域，总长度达 8851.8 千米。其东段以条石和青砖砌筑，与早期土筑长城形成鲜明对比，体现了不同历史时期的建筑技术融合。作为明长城的重要关隘，嘉峪关不仅是西端终点，还是连接中原与西域的交通要塞和军事防御结合部。

22.《明代数个总兵防区的长城兴筑、发展、变迁之过程》一书聚焦明代长城防御体系在不同总兵防区的建设历程，系统梳理了各军镇辖区内长城的兴建、修缮及改线等历史变迁。书中详细阐述了各防区开设时间、路级防区划分、屯兵城堡布局以及驻军数量变动等内容，并分析了军事交通线开辟对长城防御体系的影响。此外，该书还结合督镇建置与边防策略，揭示了长城在军事、政治层面的演变过程及其民族关系背景。

23.《陕西与湖北两省毗邻地带古长城的时代、国属、工程形制与沿线关隘》探讨陕西与湖北毗邻地带的古长城为春秋战国时期楚国所建，属楚国边防体系，始建于楚文王时期（前 7 世纪），历经 400 余年修筑完成，距今约 2500 年。其工程形制因地制宜，采用石灰、黄泥与植物黏合剂夯筑墙体，部分地段以石块垒砌，沿线设瓮城、箭楼、烽火台等军事设施，并形成"集山、寨、堡、城于一体"的复合防御体系。该长城以关垭子为核心关隘，西起湖北竹溪铁桶寨，东至河南邓州，北抵陕西铜钱关，现存遗迹包括关垭、铜钱关、铁炉沟等多处险要隘口。

五、中国 15 个有代表性的长城遗址

中国长城遗址众多，每一段都有其独特的历史背景和景观特色。以下是 15 个有代表性的长城遗址及其详细解析。

1.八达岭长城，位于北京市延庆区。特点是保存最完好、最具代表性的一段长城，城墙高大坚固，敌楼密集，视野开阔。建于明朝，是北京北部的重要防御工事。

游览建议：适合初次游览长城的游客，设施完善，交通便利。

2.慕田峪长城，位于北京市怀柔区。特点是以其秀丽的自然风光和保存完好的城墙著称，敌楼密集，植被茂盛。建于北齐，明朝时重修。

游览建议：适合喜欢自然风光的游客，游客相对较少，环境幽静。

3.金山岭长城，位于河北省滦平县。特点是以其雄伟壮观的景色和保存完好的原始风貌著称，敌楼形式多样，建筑精美。建于明朝，由名将戚继光主持修建。

游览建议：适合摄影爱好者和徒步爱好者，景色壮丽，游客较少。

4. 司马台长城，位于北京市密云区。特点是以险峻著称，城墙依山势而建，敌楼密集，保存完好。建于明朝，是长城中十分险峻的一段。

游览建议：适合喜欢挑战和探险的游客，部分路段较为陡峭。

5. 山海关长城，位于河北省秦皇岛市。特点是长城的东起点，有"天下第一关"之称，城楼雄伟，气势磅礴。建于明朝，是长城的重要关隘之一。

游览建议：适合对历史感兴趣的游客，可以参观关城和长城博物馆。

6. 嘉峪关长城，位于甘肃省嘉峪关市。特点是长城的西起点，有"天下第一雄关"之称，城楼雄伟，保存完好。建于明朝，是长城的重要关隘之一。

游览建议：适合对历史感兴趣的游客，可以参观关城和长城博物馆。

7. 黄崖关长城，位于天津市蓟州区。特点是以其险峻的地势和保存完好的城墙著称，敌楼密集，建筑精美。建于北齐，明朝时重修。

游览建议：适合喜欢自然风光和历史的游客，游客较少，环境幽静。

8. 居庸关长城，位于北京市昌平区。特点是以其险峻的地势和保存完好的城墙著称，敌楼密集，建筑精美。建于明朝，是北京北部的重要防御工事。

游览建议：适合喜欢历史和自然风光的游客，游客较少，环境幽静。

9. 雁门关长城，位于山西省忻州市。特点是长城的重要关隘之一，以其险峻的地势和保存完好的城墙著称，敌楼密集，建筑精美。建于明朝，是长城的重要关隘之一。

游览建议：适合对历史感兴趣的游客，可以参观关城和长城博物馆。

10. 虎山长城，位于辽宁省丹东市。特点是长城的东起点之一，以其险峻的地势和保存完好的城墙著称，敌楼密集，建筑精美。建于明朝，是长城的重要关隘之一。

游览建议：适合对历史感兴趣的游客，可以参观关城和长城博物馆。

11. 古北口长城，位于北京市密云区。特点是以其险峻的地势和保存完好的城墙著称，敌楼密集，建筑精美。建于明朝，是北京北部的重要防御工事。

游览建议：适合喜欢历史和自然风光的游客，游客较少，环境幽静。

12. 箭扣长城，位于北京市怀柔区。特点是以其险峻的地势和保存完好的原始风貌著称，敌楼密集，建筑精美。建于明朝，是长城中十分险峻的一段。

游览建议：适合喜欢挑战和探险的游客，部分路段较为陡峭。

13. 九门口长城，位于辽宁省绥中县。特点是以其独特的水上长城景观著称，城墙横跨九江河，敌楼密集，建筑精美。始建于北齐，扩建于明朝，是长城的重要关隘之一。

游览建议：适合对历史感兴趣的游客，可以参观关城和长城博物馆。

14. 大境门长城，位于河北省张家口市。特点是以其独特的地理位置和保存完好的城墙著称，敌楼密集，建筑精美。建于明末清初，是长城的重要关隘之一。

游览建议：适合对历史感兴趣的游客，可以参观关城和长城博物馆。

15. 老龙头长城，位于河北省秦皇岛市。特点是长城的东起点之一，以其独特的地理位置和保存完好的城墙著称，敌楼密集，建筑精美。建于明朝，是长城的重要关隘之一。

游览建议：适合对历史感兴趣的游客，可以参观关城和长城博物馆。

这些长城遗址各具特色，既有保存完好的城墙和敌楼，也有丰富的历史背景和自然风光。游客可以根据自己的兴趣和需求选择合适的遗址进行游览，体验长城的雄伟壮丽和深厚的历史文化。

长城未解之谜 8：长城与神话传说的联系

谜题：长城与许多民间传说和神话故事相关（如孟姜女哭长城），但这些传说是否有历史依据？研究难点在于如何通过考古证据验证这些传说的真实性。

长城作为中华民族的精神象征，其修建史跨越 2000 余年，与民间神话、宗教传说、地方志怪紧密交织。这些传说既是对工程奇迹的想象性解释，也承载着民众关于战争、自然与生命的集体记忆。以下从不同维度梳理长城与神话传说的深层关联。

一、修建神话：超自然力量的"合理化"

（一）神兽助工

"山羊驮砖"：传说中，河北金山岭长城修筑陡峭山崖时，工匠受仙人指点，令山羊双角挂砖筐攀岩运料，至今该段仍留有"山羊洞"地名。类似的传说在甘肃冰沟丹霞长城段亦有流传，称白鹿以背驮石。

"龙脉镇守"：明代风水术士认为长城须沿"北干龙"山脉（昆仑—燕山）走向修建，山西雁门关"龙脊长城"传说中，山脉实为一条沉睡的土龙，修城是为镇压其翻身引发地震。

（二）仙人惩戒

"赶山鞭"与秦始皇：民间传说秦始皇以神鞭驱石赶山修筑长城，因鞭打山神导致山崩（参见《太平广记》），此故事与"孟姜女哭长城"形成对照，暗喻暴政逆天。

"鲁班尺定误差"：北京慕田峪长城流传监工因计算错误导致敌楼偏移，鲁班化身老者以尺丈量，一夜修正，次日砖石自动归位。

二、镇守灵异：长城作为"阴阳结界"

（一）亡灵戍边

"尸骨筑墙"：西北民间盛传，秦长城以战俘和罪犯尸骨混合夯土，冤魂不散，故夜间常有鬼火飘荡。宁夏战国秦长城遗址曾出土人骨层，加剧此类联想。

"阴兵借道"：山西杀虎口长城传说，明代戍边阵亡将士的魂魄仍在雨夜列队巡城，马蹄声与甲胄碰撞声清晰可闻。

（二）妖兽封印

"狼烟镇妖"：辽东长城烽火台传说中，狼烟不仅是军事信号，更是压制长白山"黑水妖龙"的符咒。清代《柳边纪略》记载，女真萨满在长城缺口处埋法器防精怪南下。

"箭扣锁蛟"：北京箭扣长城"鹰飞倒仰"段的险峻山势，被附会为锁住一条试图入海化龙的巨蛟，其脊骨化作城墙锯齿。

三、爱情悲剧：人性对抗威权的隐喻

（一）孟姜女传说的多重变体

核心叙事：妻子哭倒长城寻夫尸骨的故事，最早见于《左传》齐梁之战，唐代《同贤记》将其嫁接至秦长城。山东齐长城、河北秦皇岛望夫石村、陕西绥德多地均自称"孟姜女故里"，反映传说的地域适应性。

暗黑版本：甘肃民间传说中，孟姜女实为巫女，以泪咒毁长城复仇，后被镇压于嘉峪关城楼下，与正统"贞烈"形象形成对立。

（二）仙凡之恋的禁忌

"长城鹊桥"：河北迁安冷口关传说，银河仙女因私助修城工匠被罚，玉帝准其每年七月初七以长城为桥与凡人相会，此故事将牛郎织女传说本土化。

"狐女赠图"：山西偏头关流传，戍卒救白狐获赠长城布防图，后因人狐相恋触怒将军，二人跳崖殉情，崖上生出连理松。

四、自然神化：地理奇观的传说解释

（一）山海关的"神力之源"

"老龙头镇海"：山海关老龙头伸入渤海，传说其下埋有大禹治水时的定海神铁，龙首雕刻并非装饰，而是镇压海眼防巨浪。

"角山石佛"：山海关角山长城旁的石壁天然纹路形似佛像，民间称其为北魏太武帝灭佛时逃亡僧人所化，佛光护佑长城免遭雷击。

（二）西北长城的"沙漠幻象"

"幽灵关城"：敦煌汉长城外的戈壁中，常有海市蜃楼显现未知城楼，当地牧民认为是汉代阵亡将士的执念所化，称其为"阳关鬼城"。

"鸣沙咒怨"：宁夏中卫长城外的鸣沙山，传说沙鸣是被长城箭矢射杀的匈奴骑兵亡灵在哀号，唐代《沙州图经》已记载此异象。

五、现代重构：神话传说的当代转型

（一）影视游戏的再创作

电影《长城》（2016）将饕餮设为攻城妖兽，借鉴《山海经》形象却颠覆传统叙事；游戏《王者荣耀》中"长城守卫军"融入机关术、魔种等奇幻元素，塑造新神话体系。

（二）地方旅游的叙事策略

河北滦平金山岭打造"仙鹤灵泉"传说，称鹤群为戍边亡魂所化；陕西榆林镇北台结合汉族、蒙古族互市历史，讲述"茶神显灵"故事吸引游客。

神话传说背后的文化逻辑，顾颉刚的"层累说"：孟姜女故事从《左传》到明清的演变，反映民众对专制压迫的持续抗议。（参见《孟姜女故事研究》）列维－斯特劳斯的结构分析，"神兽助工"与"尸骨筑墙"构成二元对立，揭示对技术奇迹的崇拜与对暴力的恐惧并存。记忆场理论，长城传说作为"记忆之场"，将真实历史创伤（如修城徭役）转化为可流传的象征符号。

六、小结

神话长城具有一定的两面性。长城的传说既是古代先民解释世界的朴素尝试，也是集体情感与历史创伤的宣泄出口。这些故事让冰冷的砖石拥有了温度，但也可能模糊真实历史。当代人须以辩证视角看待：既承认神话的精神价值，也要警惕其对历史真实的遮蔽。或许正如博尔赫斯所言："长城的存在，是为了让我们想象一条龙盘踞其上。"

长城未解之谜 9：长城的未发现宝藏

谜题：传说长城沿线埋藏着古代宝藏或重要文物，但这些宝藏是否真实存在？研究难点在于缺乏明确的线索，且大规模发掘可能会对遗址造成破坏。

关于长城的未发现宝藏，这一话题融合了历史记载、民间传说与现代探险的想象。尽管缺乏确凿证据，但长城沿线的军事活动、商贸往来与战乱历史，为"藏宝之谜"提供了丰富的叙事土壤。以下从文献线索、民间传闻与考古推测三个维度展开分析。

一、历史文献中的"藏宝线索"

（一）军事物资的隐秘储备

"地下武库"：明代《九边图说》记载，长城重要关隘（如居庸关、古北口）设有"暗窖"，用于储存火药、兵械与粮草，以备长期围困。部分仓库因战乱或迁防被遗忘，如宁夏镇北堡附近曾发现明代铁炮与火药罐窖藏，但多数仓库位置仍成谜。

"银窖"传闻：清代《宣化府志》提及，明末李自成攻破居庸关后，劫掠的军饷部分埋藏于长城沿线山谷，留下"石牛石鼓锁银库"的隐语（以石牛石鼓为标记），但至今未发现可信遗址。

（二）官员私藏与战利品

"王保保遗宝"：传说元末名将王保保（扩廓帖木儿）在山西雁门关与明军对峙时，将部分蒙古贵族财宝藏于长城密道。20 世纪 60 年代，当地村民曾发现刻有蒙古族文字的金饰残片，但后续无系统性发掘。

"西夏黑水城"：内蒙古额济纳旗黑水城（邻近汉长城）传说埋有西夏王室宝藏。20 世纪初，俄国探险家科兹洛夫在此盗掘大量文物，但据传仍有未被发现的密室，可能与长城防御体系相连。

二、民间传说中的"神秘藏宝"

（一）"闯王藏金"与隐语秘符

李自成兵败退出北京时，民间盛传其将国库金银分藏于长城沿线，并留下"十八孩儿兑九门，九窑金银九重山"的隐语（"十八孩儿"指"李"字）。河北怀来鸡鸣驿、北京延庆古崖居均被推测为藏宝点，但考古未获实证。

"箭扣藏金洞"：北京箭扣长城"将军守关"段流传山洞藏有明代戍边将领私财，洞口以"北斗七星"符号标记。探险队曾发现人工凿刻的凹槽与铁链残片，但洞内已坍塌被封堵。

（二）宗教圣物与祭祀窖藏

"镇边佛宝"：传闻甘肃嘉峪关关帝庙遗址地下埋藏明代佛教法器与金佛，用于"镇守边关气运"。20 世纪 30 年代庙宇坍塌时，曾出土镏金铜像底座，但主体文物去向不明。

"匈奴祭天金人"：汉武帝派霍去病夺取匈奴"祭天金人"后，部分学者推测其被秘密供奉于河西走廊某段长城烽燧内。《史记》仅载"金人列甘泉宫"，但民间坚信仍有遗存。

三、考古学视角的推测

（一）未开启的密室与暗道

"空心敌楼"之谜：部分明代敌楼（如河北金山岭长城"库房楼"）内部结构复杂，存在夹墙与地下通道。20 世纪 80 年代修复时，曾发现封闭的砖室，内藏锈蚀铁箱，但箱中仅存炭化文书残片，引发对"机密档案"或财宝的猜测。

"水门机关"：山西娘子关长城水门下有暗渠系统，传言与唐代藩镇藏宝地宫相连。现代探测发现地下空洞，但因水位过高无法深入。

（二）战争遗落的贵族随葬

"辽代秘葬"：辽代贵族盛行"潜埋"习俗（不立封土），内蒙古赤峰松山区辽代长城遗址附近曾出土契丹贵族墓，墓志铭提及"随葬兵甲百具，金银器七十二事"，但多数辽墓仍未被发现。

"元帝陵疑云"：元代帝陵无地面标识，传说部分位于长城以北的"起辇谷"。若存在，其陪葬品可能包含元代征欧亚所得珍宝，但具体位置成谜。

四、现代科技与寻宝挑战

（一）技术探测的局限

遥感与探地雷达在长城山区受地形干扰，难以分辨自然洞穴与人工密室。例如，曾探测到宁夏贺兰山段长城地下异常金属信号，但开挖后仅为铁矿脉。又如，水下长城（如潘家口水库）的声纳扫描发现疑似沉船与箱体，但淤泥覆盖与结构脆弱阻碍打捞。

（二）文物保护与盗掘风险

长城遗址受《中华人民共和国文物保护法》严格保护，未经批准的挖掘属违法行为。2015 年，河北张家口破获盗墓团伙使用洛阳铲探查长城地基，试图定位"明代银窖"。部分民间寻宝行为导致遗址遭到破坏，如甘肃景泰明长城烽火台因盗挖而坍塌。

五、理性看待"长城宝藏"

（一）传说与现实的边界

多数"藏宝"故事源于战乱时期的资源隐匿需求（如军队储备）或后人附会。真实历史中，长城沿线的"宝藏"更多是文物（如兵器、文书、生活器具），而非金银堆砌的幻想。考古发现证明，长城本身即"文化宝藏"，其建筑工艺、戍边生活遗存比传说更具研究价值。

（二）未解之谜的启示

长城某些未探明结构（如地下通道、暗室）可能保存重要历史信息，未来须依靠无损探测技术逐步揭开。民间传说为历史研究提供线索，但须以科学态度甄别，避免沦为猎奇炒作。

六、小结

长城作为"文明的宝藏"，长城的真正价值不在于虚无缥缈的金银传说，而在于其承载的军事智慧、民族融合记忆与文化遗产。那些未被发现的"宝藏"，或许是某块刻有刻工姓名的城砖、某卷烽燧日志，或是某段淹没于黄沙的城墙——它们共同构成了中华文明的精神脊梁。或许正如法国汉学家谢和耐所言："长城的伟大，在于它让后人永远在寻找，却永远无法穷尽。"

长城未解之谜 10：长城的建造技术之谜

谜题：长城横跨多种地形，建造技术因地域而异。某些地段的长城如何在极端地形（如悬崖峭壁）上建造，至今仍是谜。研究难点在于缺乏详细的古代工程记录，部分技术可能已失传。

要破解长城的建造技术之谜，需要综合历史研究、现代科技和跨学科协作，逐步还原古代工匠的智慧与工程实践。

一、历史与考古的深度挖掘

（一）文献解密

通过对《史记》《明实录》《营造法式》等古籍中关于长城建造的记载梳理，尤其是材料运输、劳工组织、军事防御体系的描述，分析地方志、碑刻、工匠家族手稿中的细节（如明代"分段包修"制度，由军队、民工和囚犯分工协作）。

（二）考古实证

通过遗址发掘，揭示不同朝代长城的结构差异（如秦代夯土、汉代芦苇加固、明代砖石包砌）。研究长城附属设施（如烽燧、关隘、藏兵洞）的功能设计，推测其建造逻辑。

二、材料科学与工程技术的逆向破解

（一）对材料来源进行追踪

利用 X 射线荧光光谱（XRF）、同位素分析等技术，检测砖石、灰浆的成分，追溯原料产地（如明代长城砖的黏土可能来自周边窑址）。实验复原古代黏合剂配方（如糯米灰浆的混合比例），验证其抗风化能力。

（二）结构力学模拟

通过计算机建模（如有限元分析），模拟长城在暴雨、地震等极端环境下的稳定性，破解其排水系统、地基加固的奥秘。对比不同地形（山地、沙漠、平原）的建造方法，分析古人如何因地制宜。

三、古代工程技术的复原实验

（一）运输难题的破解

山地运输。实验验证"冰道运石"假说（冬季泼水成冰，利用滑道运输巨型条石）。人力协作。通过力学计算，推测滚木、杠杆、绞盘等工具的使用方式。

（二）传统工艺再现

招募石匠、木匠按古法复原夯土、砌砖、榫卯结构，记录工时与效率（如明代"一工一日砌砖 200 块"的记载是否可行）。测试古代工具（如铁錾、木夯）的实际效果，对比现代机械的差异。

四、科技手段的全面介入

（一）遥感与数字技术

使用无人机航拍、LiDAR 扫描，绘制长城的毫米级三维模型，发现隐藏的施工痕迹（如脚手架孔洞、运输路径）。通过多光谱成像，识别墙体内部的植物纤维、木材等有机材料残留。

（二）环境与地理分析

结合古代气候数据，研究干旱区如何解决施工用水（如汉代用红柳枝引地下水）。分析长城走向与山脉、河流的关联，还原其军事防御的地理决策逻辑。

五、未解之谜的聚焦与突破

（一）超长距离协同

长城横跨多省份，如何统一建造标准？须对比不同地段的结构差异，寻找"中央技术规范"的痕迹。

（二）军事工程的效率

烽火信号传递速度是否经过计算？可通过模拟实验测试烽燧间距与信息传递时间的关系。

（三）千年不倒的奥秘

研究长城地基处理技术（如沙漠段用胡杨木桩加固），分析其抗沉降原理。

六、案例与启示

（一）甘肃汉长城

甘肃汉长城墙体中的芦苇层被证实用于防潮和加固，类似现代的"加筋土"技术。

（二）司马台长城

考古发现明代工匠在悬崖段使用"插石挑梁"法，悬空搭建敌楼地基。

（三）西方对比

罗马混凝土与长城灰浆的耐久性对比研究，揭示了不同文明的工程智慧。

七、公众参与和未来展望

（一）开放数据库

建立长城建造技术的数字档案，为全球研究者提供共享数据。

（二）活态传承

支持非遗工匠参与修复工程，结合传统技艺与现代科技。

（三）跨文明对话

与罗马帝国、印加帝国等古代巨型工程对比，探索人类工程学的共性。

长城的建造技术是古代中国集军事、工程、生态智慧于一体的巅峰之作。破解其谜题，不仅需要"技术复原"，更要理解背后的社会组织、资源调配和文明逻辑。随着科技与考古的深度融合，这一"东方巨龙"的建造密码将逐渐浮出水面。

参考文献

1.Owen Lattimore, *Inner Asian Frontiers of China*, Oxford University Press, 1940.

2.Arthur Waldron, *The Great Wall of China: From History to Myth*, Cambridge University Press, 1990.

3.Julia Lovell, *The Great Wall: China Against the World, 1000 BC – AD 2000*, Grove Press, 2006.

4. UNESCO, "The Great Wall: Heritage, Conservation and Tourism", *World Heritage Papers Series*, 2007.

5. William Lindesay, *The Great Wall Revisited: From the Jade Gate to Old Dragon's Head*, Harvard University Press, 2008.

6. Hu Hongbao, "The Great Wall in Ruins: Communication and Cultural Change in Early Modern China", *Brill*, 2013.

7.David J. M. Hoosen, "The Ecology of the Great Wall Region", *Springer*, 2015.

8. Steven Parham and I.B. Tauris, *China's Borderlands: The Faultline of Central Asia*, 2017.

9. 景爱:《中国长城史》，上海人民出版社 2006 年版。

10. 罗哲文:《长城》，北京美术摄影出版社 2000 年版。

11. 侯仁之:《历史地理学的理论与实践》，上海人民出版社 1979 年版。

12. 国家文物局编:《中国长城遗产调查报告》，文物出版社 2012 年版。

13. 华夏子:《明长城考实》，档案出版社 1988 年版。

14. 中国科学院自然科学史研究所主编：《中国古代建筑技术史》，科学出版社 1985 年版。

15. 李孝聪：《长城：文化、历史与遗产》，商务印书馆 2018 年版。

16. 葛剑雄：《统一与分裂：中国历史的启示》，生活·读书·新知三联书店 2013 年版。

17. 董耀会：《长城民间传说》，中国社会出版社 2008 年版。

18. 冯骥才主编：《中国民间文化遗产抢救工程丛书·长城卷》，高等教育出版社 2005 年版。

19. 吴必虎：《中国长城旅游发展报告》，中国旅游出版社 2020 年版。

20. 国务院办公厅：《长城国家文化公园建设保护规划》，2021 年。

21. 张朝枝：《文化遗产与旅游融合发展研究》，科学出版社 2019 年版。

22. 国家地理频道：*Mega Structures: The Great Wall of China*，2006 年。

23. 清华大学建筑学院：《数字长城：文化遗产的虚拟重建》，《建筑学报》2021 年第 5 期。

24. 毛佩琦：《长城与古代中国军事防御》，军事科学出版社 1995 年版。

25. 王建革：《长城沿线农牧交错带的历史变迁》，《中国历史地理论丛》2003 年第 2 辑。